UTOPIE

回憶咖啡館

Cafés de la mémoire

香塔勒‧托瑪
——著

洪儀真
——譯

目錄／

在一個下雪的嘉年華夜晚……／003

在一個下雪的嘉年華夜晚……

鮮花爭奪戰，我早已遺忘。我從母親家裡出來的時候遇上這場花車巡禮[1]。嘉年華會對人們可說是一件盛事，是一場從混凝紙巨人的高度俯視我們的慶典，這些巨偶是嘉年華國王的子民，和藹可親站在花車上，一個嘉年華就是他們的一生，沒有明日，只看今朝。木偶以怪誕的特徵展示自我，像煙囪的鼻子，嘴唇紅厚，粗壯的臂膀在空中伸展。巨偶按照車伕的心意閒逛著，車子行進得越慢，它們就越高興。如今距離馬車已經遙遠，甚至距離人力車的時代亦然，就像那艘十九世紀末的「船艦花車」（char naval），當時尼斯才歸屬法國不久。我曾經在圖書館一本書裡翻到這艘船的圖片，凝視良久。尼斯人稱這種船為「尖頭船」（pointu），船身被架在車輪上，佈滿了花飾。當年船夫們拉著船，其他的漁夫站滿船邊，都是船夫的伙伴。他們興奮地又笑又跳。一群人得意洋洋昂首闊步走在濱海大道，亦即 Strada del Littorale。周遭的人躲在防護罩裡，被柵欄圍起的遮蔽物保護著，手持水桶和鐵鍬武裝自己，以免被慶典的細屑襲擊。人們下手夠狠的，這些細屑像是暴風雨期間灌滿了船隻的豪雨，碎屑是石膏做成的，遭受一鏟子就立刻得到教訓。當時四輪車上暈頭轉向的漁夫幾乎被痛擊，嘗試進行反攻。有些人甚至毫不猶豫下船，給攻擊者一頓反擊，餵他們一大口碎屑，然後矯

---

1. 鮮花爭奪戰（bataille de fleurs），嘉年華會花車遊行時，花車上盛裝打扮花枝招展的女郎們向民眾拋擲花朵的活動，參與的民眾莫不爭相搶奪女郎撒下的花朵。

健地跳回船上。通常這些戰鬥會轉為暴怒，當打鬥變得太暴力時，所謂的「狂歡維安人員」（Abbés des Fous）[2] 或「青少年維安人員」（Abbés de la Jeunesse）就會現身。狂歡維安人員必須阻止過度血腥和眾多的侵犯事件，尤其是在舊城的小巷子裡。然而這些狂飲酒醉、破口大罵的維安人員多半已經分不清秩序與失序之間的細微差別，甚至混淆了受害者與加害者。「暴動從哪裡開始的？」這個問題讓他們受夠了。那些打扮成官方人員的真正小暴徒更令人生畏，他們投入群架裡恣意狂捶扭打。這就是從前的嘉年華會，一場神聖的放縱。

我沉浸在這本不經意翻閱的書，從中謄寫下這句子：「當音樂在夜裡響起，無邊的法蘭多舞曲（farandoles）纏繞著樂音，如影隨形。」像霍夫曼（Hoffman）[3] 故事一樣優美的句子。我把這本書放回去，然而魔力持續發揮作用。那即將啟航前往夜晚的音樂在陽光下清脆作響。我感受到當時的年輕女郎手持彩帶在空中搖晃。一身象牙白的純真女孩佇立在美麗浴

---

2. 在十六世紀，教會試圖遏制狂歡節的力量。城市的市民理事因而任命了「狂歡維安人員」（Abbés des Fous），直譯應為「瘋子的修道院長」，但這些人就像糾察隊或風紀股長一樣負責維持嘉年華的治安，角色性質也不嚴肅，並非是真正修道院的院長或員警。因此將之意譯為「狂歡維安人員」。文中隨後的「青少年維安人員」考量相同。這些秩序維護人員是從人群裡被挑選出來的，負責疏導年度狂歡節激發的熱情，尤其是為了防止爭吵和盜竊。人們對狂歡節的慶祝越來越瘋狂熱烈，以致於連這些管秩序的維安人員自身也會失去理智甚至相互爭吵。

3. 霍夫曼（Ernst Theodor Wilhelm Hoffmann, 1776-1822）德國浪漫主義作家、作曲家。

者的花車，或是旅行劇場彩車、倒反的廚房餐車，或是瘋狂花車。最大膽的人裸露大腿，筆直騎行在蝴蝶隊伍裡。這是昔日的嘉年華會……。人們無情地互毆。有權勢的人被打壓擱置，窮苦的人稱心如意，這可不是每天都有的事。有權有勢的人嬉笑胡鬧，墮落使他們歡樂。在這時刻，他們滿懷自信為這份奢華付出代價。窮人則是獻出自己，精疲力竭。他們有權力這麼做。在那幾天裡連一丁點兒也不放過，與世界反其道而行。飢餓的人狼吞虎嚥，最醜陋的人征服最美麗的人，亡者重返生者行列，自得其樂一番，跟活人開開玩笑，好帶回一些儲備的笑聲，充實永恆之境深邃的無聊。弄臣們的王子，皺巴巴的陛下，被發狂的乞丐們扛在擔架上……

今日，迅速移動的花車上人們，仍然站在透明的隔板後方，依舊像是在自己世界裡的收銀員或吊車司機一樣悠然平靜。父母於兩側的人行道不斷發號施令與禁令。每個家庭都神經兮兮。「尼奧森，牽好我的手，聽到沒有？」，「朵荷蝶，如果妳再丟一次碎屑，我就賞妳一巴掌」，「拜託你不要慢吞吞的好嗎？你知道我最怕你這樣……」。我謹遵秩序筆直行走，沒有玩弄地上竄流的閃亮絲線和彩帶。「把你的背靠在牆上不要動，不行，不准爬上柵欄。我跟你說，看在老天的份上，你給我靠牆站好！」一個孩子哭叫著：「我什麼都看不到！」，「我也什麼都看不到！」父親回應他：

「我們付了十歐元入場費，結果什麼都看不到，事情就是這樣！」一位年邁的阿拉伯人走過，手持枴杖。他神情嚴肅，和頭戴的彩帶鑲鈴小丑帽形成對比。人潮湧向英格蘭步行大道（Promenade des Anglais），遊行隊伍於馬塞納花園（Jardin Masséna）啟程。步行大街到了那裡才開放給行人和觀光遊覽車。它們來自各地，排列停車。蝴蝶旅遊、宏偉旅行社、菲力克斯旅遊、伊里亞斯旅遊、富爾觀光、蘇珊娜遊覽車、布夏德旅行、法拉波林旅遊、老爺旅遊……。這些遊客小心翼翼下車，他們不斷互相提醒回程的集合時間。「注意，不要走散了，小心不要被拋棄在蔚藍海岸或是邁阿密海灘……」。駕駛下車抽煙。他們討論交通、意外事故以及歐洲的法規。司機們等候著，稍遠之處嘉年華會國王的遊行隊伍即將啟程。

　　觀光客害怕迷路，父母害怕孩子走丟，孩子則天不怕地不怕。打扮成吉普賽人的金髮女孩一邊轉圈一邊呼喊：「嘉年華！嘉年華！」這是一個信號。孩子們一轟而散。父母讓孩子的風箏騰空高飛。大鵬展翅了，「尼斯的老鷹飛起來了！」一對雙胞胎亢奮地彼此喊叫。

　　「嘉年華，受騙者之王」是今年的主題……國王木偶有一顆巨大的頭顱，不停在脖子上轉動。他的頭有兩張面孔，一面是粉紅色的微笑，另一面是綠色鉤形的臉。我們該相信哪一面呢？國王的弄臣們尾隨著，身穿黃黑相間的衣服，伸

出舌頭，樣貌愚蠢。有的弄臣分不清前面和後面。分不清前後，他們在原地打轉，這一票屈從而愚笨的人，是至善又極惡的國王的弄臣。我不是真的喜歡雅努斯（Janus）[4]國王和他的弄臣，然而新來的巨偶卻吸引了我：十幾個戴著皇冠的巨大頭像。他們跨步前來，毫無秩序。其纖細的腿能夠長時間支撐巨大的頭嗎？這充滿了詭計，一群尾隨國王花車後方的王者；若說他們才是真正的國王，而嘉年華國王卻只是個假冒者呢？「不要冒險，向所有經過你們面前的國王致敬吧！」主持人的聲音囑咐我們。群眾異常興奮地為每一位國王鼓掌。觀眾在看臺上站起身來，以表達更熱烈的支持。這些大頭小王們欣喜若狂。他們四處奔跑，和國王面容陰森的弄臣打成一片。他們將弄臣推向一群藍色大象，形成歡樂輕佻的團隊，並隨時準備溜走。白眼的藍色大象隨著風向捲起或垂下牠們的長鼻。大頭小王們遠離象群，逗弄輸送輪上的馬兒，翻越鱷魚的背，撥弄牠們的下顎。他們在慶典裡來回穿梭，儘管腿部瘦弱，依舊速度飛快。他們活蹦亂跳，從棕櫚樹上摘下長長的銀線裝飾自己的衣物。我的注意力被他們吸引，要努力才能分神留意遊行隊伍裡的其他人物。沉著溫和的巨偶在彩車高處穩重做出系列動作，遊行美女則在較低處微微擺動。雙方都沒有起而鬥爭的意思。今日仙女們的現身讓觀

---

4. 雅努斯（Janus）是羅馬神話的神祇。他通常被描述成有前後兩張面孔，展望著過去和未來，也有描述成四張面孔的故事。

眾讚歎不已。她們半裸著，各式各樣的喬裝打扮，架子撐起的裙子、長袍、蟬的妝容、直升飛機、螺旋槳、披上綢緞，以羽毛裝飾。她們一邊跳舞一邊向群眾拋灑香石竹、金合歡、百合花、玫瑰、紫羅蘭……。我盡可能靠近她們，想要接到拋擲的花朵，然後再把花朵回贈給她們，或是隨機丟給吵雜群眾裡的任何人。我是嘉年華之王的僕人，是所有嘉年華國王和散花仙女的僕役。人們嘗試想要打動這些撒花少女是徒勞無益的。即使她們幾乎碰不到大笨偶的腳踝，她們仍舊位於車子的高處，比我們都還高。我等待時機。舉目望去，我隨著巴西音樂的節奏向前，這節奏能讓雙腿殘缺的人從原地跳起來。花卉在我的頭頂上撒開，一支香石竹擊中我的耳朵。某人往我身上丟了一把五彩紙屑。孩子們掙脫父母的手，趁我陷入混亂之際像瘋子一般擲出彩帶，我的雙腳纏在一團銀線裡，暈眩和疲憊讓我投降。我脫離的悲慘險境再次俘獲我，是我母親的公寓，以及她非理性的行為……。從自己母親家突然走進鮮花爭奪戰，這轉折對誰都不容易。我回想起事物和時間的重擔。然而棕櫚樹傳來的巴西歌曲，輕拂的聲音和穿越空氣的陽光聲響，比時間的重擔更強，我再次沉浸於它的魔力，將我席捲而去。我翩然起舞，目光投向車上輕微搖擺的玫瑰之簾，蘭花之籠，還有向日葵之林。突然間，一位穿著獸皮、手握洞穴時代粗短木棍的妙齡女郎，彎下身來遞給我一株山茶花。

於是我也像那群小王木偶一樣，開始跳起舞來，而且我跑得比花車還快。那些威尼斯人，男士一身白色和金色的宮廷服飾，女士則穿着鯨魚骨撐起的蓬裙，如此靈巧地把玩摺扇，我的速度超越了他們。威尼斯人幾乎各個凌波微步，像藍色大象一樣輕盈。蝙蝠俠和電動鳥的花車與我擦身而過。我十分同情那臺老祖宗花車。可憐的人，他們戴著滑稽可笑的圓帽，披上紅色斗蓬，身穿過短的褲子。規矩端坐著，背駝得厲害，拉長了臉。老祖宗們什麼事都沒做，沒有花可以拋擲。他們攤坐在搖椅上列隊遊行，成為觀眾議論的對象，議論的觀眾大部分都和他們一樣年老，同樣有關節病、風濕病和駝背，老觀眾對老祖宗回報如雷的掌聲。觀眾們有一百歲、一百五十歲、兩百歲了，他們像瘋子似地開心看著科幻小說的木乃伊走過眼前。某些猥褻人士趁著人群吵雜到處調戲挑逗……他們有兩百歲、兩百五十歲了，在階梯看臺上激動不已，熱切歡迎很久以前的老祖宗。這些逐年衰老的可憐蟲，沒有希望，夜裡獨睡的病人們，受苦於死亡的擔憂。他們把手放在胸口以確認自己的心臟仍在跳動……「大聲點，要讓義大利都能聽到你們的聲音」，主持人語帶鼓勵。不朽者高聲歌唱……砲管噴發紙做的彩屑和花瓣，疲憊的誘惑再次征服我，雖然我跳著舞，但是熱力不再。如果我手上沒有這礙事的提袋，情況會好一<u>些</u>。即使是面對一千零一夜的花車我也冷漠以待。假如沒有遇上亞利安地區（Quartier de

l'Ariane）居民的創意——假葬禮花車，我應該會斷然停止觀看，從階梯看臺面海的後方離開。葬禮花車既怪誕又絕望，神秘地令人振奮。它的遊行隊伍由一群巨人組成，每個人「穿上」自己的骷顱，扛著自己的棺材。這群活潑的團隊當中有個人身穿城裡灰沉的服裝隨隊前進，一朵白色香石竹別在他的衣領扣孔上。他一度蹣跚，隨即趕上超越他的棺材。他看起來真快樂。我溜進這群骷顱陣營，重獲前進的動力。

嘉年華之王的花車再次出現，高大無比，國王的鼻子巨大，皇冠高居十公尺處，弄臣們好似綿羊群聚，小國王們毫無秩序混入其中亂竄……。看臺上總是人滿為患，然而天氣開始變冷了。天際烏雲密佈，花車上遊行的美女和今日的仙女都起了雞皮疙瘩。

現在從棕櫚樹傳來的是賽莎莉亞・埃沃拉（Cesaria Evora）[5] 的歌聲。她能帶領我到天涯海角。主持人高喊「百花歡慶」、「全民歡騰」。他的聲音透過擴音器增強提高。其音量對赤腳歌后賽莎莉亞・埃沃拉造成威脅，但終究未能將之泯滅。她堅持，執著，謙遜，因著全然貧困而強大，充滿岩石與海洋的感覺，懷舊憂鬱的歌詞掃蕩了廣播的噪音。一隻白眼大象，隨風飄盪於我的頭頂上方。

---

5. Cesaria Evora（1941-2011），來自維德角（Cape Verdean）的知名歌手。維德角是位於非洲西岸的大西洋島國。她唱歌時總是不穿鞋子，因而有赤腳歌后之稱。幼年喪父，母親無力撫養六個孩子，她於十歲時被送往孤兒院，十六歲開始在餐廳駐唱。

我離開彩花路徑繼續前往水邊。坐在長板凳上的人們整理著花束。一位男士身穿灰色西裝，這應該是他長期以來的週日禮服，他快速翻閱一本根本沒在讀的書。有一個像是維京人的高大金髮男子，穿著露腿及膝短褲，拿著煙斗朝這位先生吞雲吐霧，讓他回到現實。一位戴著白貓面具的小男孩走下通往海灘的階梯。在這夕陽即將西下的時刻，他的臉部映染了海灘卵石的蒼白。

我也坐在鵝卵石上。雙手抱膝，望著海面。這是極好的一刻，此時我們僅僅與大海同在，與她一同幻化為柔軟深邃的午夜藍色海面，伴隨海洋的聲響，浪潮捲繞鵝卵石低沉地翻動，那是令我恐懼的雜音，當大浪來襲之日，我徘徊於下水游泳的想望和這種深不可測的吵嚷之間。然而頃刻間，我將自己包裹在綿延時間的溫柔裡，包裹在蒸發消失的舞蹈回音裡，不再感到天人交戰。我靜坐著觀望。潮浪永無止境，它到處散播永恆，一點一滴；甚至更加洶湧！我跳了起來，突然湧起的浪花差點讓我渾身濕透。一艘船穿越海面。有了這艘船更好！帶著突然從《揚帆》（E la Nave Va）[6] 駛出的喜悅光芒，如同一片閃亮的小島航向非洲的方向。它是開往非洲還是科西嘉島？我停留在原地，將自己整個窩在溫暖的手

---

6. 《揚帆》（E la Nave Va）是義大利導演費里尼（Federico Fellini）1983 年執導的電影名稱。

臂裡，專注凝神望著這道光亮減弱。我無法移動。可是寒冷逐漸襲擊，變天了。越來越陰沉的烏雲覆蓋了天空的湛藍，即將低垂的夜幕，帶有冬季的氣息。感到寒涼的同時，我也意識到自己在鵝卵石上坐得發痛。

我起身，但沒有讓自己離開海邊。我斜倚著欄杆，等待英格蘭大道的路燈亮起。這些燈火使我置身恬靜的冥想之中。路燈光芒的出現甚至可說是動人心弦。光線逐漸明亮，溫柔地令人想起最後一道精彩煙花的熄滅。這些點亮的路燈不像有些事情開展時特有的粗暴，會把先前的一切一筆勾銷。英格蘭大道路燈的亮起，正當節慶的結束。輕柔地，不帶暴力。燈光示意我們要張大雙眼，仔細看看，凝望最後一眼逐漸暗沉的青藍天空，以及泡沫肆溢的海洋；當人們時而覺得自己被世界的美填滿，並且因為這一份美無疑即將消失而感到沮喪，當人們盯住每一項細節，每一處細微差別，一記微笑，一位匿名的行人，一格窗櫺玻璃後方的姿勢，帶著相信能掌握生存保證的貪婪……。我心裡暗忖：「是時候了，妳會著涼，還有，妳餓了，而且如果妳想要去都靈大咖啡館（Grand Café de Turin）吃生蠔的話，妳最好不要太晚抵達，所以趕快走吧！」這些都無法起作用。我必須看到天使海灣（Baie des Anges）被照亮。我不能錯過海灣轉變為劇場的一刻。當然，我應該能把握這一刻，只是我已經冷得直打哆嗦；

此外，當我最後衝向都靈咖啡館之時，所有的位子將會客滿，在嘉年華會的晚上，這是可能發生的狀況，在那裡老饕們的歡快臉龐圍繞滿桌的海鮮餐盤。而我將被排除在外。

　　我快速穿越查理‧菲力廣場（Place de Charles Félix），一如往常想起我的外祖父，他的名字和廣場一樣，只是顛倒過來，他叫作菲力‧查理（Félix Charles）。我急忙走在舊城狹窄的路上，夾道是紅赭色與亮黃色的建築。嘉年華會到現在還沒有精疲力竭，光是這些顏色就能喚起雀躍。經過聖雷帕哈特教堂（église Sainte-Réparate）時，我減速下來，走太快沒意思……太晚抵達咖啡館就算了。

　　不，一切都很好。我準時到達。這似乎不是什麼大問題，不過如果在某些夜晚你特別想去的餐廳拒絕你的話，你的情緒可能會遭受打擊。今天的我可不想這樣。咖啡館仍有位子。我甚至可以奢侈地選擇坐在第一廳或是第二廳。要知道，都靈大咖啡館包含前廳和後廳。黃色的後廳天花板低，總是煙霧瀰漫，但美麗而隱密。外面的光線無法直接照進後廳，它的窗戶面向環繞廣場的拱廊，讓行人在陰影中走過一條有遮蔽的通道，有利於營造一種隱秘的感覺，如同在都靈一般。尼斯與都靈的不同之處，在於拱廊並沒有佔據城市的大片空間。尼斯的拱廊集中在加里波第廣場（place Garibaldi）周圍，是港口前一片簡潔的花邊，距離馬塞納廣場還有一段距離。拱廊座落於加里波第廣場上，最為和諧不過，形成了一份完

整性。都靈大咖啡館是拱廊覆蓋的空間之一，並且受到廊柱的保護，無論人們有沒有意識到，但這就是置身都靈大咖啡館的幸福。即便咖啡館的前廳，門外就是天空，只有側邊一扇門開向拱廊，但這不成問題，我們知道等等就又會回到拱廊去。有些人可能會想，在這夜晚時刻無須預防太陽直射，倚靠在圓柱上反而有好處……。我坐在咖啡館前廳的一張小桌子，這裡有酒吧。我照例欣賞著鏡子，也一如往常告訴自己，這些鏡子不只是用來自戀，進出這裡的人數量太龐大了。都靈大咖啡館的鏡子是世界的鏡子。

　　一位穿著牛仔褲的短髮女服務生向我走來。這裡的服務生不用穿制服。我們無法想像他們的名字寫在圍裙上的模樣。每個服務生都有自己的風格。這份多樣性，真實人物的多樣性，令人感到愉悅。

「您要麵包嗎？」

「是的。」

「要喝什麼飲料？」

「一壺麝香白葡萄酒。」

　　點菜要分兩道手續。作業上他們不希望同一位服務生同時負責點海鮮和飲料麵包。這是外國人經常搞不清楚的地方。

第一杯酒讓我感到舒緩。我開始融入咖啡館顫動的歡樂氣氛，當氣候炎熱，歡樂的氣息瀰漫在露天咖啡座。一個擁有即興恩典的節慶。我們歡慶的事物既不固定也不確定，相反地，有時候慶祝的對象反而是意料之外的快樂力量，或者更多的時候是慶祝動物般的食慾要求得到了償還。在咖啡館裡，痛苦是不適當的。這裡沒有衣帽間，所以我們把苦難留在戶外；既然家裡是痛苦特別喜愛的地方，就讓它們閉鎖在家裡，留在相片的緘默裡，與充滿香氣的靜止笑臉作伴吧。當我參與老太太們用餐時間的尾聲──會比平常的晚餐更早結束，我經常思考哀傷與家庭之間的默許協定，思考外出與拉起窗簾的特殊關連，這些老太太無須彼此約定，就會在接近晚上六點的時刻一起到來，獨自一人，帶著小狗，有時候伴隨一位女性友人，而她們到來的時間，是其他同齡愛吃甜食的老太太們，在無止境地飲茶混時間，在澎湃的夏洛特蛋糕、覆著糖霜的泡芙，以及溢出奶油的巧克力蛋糕裡尋求慰藉。我所說的，我特別喜愛的老太太，她們偏好蝦殼類的食物勝於蛋糕。老太太全神貫注吞吞生蠔。當她們使用紅色羊毛標示的針挖出濱螺跟娥螺，雖然她們的手顯然有些顫抖，但是她們決心順從自己的食慾。酒醺紅了她們彩妝底下的臉頰，她們的雙眼發亮。離開時，這些老太太重新補上口紅，緩慢起身，搖搖晃晃，柱著枴杖，恢復平衡之後碎步疾走，

快活邁向出口。我們可聽見老婦人互相道別的聲音。戶外的天色清澈，廣場中央的樹上成群的麻雀發出窸窸窣窣的叫聲。這景象讓拱廊下的行人好奇地停下腳步。好奇而恐懼。一位男子悲傷地說：「這些鳥兒全聚集在上面衝著底下的我們拉屎。」

　　喜歡海鮮的老太太共聚一堂或是單獨享用。這並不妨礙她們賣弄風情。倒不會真的往老先生那邊拋媚眼，她們也不排斥和對方簡單談話，不會拒絕風流的殷勤。無論老先生承認與否，他們也出門來準備迎接艷遇。此刻老先生以淺談天氣投入此事，即使改為暢談自己意外的人生際遇、鉅細靡遺的生命故事，他們也同樣拿手。彷彿一陣瘋狂征服了他們，一種抑制不了的說話慾望。只能接受。一位髮色淡藍的老太太，身着美麗的白襯衫和菘藍色的圍巾，她不想讓自己如此侷促不安。她敏感於信任的表示。講故事總是好的。它會讓人改變想法。「再說，當這位似乎非常相信我的先生最後講到自己的不幸，就輪到我跟他訴說我個人的悲慘了。誰知道更親密的關係不會從這裡開始呢……」不過，最後這個念頭更有可能是老先生而不是老太太所想到的。更精確而言，她們無疑想要更親密的關係，只是大部分的老太太不會想再婚。男士們只有一種慾望——或一種需要——那就是再婚。這是生存的問題，他們必須重新尋找一位配偶—女傭來照顧自己。當然總有例外，某些鰥夫確實是性情粗暴的人，堅決

的憤世嫉俗者。或是想要成為這樣的人……

坐在我左邊的是一位憤世嫉俗者嗎？起初我這麼認為。這位仁兄看起來好像不怎麼和藹可親。他快要用餐完畢了，一個接一個吮吞著生蠔，無視周遭目光。然而在飲酒之際，他好似突然發現我的存在，對我燦然一笑，然後斟滿了我和他的酒杯。

但是他把自己的雷司令白葡萄酒摻入我的麝香白葡萄酒！先生連忙道歉，並且重新點了一瓶麝香白葡萄酒。為了在這裡待久一點，他額外點了一些貝隆河的牡蠣。

——在這裡我們總是能找到交談的人。真好。

這的確是一個可以跟陌生人談話的好地方。我想起卡薩諾瓦（Casanova）在他的《回憶錄》（*Mémoires*）[7] 開端說道：「只有在咖啡館和旅館餐廳裡，我們會跟陌生人交談」，他這麼寫是為了替自己的自我展現辯護，他不想出其不意地開場……。現實裡，卡薩諾瓦不停與陌生人談話，他看遍全歐洲的旅館餐廳習性。當他抵達一座新的城市，隨即前往最熱門的咖啡館，那裡的遊客絡繹不絕，互相展示優雅，咖啡廳裡坐滿聆聽小道消息的人。在尼斯，就該去都靈大咖啡館……因為卡薩諾瓦非常懂得如何跟陌生人交談，馬上能吸引他的聽眾，當然這是彼此相關的，賈科莫・卡薩諾瓦……

---

7. 《回憶錄》（*Mémoires*）是十八世紀義大利冒險家賈科莫・卡薩諾瓦（Giacomo Casanova, 1725-1798）的自傳。

──您知道卡薩諾瓦嗎？

我鄰座的客人擤了鼻涕，邊擦鼻子邊回答我：

──我不是那種人啦！

──卡薩諾瓦太偉大了。他看起來像個土匪，講的一口鏗鏘有力的義大利文。當時的男人傾向把他當成傻子。女人則不會搞錯。

──我什麼都沒說。

──他有特別的一招……

──騙女人嗎？

──不對，是吃生蠔，但這是同樣一件事。騙女人，要吃生蠔，非常輕柔地將生蠔放在女伴的胸口。生蠔的冰涼引起女人微微尖叫。男人俯身在其胸口吸吮生蠔……

──有意思。鰈夫帶著夢幻的口吻說道。

戶外應該很冷。進來咖啡館的客人摩擦著雙手。打扮成公主和仙女的小女孩們披著爸爸或哥哥的外套。

在我右手邊向著入口的這一側，有一對前來嘉年華會觀光的伴侶，我不用擔心我的酒杯。因為每個人有自己的一瓶酒，不會混淆。我替自己倒了一杯，心平氣和地飲酒。他們拿了一大束花，是鮮花爭奪的戰利品，兩人翻閱城市地圖和嘉年華會節目單。

——咖啡館服務生嘉年華會賽跑（Carnacourse）還不錯；品嚐鷹嘴豆煎餅（Socca）更好。阿爾貝第一花園（jardins Albert 1er）的薄餅很有名。女人說

——明天就要結束了。這麼快就度過了，真是瘋狂。

——你總是這麼講。

——因為這是事實。

她突然神色悲傷。讓她受傷，他會覺得好受一些。兩人有自己的熱力學。她盡性洋溢熱情，而他只消一個字，就能讓她冷卻下來。不過他是有道理的。明天，我們將焚燒嘉年華[8]。今天早晨，我在碼頭看到了嘉年華會的國王和王后巨偶。兩人穿著襪套，轉身向海，人們將在那裡舉行焚燒慶典儀式。

我看著菜單思索。這菜單我都會背了，但就好像那些我們特別喜愛的文本經典，我們不厭其煩地一看再看：馬漢納－歐雷宏芬克雷精選生蠔（Fines de claires Marennes Oléron），馬漢納－歐雷宏海灣特選生蠔（Spéciales Marennes Oléron），布齊蓋扁殼生蠔（Plates de Bouzigues），布齊蓋凹殼生蠔（Creuses de Bouzigues），簾蛤（Clams），杏仁粉生蠔（Amandes），簾蛤（Praires），錦蛤（Palourdes），紫海鞘生蠔（Violets），風螺（Bulots），海螺（Bigorneaux），

---

8. 按照慣例，尼斯嘉年華會的最後一天，會以焚燒嘉年華會之王的巨偶作為結束的儀式。

海膽，淡菜（Moules），褐蝦（Crevettes grises），明蝦（Crevettes roses），螃蟹……菜單上的選項令我內心交戰，並糾結於那些拼盤料理之間，拼盤多少涵蓋了所有種類的海鮮，能夠達到豐盛之效（馬漢納—歐雷宏海灣拼盤；地中海拼盤）。我最後還是挑了菜單上的選項，因為我想要吃最大量的生蠔。拼盤對我而言太均衡了。

我聽到旁邊的女士重申她幸福的想望：

——你加點檸檬，會看到生蠔收縮起來。這表示生蠔是新鮮的。牠們很肥美，不是嗎？

——……（沉默）

——啊！這生蠔多肥美啊！而且蘊含豐富的碘和鎂，來，吃一顆！這對你有好處的。你在二月的時候游泳是很不可思議的。

——嘉年華會浴場（carnastring）[9]。

——至少你沒有著涼。你這些突發奇想讓我擔心死了。啊！生蠔真是新鮮美味。

——……（沉默）

——生蠔是美好的，佳餚，美好，佳餚，美好，美好，像日子一樣美好，美好，美好，像愛情一樣美好！

---

9. 在嘉年華會最後焚燒國王巨偶的典禮開始之前，會有其中一個活動叫「嘉年華會浴場」（carnastring），參與者在天使海灣裡快速地游泳一下。

女人假裝開心的一刻，伴侶卻毫無反應，她的能量再次遞減，發起脾氣來。這是經年累月的結果。

　　別的餐桌還在喝開胃酒。開胃的時間想持續多久都可以。沒有人強迫你匆忙喝完基爾酒或是茴香酒。同時觀賞巨大的海鮮餐盤與小酒杯共存，這也是一種樂趣。海鮮餐盤並不會驅逐小酒杯。一位啜飲著辛札諾（Cinzano）香艾酒的客人目光掃過第一批用餐的客人。他們對他沒有威脅，不會強迫他滾蛋。我喜歡還在喝開胃酒的那幾桌。他們散發出平靜的波紋，使得夜晚放慢了速度。

　　一位女服務生來為我點菜：

　　「一打芬克雷精選一號生蠔（生蠔的尺寸和牠們的號碼是成反比的，令人混淆）。一打海膽，一打淡菜，一份蛾螺，一些簾蛤。」

　　吧臺前坐著一對年輕男女，他們是常客。兩人外貌有點神似。我開始想像他倆是青梅竹馬，就像我的威尼斯朋友馬麗歐琳娜（Mariolina）和基多（Guido），他們在彼此告白相戀之前，從小在學校認識，看著對方長大。這兩位年輕人穿著同樣的牛仔褲和暗色毛衣，長度超過他們的皮外套。女孩戴著露指花邊手套，當她拿起酒杯時，她纖細的手指令人聯想到鳥爪。就在我為他們編造往日故事之際，我聽見男孩說：「妳叫什麼名字？」事實上她是個俄國人，聽不懂他的問題。

男孩重複提問。「賽妮亞（Xenia）」，她過於用力碰杯，以致於酒杯碎了。賽妮亞笑了，十分歡樂，她常打破杯子。

　　餐盤來來回回。舞蹈被蠔殼丟進垃圾桶的粗暴噪音打斷。人們不停續杯。一位興奮的男士，一只飲盡的酒瓶。「再一瓶克萊雷（Château de Cleray）」，服務生對著吧臺點酒。我感受到飢渴與想望，聽到有趣、感動，令人困惑的談話，耳聞那些為了重新生存的故事，以及交換著的姓名，這些循環越來越流動、活躍。

　　──小心借過。一位端著沉重餐盤的女服務生發出警告。

　　我們在這裡不說「小心燙」（Chaud devant）。

　　我的目光投向一張都靈咖啡館 1908 年時期的照片。一幀帶著烏賊墨色的相片。一切都沒有改變，除了客人的穿著不同，還有，當時完全沒有女賓。連一個都沒有，服務生與客人當中都沒有女性。露天咖啡座有很多軍人。服務生穿著黑色服裝，白色長圍裙。他們手上端著餐盤。怎麼會這樣？一個女生都沒有？啊，有一位，一個小女孩，身穿長裙，戴著蝴蝶結髮飾。

　　我推開擠在軟墊長椅上的棕色舊袋子，不是因為我覺得很熱，而是它擺在那裡讓我很不舒服。這只鬆弛的袋子難看又奇形怪狀。它帶著馬鈴薯的顏色，卻裝不了馬鈴薯。但我

寧可如此。就在我出門遇到鮮花爭奪戰之前，我的袋子裡裝滿了從母親家裡拿出來的雜物，把我的袋子弄得凹凸不平。這些我想要在災難當前挽救的東西。為了不打擾母親，讓她不要問我為什麼突然覺得需要帶上這些物品，我隨意收拾了泛黃的信，照片，男性的印戒[10]，訂婚戒指，結婚戒指，領帶飾針，不準時的手錶，士兵手冊，戰爭十字勳章，珍珠色的彌撒經本，小白花胸針…… 我在已經佔滿房間的雜物裡翻找，從地板到天花板。當我伴隨母親從一個房間到另一個房間，或是在她消失在廚房的陰暗的某個空檔喘口氣，我毫不挑選地把東西塞進我漫不經心掛在手臂的大袋子。她的廚房的確會讓人感覺被一種不可逆轉的恐慌束縛著。「那些重要的文件，我把它們整理好放在廚房裡」，我母親明確地說。她放在哪裡？烤箱，冰箱，洗碗槽底下，銀色的罐子裡？為了放這些「重要文件」，有哪些東西會迅速被丟進垃圾桶以騰出空位？我將維希小鎮（Vichy）溫泉療法手冊放在一旁，還有海上遊輪優待券，鑰匙，眾多鑰匙，餐廳菜單，裂開的太陽眼鏡，乳霜樣品，聖誕節飾品，沒水的原子筆，通常放在電話旁邊的雞蛋盒，糖包，碳式複寫紙，皺巴巴的藥單，被亂畫的銀行帳單，過期的藥盒，卡蒙貝（camenbert）起司乾酪「我尊敬的教士」（Mon Révérend）的圓盒，小心翼翼

---

10. 印戒，chevalière，刻有姓名開頭字母或紋章的戒指。

切割的軟木杯墊⋯⋯我把一張母親美麗的照片扔進打開的袋子裡，和我想要搶救的物品混在一起，照片裡的她是個年輕女孩，拍攝於沙維爾森林（Bois de Chaville），相紙因為電暖器的熱氣而鼓起來。母親當時應該是十六或十七歲。她騎著單車，穿著短褲裙和非常緊身的毛衣。她的微笑轉為發笑。這一刻的她被拍攝了下來。母親半長的頭髮在風中飄動。她對著亞蒙（Amand）笑，亞蒙也在單車上，和她一樣住在森林邊緣。他們騎車談戀愛，互相訴說被風吹動的溫柔言語。

「妳必須回來幫我整理重要文件」，母親對我說，而我卻帶著裝備逃跑了。當我跑下樓梯時，我聽見母親的聲音提醒我關於壓克力（Plexiglas）[11] 的事情。她總是在講各式各樣的事物，而且對它們毫無同情心。這是她從前與外婆之間無窮無盡的對話主題。袋子、窗簾、襯裡、小蛋糕模子、碗、雙耳蓋鍋、線球、縫衣針、羊毛線、花邊、領口、克勞迪娜領子（Col Claudine）[12]⋯⋯。這是她們相處的方式，藉此彼此不分離，繼續小女孩與母親之間的遊戲。孩子也會不停對母親訴說她路上發現的所有事物，母女整天都不斷相互傳遞這些

11. 壓克力（Plexiglas），即聚甲基丙烯酸甲酯，也稱為有機玻璃，一種透明而堅固的材料。
12. 克勞迪娜領子是一種翻領的樣式，在英語世界叫做「彼得 · 潘領子」或「小飛俠領子」。應與法國女作家科蕾特（Sidonie-Gabrielle Colette, 1873-1954）於 1900 年出版的小說《學校裡的克勞迪娜》（Claudine à l'école）封面人物的領子樣式相關，或是美國女演員茉德 · 亞當斯（Maude Adams, 1872-1953）在 1905 年百老匯的舞臺劇中演出彼得 · 潘的造型有關。

字詞。關係曾經是建立在母女當中，而不是建立在與事物之間。如今蔓延在母親公寓裡的雜亂無章，可不是恭敬依戀的結果。它涉及別的事情，那會是什麼呢？……她們曾在午後交談的言詞，讓我感到害怕。擦鞋墊尤其讓我想要吼叫。在我家，廚房門口的那塊擦鞋墊是由金屬橫木製成的，我厭惡這東西（跟討厭它的名稱一樣），每回我總是要小心翼翼地跨過它。我很害怕將擦鞋墊留在那裡的魔法對我施加作用，讓我回家時成為廚房的奴隸，爐灶的俘虜，罐裝的婦女，以及廣口瓶裡的醃黃瓜。

　　像我這樣負荷沉重前往都靈咖啡館是危險的，但我卻隨身攜帶了整袋的家庭挫折。我走私了自己的重擔。我曾說過，在咖啡廳裡，痛苦的存在是不當的。然而藉由將昔日的雜亂廢物滿滿裝進袋子裡，我讓這些痛苦便於轉移，這是真的。結果我錯了，可是，殊知當時的我正瀕臨最壞的狀況，處於潰逃的瘋癲。我曾擁有花卉狂歡和燈火節慶，擁有天使海灣，和遠航的船隻，然而如果我沒有這間咖啡館，沒有白酒和我即將享受的生蠔大餐，特別是，特別是如果我沒有回到生氣蓬勃的人群裡的話，這一切幸福都將煙消雲散。假使我無法進入這間咖啡館，假使我必須和痛苦的負荷一起留在外面，我甚至寧願不要去想像我自己的處境，這負荷是我們繼承而來的，而且家庭會全神貫注盡力灌輸給你，甚至從你學會說

話之前就已經開始。某些父母成功了，其他父母則失敗了。不過即使他們未能實現，沉重的包袱在某個晚上還是會落在你身上。

《小妹，小弟！》一位老人呼喚著，他沒注意到現在的服務生已經不用這種方式互相叫喊了。

麝香白葡萄酒能解渴，滿足了不想在這麼好的過程中停下來的願望。我不記得自己曾經點過這瓶酒，不過，我的桌上放了另一壺清新的酒。這有柄的容器帶著傲慢，同時又令人感到熟悉。

都靈咖啡館 1908 年拍攝的照片旁邊，有一張馬諦斯（Matisse）畫作的複製品。一位正在閱讀的婦女。她的年代正是咖啡館被拍攝的時期，但當時咖啡館裡全是男人，女人都在家……馬諦斯所描繪的女性直接被畫在她們客廳的壁紙上，女人與牆上的花紋圖案融為一體分不清。當女人採取主動發起某事的時候，她們的選擇就會縮限，且通常侷限於美麗的標誌底下：她們插花在瓶子裡，在鋼琴上彈奏鳴曲，打開一本書，緊鄰一盆石榴、檸檬和茄子。偶而她們會轉向窗外，閉上眼睛，吸取照耀了山丘的金合歡馨香。花朵，貓咪，水果，某些樂器，白鴿，以及棕髮女孩們，乖巧如她們，沉默如她們：在百葉窗的陰影光線條紋後面，這是她們允許一併進入屋內的事物。當然，我不是在馬諦斯的畫裡成長的。

然而這件事值得遺憾嗎？

　　我真的開始感到飢餓了，不過無所謂。我的白酒如此香醇，我欣賞它在水氣籠罩的杯子裡澄澈的金黃色……，當我們確知會有所獲，只要等待不會太久，只要有一壺酒陪伴你，安撫你的不耐，等待並不殘酷。我的酒對我而言特別好。溫潤柔和，色澤金黃，喚起我在威尼斯品嚐白酒的樂趣，將我送回原地，卻不會讓我蒙受懷舊的陰影。的確，此刻很容易讓我以為置身義大利。不只是因為那些拱廊，也因為義大利人太常去咖啡館了。我喜歡他們語句的起飛，喜歡他們的風格。義大利人藉由自己的亞麻外套，髮型，女人的妝容，珠寶，炫耀他們的出遊，炫耀夜晚的獨特，與日常生活劃清界線。我沒有別處的鄉愁。我此刻就在自己想望之處。義大利人讓自己光鮮亮麗去吃晚餐，向蝦子致敬。這裡應有盡有，一切都很好。我飲著酒，感覺越來越輕。再過一些時日，很久很久以後，在無法想像的未來，我會藉著走出門而外出，還是經由升空（assomption）而外出呢？我的海鮮托盤會從哪裡送來給我呢？從天上掉下來？還是必須竭力才可獲取？假如我必須做選擇的話，我會選第一個從天上掉下來的模式，如果從天花板垂下某種像是托盤的吊燈也不錯，人們會睜大眼睛等待上天賜下嗎吶般的一籮筐海鮮……我一時興起才這麼說，只為了追求變化，第二種方法其實並沒有任何讓我感到不悅之處，它是屬於塵世的方法，因而是平庸的方法……

這好極了，因為最後我的海鮮托盤是以世俗的方式送來的。
太好了！我的生蠔、海膽和風螺都送來了⋯⋯

　　嘿，我完全忘了鄰座的客人⋯⋯
　　──你脫皮了，女人跟她的丈夫說。
　　──才沒有，那是鹽，我從來不會脫皮。我沒有曬太陽
怎麼會脫皮？
　　──我跟你保證你真的脫皮了。
　　她堅持要碰他的皮膚。這個動作太過份了，他被自己的
冬泳和正在狼吞虎嚥的海鮮給碘化了，他忍著不打她。
　　「這白色小小翹起來的皮，我如果一撕就撕掉了。它不
是鹽。而且，你泡完海水之後已經淋浴過了。」
　　為了不讓自己氣炸，男人把盛怒轉向螃蟹。這死掉的小
動物還在抵抗他。真是讓人無法容忍！男人的手失控地伸進
螃蟹體內，讓他像是戴了一隻怪獸手套。男人一動也不動，
臂膀緊繃，變成了螃蟹手。該死的嘉年華會！真該死！他將
手從螃蟹殼裡伸出來，模樣不是很帥。他的襯衫袖子沾滿了
紅棕色。女人抽噎地哭了起來⋯⋯他倆離開了，忘了拿走他
們的花束。

　　我可以留下來坐在墨綠色的軟墊長椅上，從一晚到另一
晚不停觀看不同客人的面孔，那些主要的常客們，各式各樣

的遊客,偶而前來的客人,崩潰的伴侶以及互相磨練的伴侶。我可以留在生蠔的香氣裡,捕捉對話的片段,想像我沒有聽到的部分,目光尾隨來來回回的服務生,看著熱情的遊行花車經過。我不識愁滋味。我的酒瓶的精神會陪伴我幻想。

一位高大而肉感的女人,獨自前來坐在觀光客的位子上。她畫了很濃的眼妝,紫色的眼線圍繞她的雙眼。眼皮塗抹如此厚重的綠色眼影,每當她眨眼,眼妝就褪了些。泛著珍珠綠光澤的眼影斑漬,幾乎沒有貼在眼窩上,而是沾黏在她的眉毛底下。她身穿寬敞的絲質襯衫,仿豹紋的外套,又短又窄的裙子。她帶著自信,環顧四周微笑。「小姐,您要點些什麼?」一個小老頭坐在同一張長椅的盡頭(兩位日本女人把他和這位慾望女郎隔開了)。他黯淡的面容頓時恢復了光彩,帶著內行人的表情探視這位新來的客人,像個長期熟知生活樂趣的人。女人立即回應,她重新調整了肩膀上胸罩的肩帶,絲綢上衣底下心跳加速。假如這個廳裡有人想要採取卡薩諾瓦的方式品嚐生蠔的話,就應該選擇這位女郎。

「麻煩再來一壺麝香白葡萄酒。」眼前杯子斟滿了酒,我彎向酒杯,幾根頭髮垂下來落在酒水裡。「我的老天」,閉上雙眼,我的雙唇沉浸於白酒的清涼,心裡暗忖,有一天我能瞭解胸罩引起的情欲嗎?

我大啖一隻螃蟹，還有紫海鞘生蠔，但是這種幸福並非一年四季都有，唉，沒錯，今天就有。這是一種好運！吃一顆紫海鞘生蠔，如同我的朋友薩維耶（Xavier）所言，就像是品嚐海神的精液一樣。

一個奇怪的男子剛走進來。他的頭髮仔細梳向一側以遮蓋禿頭，眼神熾熱，臉頰黯淡。這名男子多久沒睡覺了？我認出他稍早曾尾隨那臺假葬禮花車。他在我對面坐了下來，脫下圍巾，把它放在長椅的邊緣，坐著嘆了一口氣。他沒有等待餐廳幫他安排座位，不過也沒有人注意到這一點。一位服務生已經來到他的身旁，手上端了一杯威士忌。男子一飲而盡，伸展雙腳，放鬆自在，環顧周遭。自從他進門以來，凡事都不一樣了。聲音減弱了，活力消失了。一道恐怖的閃光劃過想像。年輕的俄國女孩緊抓著她的男伴。慾望女郎上下顛倒開錯了化妝盒的方向，我們聽到她的化妝品掉在磁磚地板上反彈的聲音。她把手放在嘴上，好似要阻止自己尖叫。接著一切恢復原狀。一位服務生替這個陌生人端來第二杯威士忌。男子說：「今天世界發生了什麼事？」服務生迅速遞給他一份《尼斯早報》。男子點燃一根萬寶路，一面哼著歌一面翻閱報紙。他的存在表現出強烈的激勵。此人擁有一種熾熱而旺盛的方法享受他的周遭事物。有時他將頭埋在交叉的手臂裡打瞌睡，僅僅幾分鐘。當他再度睜開雙眼看著我們，

一抹喜悅的笑容照亮他蒼白的臉龐。

我以微笑回報他，接著繼續品嚐我的紫海鞘生蠔和其他迷人的鮮肉。我愛極了貝肉去殼的功夫。我使用尖鉗工具，以鉗子制約螃蟹，細緻去除隔膜，把螃蟹的內部通吃殆盡。我吃的不是淡菜和簾蛤，那些海鮮我漫不經心一口便吞嚥了。每個生蠔都不一樣，如此最好不過，因為我有充裕的時間慢慢體驗。貝類濕潤而發亮的空殼有一種獨特的美，在都靈大咖啡館的照明之下，它們讓我想起童年時光在沙灘退潮的時候撿拾的貝殼。

棕色的袋子讓我難受，令人厭惡。我將它從長椅上拿下來，藏在座位底下（把它留在我身邊，會像是與其共度晚宴）；然而用餐的時候，多少是因為不小心的緣故，我一直踢到它。我無法克制自己意識到這一點。因此我忍不住愚蠢地想要把袋子再拿起來放回身旁的長條椅上，翻遍內袋。或者更糟的是，我想讓餐廳的客人看著它散落在所有悲慘混亂的苦難裡。我掙扎抵抗這份錯誤的衝動，我原本以為衝動已被我驅逐，然而卻發現自己的手仍然放在這憂愁的袋子上，像個狂躁症患者清理斷齒的梳子、穿孔的泳帽、原子筆、還有更多的原子筆、支票存根、照片、無數的照片、總是有一些從旅遊雜誌上撕下來的版面，而這些版面當中，有一頁躍然我的眼前。它對著我跳了上來，上面的文字像是同等數量的尖石子，刺穿了我。這是一則寫給大眾關於阿茲海默症的

文章簡報。目前該疾病至少觸及八十五萬人，而且不存在任何治癒的藥物，在 2020 年之前，我們無法想像能找出有效的療法……。所有的病患都會一點一滴抹去他們所知道和學到的事物……。這讓人暈眩。出現失智症名稱的版面不是一張完整的剪報，而是被撕下來的。在報章不規則的邊緣，缺少了文章最後一部份，紅線標示了幾行句子，我讀到從前我不敢承認的事實，讀到自己過去成功掩蓋的真相，直到剛才談話時，母親說她想要去里昂體驗，我才不得不接受這事實。

「可是里昂是我出生的城市」，我叫喊著。

她立刻轉移話題，精力充沛。我跟隨她在其能量當中矇著眼睛向前走，維妙維肖模仿明眼人的舉止。

她站在陽臺上向我微笑道別的形象，粉碎了我。

我剛才留意到鄰座客人的痛苦，她無法阻止伴侶的沉默和敵意，在這個以歡樂為主的場地，容忍特別辛苦。受苦本就是被排於他人之外，而如果他人竟是看起來開心無比，那就成了可恨之事。嗜酒客相繼而來，吮吞生蠔的食客亦然；而我，像機器般繼續這獨舞，卻心不在焉。母親遺忘的力量對我而言就像一個敞開的大陷阱，我的過往也即將深陷其中，大量昔日的片段，還有我整個人生，都將沉沒。一個陷阱，一道裂縫……我最好回家睡覺……置身於幸福的人群當

中是種弄虛作假。我走音了，不再和諧。我感受一種可怕的落差。老祖宗花車一再經過我的眼前。他們哀悼自己消失的尊嚴：老祖宗曾是講古的人、傳達過去歷史的人。幸虧有他們，這世界才不至於化為碎屑。現在沒有人說故事了，這件事情會發生嗎？啊！會發生在我們身上嗎？如果母親從我出生的城市開始遺忘，那麼世界上其餘的一切也將會消失，不只是那些被稱為重要的事，還包括其他真正重要的事情。我看見我們倆人，我們在遺忘花車（Char de l'oubli）上面曬太陽。我們的雙眼被黑色的墨鏡遮住看不見。我們活潑地交談。母親做了一個手勢，向我示意遠方某物。我們所訴說的話題，總是前所未有，如同我們斜倚在長凳上，用手指點出世上那些美麗的片段讓彼此知曉：藤棚、綠籬、簷口、雕像，或是嘉年華會人潮裡幸福的容貌……。不過那臺遺忘花車，誰記得曾看見它經過？

　　第一位巨偶用頭撞開了大門。其他人則跟著猛烈衝進來。頃刻間一票大頭人偶喧囂了起來。他們體型龐大，且因著鏡子的反射繁殖增生，好像一群怪獸入侵咖啡廳一樣。人們的頭，突然間比例縮小成榛果的樣態。企鵝、米老鼠在桌子間跳躍……，尤其是一群假面國王，更是堅決地竄出。他們交換步伐跳舞，互相推擠，指著我們這些榛果小頭兒咯咯地笑。他們的歡樂就像隨之進入廳內的寒夜氣息一般。我不再想要回去睡覺。這是一種遺忘一切的傳染病？之後呢？將

會由孩子替代父母回憶，一段新的歷史，帶著不同的情感，一起顫抖地緩慢行走，顫抖走在吊橋上……這是傳統的崩塌？那又如何？假面國王會重新喚起真實國王的魅力。

　　行列中一群小國王成了獨自娛樂的大胖子（Gros Homme）的隨扈。遊行隊伍裡他們在雙面國王跟前嘲弄和狂妄的程度，和他們在大胖子面前熱心效勞、畢恭畢敬的態度旗鼓相當。他們讓大胖子坐在廳堂的中央，四個人圍著他，拿著一鍋鹹魚乾，散發出牛棚般的強烈氣味，像是要讓他倒胃似的。

　　這群小國王並不傲慢。他們樂意端送海鮮餐盤。服務生趁機稍作休息。然而眾小王是任性的。他們只服務自己喜歡的人。如果他們服務的時候，對方手上已經有一杯酒或餐盤了，會有更好笑的可能性出現：他們會把所有東西扔在一旁不管。除了開心的大胖子以外，眾小王帶著忠貞的感情照料他。胖子吃紅色螯蝦，面頰又圓又鼓，他的雙下巴彷彿瀑布一樣緩緩朝著閃亮的領結傾瀉，領結底下是一件拘束的白襯衫，大胖子顯得極度幸福。

　　一位小國王將餐巾圍在自娛的大胖子脖子上。當心我的領環，胖子嘟噥著。

　　我是說，領結。

　　小國王們捧腹大笑。我們自得其樂的大胖子獨一無二。

即使口誤仍舊才華洋溢。多虧這個領環，使得被覆蓋隱藏的河流顯現了，這是多麼地美麗。一個夜晚，一個嘉年華會的夜晚，它將再次顯現，千真萬確。它將會像急湍一樣注入尼斯城。輕軌電車會在它的浪潮上飛舞。

是的，我們會留意你的領環，我親愛的胖子。

好了，我們已經繫好你的餐巾，你可以開動了。

吃完鱈魚之後他準備開始大啖龍蝦。他有四倍的美乃滋，用小湯匙品嚐著。一位小國王過來解開胖子的襯衫和褲子上方扣子。覺得舒服了的胖子則洋溢幸福。

——如果我們自得其樂的胖子死於中風，我將無法平靜下來。這將成為未來每一場狂歡的陰影，大片陰影，難以想像，無論微小或是巨大的陰影，都不該蒙上嘉年華會。這是我們唯一活著的時光。不容妥協。如果有人跟我談妥協，我就當場自殺……我們來喝點什麼？這位小國王一邊說一邊在我的桌子坐下來。

——我早就開始喝了。

——這從來不是放下酒杯的理由。

他的一位巨偶夥伴過來幫我們點單。我觀察到他們喜歡互相碰撞頭部，作為友好的標誌。我們的酒杯也同樣互相碰撞，我們舉杯輕碰，給彼此許多美妙的祝賀，絕不給予平庸的祝福。小國王咳痰以表達對平庸的蔑視。

我的小國王有一個好笑的尖鼻子，雙眼凹陷，黝黑，

靈敏，戴著歪斜的皇冠。不過特別是鼻子令他與眾不同。他鼻子的尖端可能被削鉛筆機削過。一個完全與皇室無關的鼻子，連假皇族都稱不上。他臆測到我的震驚並且坦白地承認：「我是一個失敗的皮諾丘（Pinocchio）[13]」。

這群騷動者的來到，使我的注意力從那位衣領上別著白色香石竹的失眠者轉移開來。當我放眼尋找他，他就不見了。

——你有注意到剛才坐在旁邊餐桌的那個陌生人到哪裡去了嗎？

——假葬禮花車的那個人？你不用擔心。他要去搭船了，不過明年你會再度看到他。他不會錯過任何一場嘉年華會。他像我們一樣，這是他出遊的時刻。

——一年中只活了幾天，這應該有點奇怪。

——對大部分的人來講就是如此，只是他們竟不自知。對我們這些大偶頭而言，至少很清楚。二月十六日把我們請出場，有整整十八天可以興高采烈，相信我，我們會盡情歡樂毫無保留。之後人們把我們放回倉庫裡，整修我們，必須說的是，有些變得相當醜陋。我呢，可是精心被打造的，除了這個蠢鼻子以外。我很少有問題。

——你的頭是怎麼做出來的，這個大頭？

——用煮過的紙板做的，好好地錘打再統整起來。我被

---

13. 皮諾丘（Pinocchio）即童話故事裡的小木偶。

保養得很好。空氣穿越我的耳朵。

突然開始下雪了。咖啡館一下子變空了。「下雪了，下雪了！」人們叫喊著。他們旋轉著身子，舉起手臂觸碰雪。他們的雙腳因為跑步而深深陷入節慶五彩紙屑鋪成的地毯。室內只剩下自得其樂的大胖子，他不想要為了一些飛絮而移駕，還有愛開玩笑的小國王和我。我們繼續閒談。有時我倆沉默不語。小國王為了提醒我他在身旁，會將自己的前額靠近我的太陽穴，親切地用他紙板做成的巨大光滑頭部，摩擦我微小而脆弱的頭。

——在倉庫裡這麼多個月裡，你都在做什麼？你一定非常無聊。

——一點也不會。我回憶幸福的過往消磨時光。

——那麼你看見了什麼？

——我看見遊行隊伍、裸露的女孩們、花丘⋯⋯ 我曾經收到的花束量是難以置信的。沒有任何女神比得上我，相形之下，卡拉斯（La Callas）收到的花束少得可憐⋯⋯

帶著傲氣，他用手指輕彈垂直的王冠將它重新調整好。

——妳呢？妳的腦袋裡有什麼美好事物？

——我不知道，我從來沒有為此花很多時間，我不像你，你是個臨時的存在。

——這是妳所認為的⋯⋯努力想想，告訴我。

——對我而言，似乎最重要的事情最難回想起來，那

些事物迷失在薄霧裡飄散而去，那些親吻、擁抱、令人發笑的言語、海灘的陽光，睡眠及夢境，無一進入我的履歷（curriculum vitae）。

他覆述履歷這個詞，樂不可支。他的夥伴也一起加入。他們即興地變化這些拉丁字。

雪已經停了。服務生，巨偶們以及顧客都回到咖啡廳，抖動身體清除身上的雪花。

──我的回憶裡有無數的咖啡館，無數消逝的咖啡館時光……走訪這些咖啡館之前，我在夢裡已經看過它們。

──那麼妳是一位博學的女性，因為人們是在咖啡館裡學會生活的。

──某種程度上沒錯。也是在咖啡館裡，人們因為不快活而安慰自己。這也是為何我沒有把自己的全盤精力放在咖啡館裡，我保留一些給書籍……

──妳害怕。

──可能吧。

──慰藉的藝術不容忽視，希望妳的書裡某處會提到這一點。就我看過的那點書，讓我覺得書本通常很枯燥。但也可能我的認識不正確：倉庫裡沒有電。

──書有各式各樣……你不喜歡愛情小說嗎？

──我告訴妳，我幾乎沒讀過。嘉年華會提供我豐富的愛情故事，至少故事的開場……

——人們在嘉年華會趁機墜入愛河？

——當然，不過大同小異。往往是男人跟女人戀愛，這是標準的模式。男人跟男人談戀愛比較罕見。女人跟女人談戀愛更少見；然而女人真的很謹慎，很難對這個主題說些肯定的話。總而言之，根據我的觀察，只有前三種可能性存在，除此之外沒有別的可能。他們缺乏一些想像力，不是嗎？

——不然你希望他們愛上什麼？一片海灘？一棵樹？一隻鳥？一隻海星？一個餐盤？一隻鞋？

他沒有回應。皇冠再度滑到他的額前。這下滑的皇冠怪異地橫切了他的面容，使他看起來少一隻眼睛，好似海盜，或是一條沒調整好的繃帶。

我做了一個動作讓他大開眼界，我的唇靠近他的嘴，低聲對他說：

——陛下，你想要我愛上你嗎？

我們兩個夢想家彼此緊緊相依，看著埋藏在我們腦海裡的寶藏獲得生命……

1.
櫥窗咖啡館和秘密咖啡館
（Cafés-vitrines et Cafés secrets）

必須要相信奇蹟，這是最起碼的事情。

——我的外祖父

　　當我還是個孩子，我的世界觀化約成阿卡雄海灣（bassin d'Arcachon）。我將鳥島（Ile-aux-Oiseaux）定位成海灣的心臟，淺淺的白沙灘，漲潮時被覆蓋，沙灘上蓋了幾間立在木椿上的小屋[14]。鳥島是我永遠熱愛的崇尚，其餘一切都是從這個海天之間獨特的平衡點擴散而出。我曾經被它的擴散地接納，包括父母的家，友人索妮雅（Sonia）的房子，喬治五世這條小路盡頭的沙灘，就在我們房子的對面，蜿蜒通向海邊，還有外祖父母的家，根據我個人的地理學，我把它喚作「樓梯房」。我父母家座落在秋城，「樓梯房」則位於冬城，就在往秋城方向的斜坡上，大約莫荷斯克賭城（Casino Mauresque）的下方。至於春城和夏城，我從來不知道它們在哪裡。老實說，有名的是冬城，我常聽人們說起。其餘三座城則乏人問津。它們只為了居民而存在。如同秋城之於我。它不是一個觀光區，沒有人期待在此地看到什麼，更沒有人想要拍攝我們的花園，鬼箭羽的籬笆，絲蘭，金合歡，石榴樹下的紅木長凳（盛開著花但是從來沒有結果），還有我房間裡朝著長凳敞開的落地窗。想要在這幾條安靜的路上和死

---

14. 鳥島上有些以高腳木頭椿基架空於水面上的房屋。

氣沉沉的碼頭附近找到商店、戲院或咖啡館，將會是白費功夫。必須要到市中心才能進入美好之地。在我眼裡進城是一趟令人興奮的旅程；其他地方無法比較，無論是阿卡雄海灣或是別處。首先，路程非常漫長，費勁，充滿神秘，路途逐漸不再是一場身體的極限考驗，而是保有它神秘的靈韻。我經過一棟矮房子，滲透著濕氣，百葉窗緊閉，不過郵差有時候會停留在此。我想像裡面住著灰色和黃色的蝸牛，緩慢地爬行在沒有人閱讀的信件上，那是牠們的日常事務。接著我路過一間肢體復健中心，在我罹患脊椎側彎的初期，我曾在那裡接受過一些課程（行經這間房子並且過門不入，是一件幸福的事），然後我再走過一棟大房子，裡面有一位無精打彩的悲傷年輕女性，她有一雙優美的藍色眼睛，總是對著我微笑（她曾經幫我上過數學課，同樣地，行經她的房子而過門不入，是一件美好的事）。最後我來到奧林匹亞戲院（Cinéma Olympia），我駐足好一段時間細看電影劇照。休息了一會兒之後我提起精神再次上路。經過兩三條街，我來到了市中心：接著是一場暈頭轉向。我從紀念品販賣店的櫥窗正面走到伊甸戲院（Cinéma Eden）的海報佈告欄，從霜淇淋店走到鞋店，再從文具書店走到女子髮廊。我喜愛觀看，走得有些慢吞吞，好像我在隨機漫遊，最後我走向自己最喜歡的目標：觀察咖啡館的生活。我居住在阿卡雄的期間，亦即從 1946 年到 1963 年，我只認識這些咖啡館的外觀；與教

堂相反——聖斐迪南教堂（église Saint-Ferdinand）、聖母大教堂、帕斯聖母教堂（Notre-Dame-des-Passes）——在同一段時期裡，我經常進入這些教堂。教堂對我而言並不神秘，咖啡館反而總是激發我的好奇心。我沿著咖啡館的露天平臺行走，仔細觀看大片玻璃窗，端詳吧臺前方站成一排背對著我的人。某些咖啡館比較開放；我的好奇心則朝向最封閉的咖啡館。我在想人們是體驗到什麼樣的感覺而推開了門，找一張桌子坐下來，小酌一杯。這群忙著無所事事的人究竟在做什麼？他們在此找到了何種歡樂？如果咖啡廳裡有鏡子，表示人們來這裡不僅是無事可做，他們還可以看著無所事事的彼此。在我看來，鏡子這玩意兒在這些人的工作場合裡是不存在的。當我在聖誕節期間去我父親工作的松樹纖維素造紙廠（Cellulose du Pin），他是一位工業繪圖員（「爸爸，你在那裡畫什麼？」），我沒有在工廠裡看到任何一面鏡子。我聞到一種氣味，一種令我聯想到工作的臭味，這個味道大量溢出工廠，甚至在行經製造廠（Facture）[15] 的火車裡，這臭味仍讓你感到窒息。大人們這些奇怪的存在，並不值得深刻瞭解，但卻需要有所認識。我觀察這些大人習性所累積的雜多感想包括：閒閒沒事的成年人喜歡凝望自己，當他們上班的時候卻是另一個樣。固然他們喜歡吹噓工作的優點，實際上

---

15. Biganos-Facture 車站位於 Biganos 地區，是從 Bordeaux-Saint-Jean 到 Irun 路線的其中一個火車站。

他們上班的時候匆匆忙忙。唯有舞者在工作時會觀看自己，然而這不是出自一種凝望的秩序。舞者們關注自己只是為了自我改善，而咖啡館這些靜止不動、漫不經心手持酒杯的側影，帶給我的感受並非如此。這一點，我在咖啡館的外面觀察時已經有了預感：人們前往咖啡館不是為了自我改善。這是我自己純然的假設，或是接受了父親想灌輸我的一種膚淺道德偏見；當然是以一種含蓄的詞彙；他的「言說」介於沉默與隱言之間。父親自己不常去咖啡館。歡樂的咖啡館和悲傷的咖啡館都不常去。前者是因為不符合他的心境，而且他恐懼噪音。他擁有悲傷咖啡館所需要的一切素質，然而他欠缺獨身者通常具備的內心空閒以及活動自由，讓人得以在孤獨裡走得更遠，讓人得以超越平凡的衰弱，超越生活的庸俗厭膩，從憂鬱的沉淪裡大幅偏航；他無疑是在海上體驗到這一點。因此對他而言，咖啡館，免談。那麼和他的配偶，我的母親呢？別提了，咖啡館顯露人們的相互厭煩，我父母不需要額外證實這一點。對於已經失去交談興致的伴侶而言，咖啡館的寂靜是龐然大物，是雷鳴巨響。我的父母迴避咖啡館，如同迴避所有的休閒場所。也許除了旅行之外⋯⋯。沒錯，我記得有一回。我們在巴斯克地區（pays Basque）旅行，另一個家庭與我們同行。男主人是我父親的同事。小男孩與我同齡，大約六、七歲。乖巧的他有著一頭金髮。晨間我倆坐在河邊，安靜盯著我父親釣竿的浮標。當它突然沉入水底，

安德烈激動地將我抱住。一日早晨，釣魚的儀式被打斷，因為根據我父母的暑期行事曆，那一天是遠足出遊的日子。我們要前往西班牙。我坐在汽車後座，我的娃娃克麗絲汀在身旁，她是我可靠的心靈知己。對於出遊計畫我感到歡欣鼓舞。被帶往別處的感覺是快樂的（之後我發現了搭便車的樂趣），沒有煩惱地望著世界和風景接連開展。

　　父親將車子停在法國，我們徒步前往西班牙。穿著披風、頭戴黑色雙角帽的佛朗哥政權的（franquistes）關務人員善意地上前來（當然了）。我甚至認為他們指引了一間距離最近的咖啡館，讓我們能夠去喝一杯餐前酒。我頃刻間來到了一間露天咖啡館，來到了西班牙。我謹慎地提醒克麗絲汀娃娃注意這雙重事件的特殊性，並且專心品嚐我的薄荷汽水。我興高采烈。我們回程的時候再度越過邊境，我的父親攜帶了一籃西班牙酒，籃子本身也是西班牙製。父母對於自身的採購心滿意足。他們已經準備好讓自己被假期的無憂無慮征服。母親使用一條橘色花卉的領巾把頭髮包起來。黑白相間的裙子繫了一條大腰帶。我看到關務人員的眼神停留在她優美的身形。瞬間我意識到她的誘惑力，這使我困惑。我將手合攏放在一個卡門娃娃身上，現在除了克麗絲汀，我還多了一個佛朗明哥舞者娃娃。卡門站在圓形塑膠盒裡，試圖保持平靜。她也體認到被帶往別處的快樂。卡門在透明的盒子裡，

我在父親的車子裡。外面的天色整個陰暗下來，我們穿越村莊，空盪的廣場，森林和田野，真是美妙。我微微打開卡門的盒子對她說：我剛才去了咖啡館，越過了邊界。

我的父母不去咖啡館，和我們家裡不放花朵的精神是一樣的。對我而言，再也沒有比花店更令我喜悅的地方了。我看到花束就想擁有。他們一再告知我：「不要把妳的錢浪費在花朵上。沒有必要，它們馬上就枯萎了」。

馬上？真的嗎？它們盛開的期間，難道不重要嗎？白玫瑰奶油狀的綻放，深粉玫瑰赤紅色的模樣，紫羅蘭花束的鋒利，深色條紋裝飾的奢靡百合，尼斯的香石竹，鬱金香單純的完美，還有黃水仙，翠菊，丁香，金魚草，像紙花一般的大麗菊，丁子香花蕾，橙花，金合歡，需要譴責牡丹和聖母月的花束？我的父母堅定地說：「不行！金錢只能花在有用和持久的事物上。」他們所作所為不過是奉行戰後經濟縮限時期裡的節約原則，對他們來說，這種道德是被各自原生家庭的布爾喬亞道德所強化的。

我的外祖父則不同意。他寧可什麼都不說。外祖父走自己的道路。他會送花給我。他從流逝和凋零的萬物中獲益。

說實話，當我想起外祖父菲力（Félix），他與名字的原意「幸福」可謂名實相符——如果我想到極致——螞蟻的智

慧化為塵土，只聽到蟬的歌唱：[16] 那麼花朵是可愛的，應該要讓花束增加，咖啡館只會是有益的場所。首先外祖父自己是一位咖啡館行家，再者，因為他在咖啡館裡找回比本性更加徹底的快樂。他充滿了點子以及歡笑的欲望，隨時準備發明新的遊戲跟我一起玩耍，用口哨吹出他自己作的曲子給我聽，如此一般可想見，當他在市政府和市場附近的小酒館啜飲幾杯辛札諾香艾酒或杜本諾（Dubonnet）香甜酒時，會讓他何等容光煥發。他外出的時候不會太晚回家，不過會在奇怪的時刻返回，也就是下午兩、三點。這是他從市場裡回家的時間。他教我這些俗語：躲一場雨，喝一杯酒。尤其是後一句，對我而言似乎是詩性創造的極致，而且與他毫無關連，因為他習慣打領結而非領帶[17]。我非常愛我的外祖父。他是我的榜樣也是我的同伴，我的保護者，我生命的泉源，也是愛我的人。我體驗了相互的熱情。在學校出口等他來接我時（學校比較接近冬城，比起我父母居住的秋城，更靠近外祖父母的區域），他的遲到完全不會令我不安。這源自他的創造力，源自他完全忠於自己的習性。我匆忙向老師鞠躬

---

16. 這兩句關於螞蟻和蟬的典故有可能是出自讓 · 德 · 拉封丹（Jean de La Fontaine）的寓言〈蟬與螞蟻〉。鳴叫了整個夏天的蟬發現自己一無所有，因此向螞蟻乞討，求牠借給自己一些生存糧食，願意連本帶利歸還。螞蟻不願意，問蟬：你整個夏天在做什麼？蟬回答說，我日夜都在歌唱。螞蟻說：歌唱？很好，那你現在跳舞吧！

17. 原文為 En mettre un à l'abri de la pluie et s'en jeter un derrière la cravate（領帶）. 此處領帶是食道的相似詞，因為食道在領帶的後方。

敬禮，然後跑去坐在學校花園的矮牆上，晃盪我的雙腳。我等他來。分分秒秒過後，他就會踏著蹣跚的步伐前來，1914年大戰時，他被砲彈碎片擊中，髖骨受傷而留下後遺症。看到他出現之前，我想像他將會對我投報的微笑。有時候我們會繞道海邊，不往莫荷斯克賭城的方向走。我看到那間童裝店，販賣學校裡最優雅的女孩們所穿的衣服，我感到一陣痛苦的抽搐。格子或條紋的棉布，柔軟如慕斯的毛織外套和絲絨領子，罩衫，寬大的連衣裙，衣服勾勒出腰身，深深的裙褶，從中露出孩童傘柄一般的腿。我理想中的裙子要像撐開的傘或降落傘一樣。我興奮地詳述白色襯衫上的貝殼小鈕釦。有沒有可能只買鈕釦不要買襯衫？或是只買絲絨領子不要買外套？我陷入貪婪，然後隨即遺忘。檉柳，海洋與海藻的氣味，防波堤上的敞闊，驅散我打扮入時的想望。衣服？有何重要？「看那片田園上的百合，它們既沒有紡也沒有織……」菲力拿了我的書包，我鬆開他的手，好讓他能夠壓住他的貝雷帽或是草帽。我奔跑在他的前方，他的周圍。他輕輕吹著口哨。當我們遇到一個十字架，一間教堂，一尊聖母像，他會劃十字。我如法炮製，心想「幸好外婆沒有跟我們在一起」，因為她有一種懷疑宗教的精神，鄙視她背著丈夫稱之為「宗教偽善」的事物。事實上她是一個仗義之人。關於她最喜愛的姊妹，翁希薇特（Henriette）之死，她不是不原諒上帝，而是將之刪除。外祖父知道她反教權主義的看

法。這是他倆之間心照不宣的一點。兩老知道他們不會互相改變對方，也討厭彼此傷害。我呢，我有點同意外祖母尤金妮（Eugéne）的諷刺，但又嬌小的在外祖父的影子和教堂的陰冷底下，享受教堂裡塞滿了禱告和低語，跪拜，俯伏，十字架，讚頌歌，蠟燭，香氣，百合那稠膩的幸福。五月份聖母月的時候，外祖父來回往返，懷裡滿是白玫瑰，途中他摘了一朵別在我的髮夾上，或是別在我罩衫上的鈕釦孔。我因著亢奮的熱忱紅光滿面，奔向遠在我之上的純淨海藍、天藍，以及聖母頭巾的蔚藍。我感覺參與了一首偉大的慶典歌曲，分享了一場花雨的狂喜和充滿恩典的活動。在聖體瞻禮（Fête-Dieu）的遊行，我們排成縱隊前進，聖布朗迪妮（Sainte-Blandine）和聖母學校（Notre-Dame）的女學生，以及聖艾摩（Saint-Elme）學校的男學生，走在高舉花飾旗幟的陽臺下。我們以聖母院為目的地。路程很遙遠。我每年都重蹈覆轍，沒走幾步就把所有花瓣撒完了。接下來的時間我只能踏步，花籃裡空無一物，哀怨地和我的同學一起吟唱聖歌的某些片段，她們和我一樣穿著白色衣服，腳部腫痛，在日曬的威脅下堅忍不拔。

我的名字是由外祖父為我命名的：麗莎（Lisa），紀念他的姊妹伊麗莎白，外祖父說，「她幾乎是個聖女」，外祖母則說她是個「完全的犧牲者」。為我選擇一所教會學校就

讀，也是出於同樣的決定。我的父母沒有意見。他們每天各自為營，太過專注於對他們的資源進行估價，以致於無法對教育問題感興趣。這就是為何我的學校不是座落在秋城的空地（一種真實的、自然的空蕩，不同於冬城幽靈般深刻的空蕩，住著消失的存在與夢想的剪影），而是位在市中心，介於濱海大道和我外祖父母家之間，這樣子很好，有助於讓我知道他們就在離我不遠之處。當我想脫離聖布朗迪妮學校強加於我們身上的一系列古怪學習操練的時候，我不希望感到孤苦無依。我重新找到一個溫暖而充滿活力的宇宙以恢復自我平衡。兩大要素對學校而言是陌生的：溫暖和生命。校園這奇怪的圍籬，與世界其他地方如此脫鉤，而且服從於教條崇拜更勝於服從宗教的神，除非兩者完全等同，但我拒絕同意這一點。一旦我進入學校狹窄的柵欄，校規便成為我命運的咒語。迷惘、缺乏組織良好的反抗計畫（學校無預警地將我俘虜，如同那一日醫院切除了我的扁桃體），我處於弱勢。他們塞進我腦袋裡的一切事物，是另一種逼迫我讓步的方法，讓我放棄自我快樂的存在，放棄沙堡、浪潮裡的奔跑，還有抓螃蟹。我的制服帽子總是歪斜，裙子皺巴巴的，太長，讓我沮喪，我經常感覺自己坐在一張釘子沒釘好的凳子上，擦傷我的臀部。最後，最糟的是教導我們辨認時間的課程。就是在這個鐘錶課程裡，我險些跌倒，差點永遠無法抵達理性王國（Royaume-Raison）。

我們坐在玻璃房裡，全班的小女生圍坐一張過高的桌子。一個紙做的大時鐘放在我們面前。老師旋轉時針並且問：「現在幾點了？」她其實可以溫和地提問，給我們時間思考，去花園轉一圈。畢竟這是一個再平凡不過的問題。沒什麼值得小題大作之處。我在路上或海灘上已經聽人問過時間，沒有人會因此惶惶不安，即使匆忙的人也不會。然而這不是我們老師的情況。如果有學生很慢給出正確答案，她慣常的反應是如此：「我有時間，我不趕……」然而事實上她很趕，她會把事情看得很嚴重，尤其針對我。當我隨意回答亂七八糟的數字，她怒吼了。她是有道理的，我甚至沒有看指針的位置。此外我也不看時鐘，只見她憤怒顫抖的上唇，上方有些黑色的汗毛。我聽見嘶啞的喘氣聲：「現在是幾點？」十二點，三十七點，九十八點，三千五百點……我感覺她快要把時鐘砸過來了。老師沈默片刻，好讓我愚蠢的巨碑能鑿刻得更好，並且給我猛烈一擊：「差五分鐘四點」[18]。怎麼會？正時間還不夠嗎？還會有缺少什麼東西的負時間？然而，從整點減去這個時刻到底剩多少，而這個整點時間無論如何都還沒有出現？差五分鐘四點。這意味著什麼？既然還沒有四點鐘，是和幾點相差五分鐘？我的淚滴在時鐘上，隔壁的音

---

18. 也就是三點五十五分的意思。法文的說法是 quatre heures moins cinq.

樂教室裡，有一位無法彈好音階的小女生則落淚於琴鍵上。我們一起走出來，困惑且雙眼浮腫。我的外祖父牽起我的手。今天要走莫荷斯克賭城那條路，它的圓屋頂，尖形穹隆，螺旋狀的廊柱，馬賽克，和它的金碧輝煌。它是孩童舞會以及競爭優雅的賭城。我的一千零一夜皇宮。

對我而言，在阿卡雄是沒有時間的。只有季節。四季區分了城市，是我唯一認同的時間計算法。在一個春天的早晨，我們於戶外的橡樹底下上課，這棵樹攸關一個特別幸福的時刻。此時我已經過了認識時鐘的年紀，到了聽寫課的年齡。直到這一日之前我感到厭煩，極度厭煩；然而在這個早晨，第一次，字詞的聲音，蛻變了，老師為了讓我們容易聽寫而清楚發出的讀音，讓我們立即轉為書寫的字。對我而言，拼寫字母是一種自然的，幾乎可說是親切的元素。我加上複數，標示過去分詞，我聽到啞音的 e[19]，我捲起袖子，精神飽滿。老師朗讀句子的聲音吸引了我 —— 通常我很厭惡這聲音。我甚至隱約識得拼寫之美，在它與塵世噪音的落差裡，在它與言說的區隔中。所以有書寫的法語也有言說的法語。存在著書寫的語言和言說的語言。它們屬於兩種不同的語言。為什麼？這是一項奧秘，而我接受它。認識拼寫法，就是認同這

---

19. 啞音的 e，即 e muet。

項奧秘，與噓音的 h（或是沒有噓音的 h？）[20] 一起棲居這奧秘當中。老師重複說：「Il était une fois deux princesses voisines qui avaient été élevées dans leurs palais mitoyens, séparés par une haie de hêtres, à travers laquelle elles s'observaient avec suspicion, mais sans envie, se sachant chacune la plus belle⋯」。我使出渾身解數，對於書寫的語言熱情如火。

如果沒有在這棵巨大的橡樹底下上課，就不會產生如此的愜意。樹蔭覆蓋了桌面。我露出的雙腿沉浸在它的清新裡。

菲力・約瑟夫・瑪麗（Félix-Joseph-Marie），絕對是受到他母親瑪麗・馮絲瓦茲・波艾克（Marie-Françoise Bohec）的影響，她是布列塔尼亞人，不識字且神秘。外祖父不把學期成績放在眼裡，我是說我的成績，尤其當我被評定為不及格的時候。他和兄弟馮西斯克（Francisque）曾接受村裡的教士傳授一些基本知識作為教育，這位教士也負責餵食他們。兄弟倆的母親年輕時便成為寡婦，加上她的虔敬，所有物質上的煩惱都信賴地交託給神的旨意來妥善照顧。她把女兒伊麗莎白獻給聖母。一間修道院接受了她，在她抵達的一刻，她說出母親訂立的誓言，披上了頭巾。這位少女心生絕望，決心尋死。在大戰 1914 年到 1918 年期間，她選擇了

---

20. 法語單字裡的 h 通常不發音。噓音的 h，即 h aspiré。

接近前線的醫院。她的犧牲精神是瘋狂的。少女開始漸漸停止睡眠和進食。最後她終於因著肺結核的發作而辭世（我有一張她的照片放在我的悲傷袋裡[21]。聖潔教會的瑪麗‧阿黛兒修女（Soeur Marie-Adèle）隱藏在她的宗教服飾裡，猶如她已經被丟入一口井的深處。她交錯的雙手握著一串念珠，沒有笑容）。

　　比起地獄或天堂的永恆，菲力成長的生活世界，是一個相對且次要的現實。人類的命運取決於高深莫測的權勢，介於風暴和祭壇，福音與傳奇，聖人和境遇之間。學校成績好壞的問題當然就因此不存在。我的命運，被外祖父所守護的命運，遊玩於社會價值階序以外的地方。而且以不同的方法玩耍。外祖父自有看法；他在我後來有能力理解之時，才向我闡述他的想法……。我所知道的，在我六年級的升學考試階段，我被評判可能無法通過那次的考試，學校不幫我報名。外祖父出手解決了。他交托給天意或運氣（他也是個賭徒，不會徒勞無益地鑽牛角尖而迷失自己，他要贏得一切有益的力量）。被召喚的天意和運氣將會回應呼喚。我甚至相信天意或運氣的其中之一，或是兩者同聲在點名的時候代替我回

---

21. 悲傷袋，sac à chagrin。給兒童使用的一種小布袋，可用繩子束口，上面有一隻動物玩偶，通常是老鼠。用途是讓孩子將悲傷的事情告訴老鼠，再將牠放入袋子束上。兒童認知上老鼠玩偶會在袋子裡將悲傷咀嚼殆盡。一段時間過後（通常是經過一個晚上、一個上學日，或者是一頓飯的時間），悲傷就會消失了。

答「有！」。我在那時——到底確切是幾點？——可說是又聾又瞎。我因著一切事物的古怪而發楞。有一件物品讓我感到安心而快樂：是母親為了這個考試場合替我買的紅色輕便鞋。在我穿上它之前，我曾經在櫥窗前凝視許久。不只是它的顏色吸引我，也因為那些在我看來很講究的精緻細節：輕便鞋的上方，被一條象牙色的皮繩縫合如浮雕。除此之外，在聖布朗迪妮學校的最後幾年，除了拼寫之外我沒什麼長進，但是我長高了；當我跑去找我的朋友諾艾爾（Noëlle），我發現我的百褶裙剛好到我的膝蓋高度，恰如其份。

1956 年十月一日，是我進入中學的開學日，我再次穿上這雙完美的輕便鞋，配著淺藍色的短襪，這雙襪子也完美無缺。我毫不擔心自己位居底層。對我而言，不會有什麼嚴重的事情是從低端而來。

清新中學（Lycée Grand-Air）[22] 鄰近森林，樹林總是在視線範圍內。更讓我驚訝的是，教室的大片玻璃牆之外，松樹近在咫尺。它們在夏天的熱氣裡即使流出樹脂還是很可愛。松樹，金雀花，歐石楠，荊豆……。學校和樹林這麼靠近很奇特，在此之前，它們在我腦海裡是兩個截然不同的宇宙，

---

22. grand air 意指露天、戶外、野外、空氣清新之意。論人的氣質則有氣派的意思。鑑於一所中學可能的合理中文名稱、中學名稱出自當地空氣清新之故，以及稍後校名與侯爵夫人的姓氏恰巧雷同的考量，在此暫譯為清新中學。

而且不應該混在一起。只消幾分鐘，我就可以踏在覆蓋森林土地的松針地毯上，松針如同沙子，消弭步履的聲響。在阿卡雄的森林裡聽不見腳步聲。也聽不到有人走近。事實上，這所中學的嶄新建築物就蓋在樹林裡，在我眼中巨大無比；樹林很少離開我們的視野；然而這些樹木限制了學生，除了體育課這種所謂的「戶外」（plein air）活動之外（這種課程允許「擁有清新空氣」（avoir plein air）[23] 這樣的表達，就像「擁有」音樂或地理一樣, avoir musique ou géographie）。課間休息的庭院邊際，就是森林的開始，開學首日，我盡力不要迷路，並且好好跟隨新生的路線，一股焦慮困擾著我。我開始意識到，或許清新中學（Lycée Grand-Air）的名稱是出自阿卡雄的新鮮空氣之故，而不是為了紀念連環漫畫貝卡辛（Bécassine）[24] 的女主人 —— 清新侯爵夫人（la marquise de Grand-Air）[25]，那位有著鷹鉤鼻和捲曲頭髮的老夫人，她無論欣賞什麼東西都從貼近她的單柄眼鏡開始。我很難放棄這想法，牢牢攀附於侯爵夫人。一所中學招搖自豪地置身貝卡辛畫冊的派系裡，對我而言是毫無困難的（我也和外祖父一

---

23. avoir plein air 直譯是「擁有滿滿的空氣」，也就是在戶外的意思。
24. 貝卡辛（Bécassine）是法國連環漫畫的主角，來自布列塔尼亞的女僕，嚮往巴黎的生活，可說是法國喜劇漫畫的第一位女性主人公，也體現布列塔尼亞人在大都會居民心中的刻板印象。Bécassine 於 1905 年首次出現在《蘇瑞特週報》（*La Semaine de Suzette*），這個週報鎖定的讀者便是巴黎的年輕女孩。
25. 貝卡辛的女主人侯爵夫人的名字 Grand-Air，與這所中學同名。

起看過《鍍鎳腳》（*Pieds Nickelés*）[26] 和《工兵卡蒙貝》（*sapeur Camember*）[27] 漫畫。清新中學？那為何學校不叫作卡蒙貝中學？）。是當班上的一位男同學告訴我，他生病之後來到這間學校作為住宿生，因為他的父母希望他可以在此呼吸「清新空氣」，我已經被不確定感所侵蝕的信念才因此退讓。原來我是在一間療養院讀書，而不是在《貝卡辛上中學》的漫畫裡。這麼多的事情要在一天之內發掘？我還沒有把最具顛覆力的新鮮事算進來：竟然有男生出現在我身邊。這間中學清新且混合。男生穿灰色衣服，女生則根據不同週次更換綠色或藍色的衣服。我看著制服顏色的性別對比，心想：男生做粗活兒，女生在好天氣時綠意盎然。我好似沉浸於這些不識之物，還有疲累不堪。因為我攜帶了自己所有的課本，每個科目的教材都帶來了。前一晚我曾經諮詢外祖父，但是他十二歲就離開學校了，對於我的提問沒有概念。開學時什麼都不帶，這太冒險了；而且不符合我自己不知所措的狀態。挑選幾本就好？對，可是怎麼挑？我只好帶上所有的課本，把它們全部用橘黃色的塑膠袋粗陋地包起來，沒對準好，四

---

26. 《鍍鎳腳》（*Les Pieds Nickelés*）是 Louis Forton 所創作的漫畫系列，第一次發行於 1908 年 7 月 4 日的《超凡》雜誌（*L'Épatant*）。Pieds Nickelés 是指不願意工作的人，猶如鍍了鎳的腳無法長時間工作。該漫畫以三位陷入困境，不務正業的青年為主角

27. 《工兵卡蒙貝》（*Le Sapeur Camember*）是 Christophe（筆名，本名為 Marie-Louis-Georges Colomb）1890 到 1896 年間創作的漫畫，於學童的報刊《法國兒童插畫》（*Les Petits Français illustrés*）連載。

邊不齊。我還是遲疑不定。「對，全部都帶去，麗莎，我想妳做得對。誰能料得準呢……」。因此，我攏聚了所有課本：歷史，地理，英文，文法，拉丁文，數學，自然科學課本……全在這裡了，把我的書包塞滿，完全蓋不起來，書包沉重且堅硬，每一本就像是一塊知識的磚頭，每一本都要我吸收領會，不擇手段。由於攜帶的書本數量過多，書包無法被關緊，我舉步維艱抱著張開口的書包，從一間教室走到另一間。我們不停更換教室。這是另一件新鮮事，除了消耗我的體力之外，也讓我驚愕。每一個鐘點的開始鐘聲都會響起，學生必須收拾東西然後離開，到另一間教室上課，由另一位教師講課（男老師或女老師：「清新」的混合性涉及所有範疇）；不是什麼都講，而是講他／她的教材。然而開學這一天，無論教師和各自教材之間的聯繫多麼頑強甚至糾纏，沒一個老師開口說出令我開心的話，正當化我付出的驚人勞力，整天搬運這些大量的書。沒有任何一位說：「請拿出你們的課本打開第一頁」。

我似乎明白了，這個新的場所寬廣、明亮、在林間敞開，雖然它與森林嚴格分開，電鈴聲卻有如祈禱。

而迎向我的，還有另一件很快成為焦慮來源的嚴重震撼。它並非突然發生，而是一點一滴，非線性地發生，正是拉丁文課。我不敢相信我的眼睛，我無法接受，然而幾個星

期之後我必須確實瞭解，這個語言的字詞不斷在變化。眼看著我以為已經能辨識的字，一個我才開始信任的字，卻以各式各樣的形式出現，沒有任何特殊原因，蛻變得與原來的字看起來毫不相像，這是一種痛苦的暈眩。拉丁文自行劃分，自行增生，自行分散。我心想，也許吧，如果 rosa 意指玫瑰，那麼 rosarum 就是一種蜀葵（rose-trémière），rosam 是一種絨球薔薇（rose-pompon）。我無數次翻閱我的加菲歐字典（Gaffiot）[28]，這是我這輩子見過最厚的一本書。我周遭的人都把這些變化當作同一個字的重現、偽裝，說到底都是同一個字：玫瑰，等同於玫瑰自身、獨一無二，沒有種類上的千變萬化。

再一次，我向外祖父求援。他對中學教育沒有概念，但拉丁文除外。外祖父熟悉牢記拉丁文的聖歌和禱告。所以我相信他能不辜負我的期待解釋給我聽。但我錯了。事實上他愛莫能助。他的拉丁文來自出生即有的信仰，沒有學習拉丁文。他以拉丁文禱告，就像我在海裡游泳。一項自然的運動，天生的傾向。

——拜託，幫助我。你會用拉丁文唱歌，所以幫我翻譯這個句子吧！Alii immani magnitudine simulacra habent, quorum contexta uiminibus membra uiuis hominibus complent；quibus

---

28. Gaffiot 是法文－拉丁字典，由法國語言學家 Félix Gaffiot 編制，法國人通常叫它 Le Gaffiot.

succensis circumuenti flamma exanimantur homines.

———不要再堅持了。我不懂妳的拉丁文。我的拉丁文是從禱告學的。這兩種拉丁文不一樣。妳有看過神父使用過字典嗎？

———沒錯。有使用祈禱書（bréviaire）[29] 加菲歐字典則從來沒有。

———別說蠢話。教堂裡沒人需要字典。我們不會用外語跟上帝交談。總之，孩子，這說得通……。此外，不擇手段想要知道這是什麼意思，心胸也太狹隘了吧。

外祖父很滿意自己的回答。他捲了一根煙，優雅地把煙草塞進光滑的捲煙紙。為了完成這個動作，它把紙沾濕，好讓它能夠黏起來。外祖父很高興，他的滿意從小動作裡散發出來。這麼幸福的人怎麼會搞錯或不懂？我從來不曾想過外祖父在教會裡聽不懂自己說的任何一個字。我是對的，他完全懂。在愛的語言裡，沒有任何詞彙是外語。

關於第三種拉丁語，也就是古羅馬人說的語言，既非教會的拉丁語，也不是學校的拉丁語，我從前不知道有這種語言存在，甚至不知道它是前面兩種語言，即教會和學校拉丁語的起源。當我在伊甸戲院觀看電影《賓漢》（Ben Hur）的時候，馬車奔騰的畫面出現時，我幾乎快要昏倒，因為坐在

---

29. 天主教神父每日祈禱時參考的禱告書。

我隔壁有一位體形龐大，喘著氣的先生，伸出他的鹹豬手鑽到我的裙底下，爬向我底褲擋住的私處。電影裡所有的人物，這些肌肉發達或奢華衰老的人，所有的奴隸或權貴，每一位露出香肩、髮飾珠光寶氣的美妙女性，我當時沒想到，一刻都沒想到，這些人彼此講拉丁語。

經過一段對我來說極為漫長的時間之後，藉由對照與比較，我成功地破解位格變化的難解之謎。Rosa, rosae, rosam, 取決於它在句子中的位置。向來只有一朵玫瑰。天啊！我翻譯成功了！幾乎沒有錯誤。我翻譯了凱撒、西塞羅（Cicéron）[30]、塞內卡（Sénèque）[31] 的文選……只不過，即使我翻譯完，內容全部正確，也讓我得到好成績，然而我什麼都不懂。學校的拉丁文與上帝的拉丁文情況完全相反。

Alii immani magnitudine simulacra habent, quorum contexta uiminibus membra uiuis hominibus complent；quibus succensis circumuenti flamma exanimantur homines. 某些部落有柳條編成的巨人形體，裡面塞進活人；引火焚燒這些人。

——多恐怖呀！這是什麼文選？

——高盧戰爭[32]。

---

30. 西塞羅（Cicéron, BC106-BC43），是羅馬共和國晚期的哲學家、政治家、雄辯家與作家。

31. 塞內卡（Sénèque, BC4-AC65），古羅馬時期的斯多葛學派哲學家、政治家和劇作家。

32. 高盧戰爭是西元前 58 年到西元前 50 年期間，羅馬共和國對高盧部落發動的戰

——讓孩子們翻譯他們祖先戰敗的文選，這太微妙了！

——高盧不完全是法國。

——是法國，那時候已經算是了。

我的外祖父是一名熱情的愛國主義者。他的英雄是查理 · 安德列 · 約瑟夫 · 馬利 · 戴高樂（Charles André Joseph Marie de Gaulle）。外祖父極度崇拜將軍[33]，應是在高盧和戴高樂（La Gaule et de Gaulle）兩個字的相似中看出什麼極具象徵性的符號。外祖父對於當年的法國總統凡森 · 歐希奧爾（Vincent Auriol）[34] 評價則相反，覺得他是一個差勁的政客。歐希奧爾總統在 1949 年八月來到阿卡雄時，沒能提升他的形象。總統沒有離開他的套房，他一直病著。他停留期間恰巧發生了嚴重的松林火災，使其負面形象更徹底。「可憐的傢伙！」我的外祖父這麼說。他拿來與生病的總統做對照的人，當然是戴高樂將軍，一位戰鬥者，勝利之士。戴高樂本身對於召喚的領悟力很高，在我外祖父的心裡儼然現代版聖女貞德之化身。她曾經遵行上天的召喚，將軍則是發出召喚。「戴高樂將我們從戰敗裡拯救出來，只有他能夠把我們從政治裡救出來」，他繼續說：「1914 年大戰期間，人們曾

爭，也是凱撒大帝為了增強自己的國力與權威而發動的侵略之戰。

33. 在法國，戴高樂常被稱為戴高樂將軍，或是直接簡稱將軍（le général）。

34. 凡森 · 歐希奧爾（Vincent Auriol）曾任法蘭西共和國臨時政府主席（1946）以及法蘭西第四共和國總統（1947-1954）。

經以為他戰死了。菲力浦 · 貝當（Philippe Pétain）[35] 負責撰寫他葬禮上的頌揚詞。這很奇怪，不是嗎？」我放好我的菲力 · 加菲歐字典（felix, icis. 1. 有繁殖力的，豐饒的；2. 對他來說一切都是快樂的；3. 快樂，有一個快樂的結果；4. 快樂的人）[36]，然後去找達美樂骨牌（dominos）[37] 的盒子。

我的外祖父很喜歡他的房子，也喜愛在我外祖母身旁度過的時光。然而他早晨外出時容光煥發，當他把籃子放在腳踏車的行李架上，以兩個夾子固定住褲管，確認有帶上清單，足夠的錢，太陽眼鏡，貝雷帽，或是鴨舌帽，諸如此類。他準備的時間很長，且一鼓作氣做完準備，瞬間消失無影。在通往市中心荷諾大道（avenue Regnault）的第一個轉彎處。我看見他，然後他就不見了。我知道對他而言購物不是一件苦差事（他也替我母親採購）。這不啻一個出門透氣和尋找小酒館夥伴的機會。這就是為什麼他會在下午一點或更晚的時候回到家（外祖母只會交代他買晚上或隔天的物品；從來不是為了午餐），他把裝著巨大甘藍菜，或滿出來的皺葉菊苣

---

35. 菲力浦 · 貝當（Philippe Pétain）在第一次世界大戰期間為法軍總司令，帶領法國與德國作戰，被視為民族英雄。然而二次世界大戰初期，他對入侵法國的德國納粹投降，並且與之合作。戰後貝當因此被判了死刑，後來由於特赦而改判終身監禁。

36. 作者稍早提到 Félix 這名字非常適合外祖父，在這裡字典對 felix 的解釋適足以呼應。

37. 又稱多米諾骨牌、西洋骨牌。

沙拉的籃子放在桌上，也隨身帶回無形的證據，觸摸不到卻存在、且振奮人心的證據，證明世界是寬廣的，充滿不可預期和再度活躍的事物，有時候是悲慘的，然而這也是遊戲的一部分。我幫忙整理蘋果和檸檬，用茄子的梗輕刺自己。我也很慶幸世上有咖啡館，在那裡人們可以訴說故事給朋友或陌生人聽。我十分渴望聆聽這些故事。我全神貫注，迫不及待，黏著外祖父。由於他，因著他的激勵，我知道這個世界不只侷限在兩個家庭裡，我外祖父母和父母的家。路程對於不可預期的事物是開放的。不像我的路程，也不像我父親的路程，他的更糟糕。父親每天一大早搭火車前往 Facture 的松樹纖維素造紙廠上班。冬夜裡我在半夢半醒間聽到他走在路上的腳步聲。晚上他回家的時候，他對於白天發生的事情守口如瓶，一如審慎對待 1939 至 1945 年的戰爭，還有他參與其中的抵抗運動（Résistance）[38]，我不記得他曾經重視過自己的經歷。只要能在市政府附近的酒館小酌幾杯，冒險的精神便得以抒發。我也感知到，菲力透過我們傾聽他的訴說，擴展了我們生存的圈子。他專心致志地敘述打撲克牌的事、給外祖母帶來城裡角落的消息，或是帶來青年旅社酒吧裡朋友的音訊，遠見咖啡館（Prévoyant de l'Avenir）裡的訊息，

---

38. 法國抵抗運動（la Résistance）是第二次世界大戰期間為了抵抗納粹德國對法國的占領，以及抵抗納粹德國控制下成立的法國政府維希政權（Régime de Vichy）而組織起來的抗爭運動。

或是運動咖啡館老闆的近況。消息來源的範圍有多廣，我不知道，至少可拓展至整個阿卡雄灣的周遭，甚至到達波爾多市……。

多虧外祖父而能進入家裡的名號都是些退伍軍人、退休的市場商人和漁夫。外祖父隨性地一再提起這些人的名字，還有他們的平底小漁船和捕獲的魚。我喜歡聽到那些魚的名字，好比：無鬚鱈、箬鰨魚、魯賓魚、鯔魚、鯔魚、鳳尾魚、黑騾子、鯔魚。他詳細描述漁夫出海時最微不足道的災難，以及穿越航道時總會有的不測風雲。在外祖母看來，這些人都是組成菲力家庭的萬中之選，都成為外祖母所謂的「他的親友」，她覺得這群人沒什麼了不起。她聆聽，表情僵硬。菲力呢，他會迎向更美好之處，因著所有剛才聽到和看到的事情充滿活力，當然，外祖母尤金妮很快就會以微笑和溫柔回報他。

外祖父從咖啡館溜達回來之後，告訴我們一個從事潛水打魚的朋友過世的消息。是因為心臟病還是氧氣的問題……？無論如何，他沒有再浮上海面。外祖父當天購買的那條魚讓我覺得可怕，彷彿溺水者的屍體餵養了牠……。根據他說的新聞片段和軼聞瑣事，我自己重新在腦袋裡建構的所有東西全是亂七八糟，也讓人越想一探究竟。所以每當我離開秋城及安靜的花園，走到市中心轉轉，我就更是在咖啡館前放慢腳步，試著從外部探索它們能帶給外祖父如此興高

采烈的祕密。

　　我不確定他常去的是哪幾間咖啡館，也許有幾家小酒吧逃過了我的觀察，我甚至沒有看到那幾間窩藏他高度評價的友人的酒館門面。這群賭徒在哪裡？那些從暴風雨中歸來的船員呢（我傾向將所有的海洋史定位在阿卡雄灣裡，包括從他在布列塔尼亞童年以降的海洋史）？透過霧濛濛的玻璃，我窺探那些可辨認的身影。我想要看到外祖父本人嗎？不，尤其不要看見他。這就是為何我所謂的調查，我那不成調查的調查，讓我心慌意亂。如果我的勘查不小心達到目標了，我會覺得自己對菲力做出可憎魯莽之事。我想像最糟的情況：在酒吧門口，外祖父走出來的時候發現我這個茫然的閒晃者，充滿好奇，如假包換的密探。他十分訝異，詢問我在這裡做什麼。他的朋友們從吧臺走出來，把我當成監視外祖父的孫女。恐懼使我產生幻覺，彷彿真的看到這景象。我心跳加速地逃跑了。我轉為將心思放在比較單純的事情上，例如停留在一般圖書館的窗前觀看，或是到拉法葉百貨公司看娃娃，這是阿卡雄地區最大的百貨公司。我可以無止境佇立在娃娃面前，熱情凝望她們的頭髮，眼睛，小小的牙齒，激動地撫摸她們的衣服，看著玩偶的鞋子潔白圓潤，如同指甲或貝殼形狀的蛋殼，在娃娃面前，我垂涎覬覦，以致於有一次剎那間自己不知不覺脫下了娃娃的兩隻小鞋子，緊握在掌心。我逃走，心臟怦怦直跳。擴音器的聲音就要檢舉我了，

它會叫喊我被標示為「小偷」的名字；商場裡將會一再廣播，然後擴散到阿卡雄市的四個城。從冬城傳播到秋城，從春城傳播到夏城，整個城市和四季之城的周圍都將封鎖，以便逮捕我，把我堵在徹底而明確的恥辱裡。然而，後來沒有任何指控發生。我的手一直握著娃娃的兩隻鞋子，它們接觸到我的掌心而軟化了，我再度走到百貨公司外面，沒有被懲罰。一股勝利感油然興起，因為是偷偷摸摸的勝利所以更加愉快。當我逕自開心之時，我猜身邊有人持續觀察著我。是一個跟我年齡相仿的孩子。他的臉色呈現象牙白色，細長的眼睛。是個亞洲男孩，這對我來說絕對是個陌生的現象。我感到驚愕，隨後靠近他，想觸摸他烏亮而濃密的頭髮。我打開手掌，就像給糖果一樣，我將娃娃的鞋子給了男孩。

　　我外祖父心目中的女英雄是聖女貞德，貝娜黛德 · 蘇比胡（Bernadette Soubirous）[39]，以及夏洛特 · 柯黛（Charlotte Corday）[40]。他不會對她們的英勇事蹟感到驚訝。外祖父從不

---

39. 貝娜黛德 · 蘇比胡（Bernadette Soubirous, 1844-1879）是法國盧爾德（Lourdes）地區的磨坊工的女兒，傳聞中於 1858 年 2 月到 7 月之間，聖母瑪麗亞向她多次顯現，指示她在附近的岩洞裡蓋建一座教堂。1933 年 12 月 8 日，教宗庇護十一世（Pius XI）宣佈蘇比胡為天主教會的聖人。

40. 夏洛特 · 柯黛（Charlotte Corday, 1768-1793）是法國大革命恐怖統治時期，溫和共和派的支持者，反對羅伯斯比爾（Robespierre）的激進派獨裁專政。1793 年，柯黛她策劃並刺殺了激進派各賓黨（Jacobin）的要角馬拉（Jean-Paul Marat），之後被逮捕並處決。畫家雅克 - 路易 · 大衛 Jacques-Louis David 以此事件繪製了著名的畫作《馬拉之死》。

抱持懷疑精神，認為這些事蹟只不過可能是真的而已：這怎麼可能？一個年輕的牧羊女怎麼會有這種果敢的勇氣去告訴國王，還教導他說，她能做到國王不敢做的事，身為單純鄉下人的她有能力完成。外祖父對我說，提出質問的人形同加入柯雄（Cauchon）[41] 的陣營，加入英國控訴者的黨派。我不提問。我傾聽並接受。樓梯房[42] 是按照一個大型梯子的傾斜而建造的。不過房間的窗戶面向馬路，從屋子裡可以看到另一個陡峭的梯子擠在花園的牆壁之間。晚間，夜色從秋城蜿蜒而神秘的高處直向我們流淌。這神秘來自閉鎖的別墅以及罹患結核病的高雅婦女們，她們在辭世的那一刻，恐怕會來不及察覺金合歡的香氣。在這些日漸凋零的神秘背景中，菲力牽著我的手，引導我進入故事的光芒，想要告訴我其他的神秘，那些使人振奮的神秘。菲力隸屬於一個舊有的信仰和神奇的顛倒世界，在那個世界裡，被授與榮譽的對象是窮人和貧困者。因此一個窮苦女孩騎在馬背上率領軍隊，不足為奇；一個盧爾德的貧困女孩[43]，以方言向城市當局傳達建造教堂的指令，也無須感到詫異。我的外祖父不相信等級制度

---

41. 柯雄（Pierre Cauchon, 1371-1442），英法百年戰爭時代的法國政治和宗教人物，是勃艮第公國的支持者。曾於 1420 年到 1432 年期間擔任天主教博韋教區（Beauvais）主教。柯雄曾經主導聖女貞德的異端審判，並判處火刑。在 1435 年召開的阿拉斯會議（Congress of Arras）期間，勃艮第公國與法國同盟共同對抗英格蘭時，柯雄仍支持途中宣佈退出會議的英格蘭。

42. 「樓梯房」即外祖父母的房子。

43. 也就是貝娜黛德 · 蘇比胡（Bernadette Soubirous）。

（hiérachies），也不相信確實的結果，以及可證實的現象。他將真實置於別處——把它歸為無法估量（impondérable）的範疇。

他在床頭櫃的桌上放了一個貝娜黛德・蘇比胡的相框。外祖母已經學會經過相片前面視而不見。同樣地，每年到了朝聖的時候，她避免做任何評論。

我呢，在朝聖時節，我總會在早上陪他到車站，搭乘開往盧爾德的朝聖列車。那時還不到夏季，不過天氣已經炎熱。我把這臺朝聖火車喚作「躺平列車」，因為這趟旅行大部分的病人都是躺臥的。我想這些人無一不是帶著希望前往，盼著回程時自己已經可以站立。在我自編的劇本裡，他們應該會在整趟旅程當中夢想、重振，蛻變。從阿卡雄到盧爾德，中間停靠波爾多，根據我臆造的劇本，會在聖母顯靈的洞穴前舉行的彌撒達到高潮，在盧爾德總是有點快要興起暴風雨的空氣裡，洞穴下懸掛著一整排枴杖[44]。回程的火車上，他們應該會在火車打開的門框裡互相推擠，步履輕快，身強體壯，欣喜若狂，瘋狂喊叫。我的外祖父和幾位護士及宗教人士組成協助的志工。他積極前往，大發熱心。剛才外祖父親吻我的兩邊臉頰道別時，我還在想：天啊，萬一等待的奇蹟沒有發生，回程將會變得很可怕吧。過幾天之後，同樣的火

---

44. 西歐天主教徒相信盧爾德的聖泉，能醫治重病的人。據說康復者會把枴杖懸掛於洞穴底下。

車載著同樣的乘客回來了。這些朝聖者沒有任何改變。盧爾德的聖母置若罔聞。她忽略了阿卡雄的病人列車。他們用裝飾精美的瓶子帶回來的聖水，並沒有產生功效。只有額外疲勞、憔悴的容貌，一種反光的蒼白，因著在火車上度過的艱辛時間而顯得陰晦。沒有人的氣色是好的，感覺上大部分的人比出發的時候病得更重。然而無論如何，整車的人還是維持愉快的情緒。我無法理解這件事。即使面對殘酷的失望，他們出發時的心情和回來的時候一樣好。我不敢直接問這些躺平的人。可想而知，那將是一股無法承受的暴力，而且他們的勇氣可能會因此立刻灰飛煙滅。保持愉快拯救了他們，即使這聽起來很糟糕。

　　天氣開始變好時，這些病人被安置在「菖蘭診所」（Les Glaïeuls）的戶外，面向海洋。他們在診所露天平臺上努力從一張床被換到另一張床的時候，發揮的是相同的勇氣。診所的正面朝向海灘大道。另一面則向著明亮延展的沙灘，其範圍因潮汐而異。這另一面，僅幾步之遙……

　　這群人每年春天從盧爾德回來，確認行不通，沒有任何解方，老天爺還沒有預備好要治癒他們，我不可能詢問他們關於奇蹟的問題。但是面對菲力呢？有什麼能阻止我向他發問？他只是遠征隊伍裡抬擔架的人員，他的禱告沒有利害關係，我可以問他，不怕粉碎他的世界：為什麼從盧爾德回來的病人，即使沒有病得更嚴重，也和出發的時候並無二致，

為何這些躺平者的信仰沒有動搖；為什麼他們才剛回來，才剛被安置回痛苦的病床上，他們立即預約了明年的朝聖行程？好像這很正常，好像一切都安然無恙。「麗莎，這是正常的，一切都很好。我們相信奇蹟，或者不相信。如果妳相信奇蹟，無論發生什麼事情，妳永遠會相信。相信本身就是奇蹟。

——所以你相信只要上帝願意的話，啞巴可以再度說話，死者會復活。

——這很明顯。妳只是在吹毛求疵嗎？妳浪費了妳的聰明才智。

——外公，我沒有吹毛求疵。可是整車的病人沒有一個經歷奇蹟。一個都沒有。而且這還不是第一次。也許是盧爾德行不通，或許你們應該嘗試另一個城市，我不知道哪一個，利秀城（Lisieux）[45]，或是到國外？

——仔細聽我說。妳糾纏在爭論裡是錯誤的。我已經告訴過妳了：妳相信奇蹟，或是不相信奇蹟。信不信由妳。就是這樣。

我轉身正面對著外祖父，不假思索地說「我相信」。我們走在佈滿落葉的花園，刺楸的樹枝從欄杆穿出來。當我說「我相信」，才剛說完，一條沾滿雨水的樹枝撲在我的臉上。

---

45. Lisieux 是位於法國西北部的城市，諾曼地大區裡的市鎮。

如果我更加留意家裡氣氛的變化，我應該能發現存在著一股威脅和壓抑的陰影，每個人都設法以各自的方式從中擺脫。我的母親會毫無預警地荒唐暴怒。她盲目發火時會把平底鍋往牆上摔。父親有空的時候就去水邊釣魚。不過，在我外祖父母家，「事情」（la chose）是最微妙的。總是快活的外祖母其實深陷悲傷。與母親相反，外祖母熄滅所有發怒的可能性。她變得陰鬱而順從。當外祖父去市場逛到非常晚回家，外祖母什麼話都不說。

　　之後的某一日，1957 年初，在我初領聖體（première communion）[46] 的前六個月，我回到外祖父母家，外祖父沒有在餐廳裡一邊看報紙一邊捲著他常年不變的煙草，沒有去酒吧閒逛，也沒有帶著繪畫用品前往風景如畫的角落，沒有帶著不喜歡散步的狗兒去森林打獵。他躺在臥室的床上，沉睡著。他聽到我踩在地板上的腳步聲，張開雙眼，把手伸向床頭櫃上方的玳瑁圓框眼鏡。外祖父明亮的雙眼蒙上一層恐慌。我屈身彎向他。外祖父以一種消瘦而無助的力氣擁抱我，我感到很難過。然而從房間入口處聞到的味道已經說明了一切。這種味道不會騙人，唯有當屍體被移走的時候才會消散。這氣味混合了汗水、藥物、發燒、黴味和寢具的味道。是身

---

46. 初領聖體（première communion）是天主教兒童初次領受聖體的禮儀。

體歷程走向崩壞的氣味。菲力摟住我，我心想他可能永遠無法再起身了，無法再穿戴衣服，推開門，停在樓梯上方，開心地聞到今天的空氣有多麼柔和。我不是第一次發現這種氣味，以前便曾聞過。就在對門生病婦人居住的房子裡。每回她的丈夫何努維先生（Renouvier）週末從波爾多來探望她。他會先過來跟外祖父母打招呼，他們交互談笑，閒聊幾句，等到這些迴避拖延的招式用盡，何努維先生才會狠下心轉身去面對現實，背向我們這間談笑風生的屋子，走進對門那間輕聲細語的房子。幾個小時之後，他再度現身，帶外祖父去搭船遊覽。我被引導進入對面大房子和生病婦人的房間裡，發現這種氣味存在的那一次，我先是和他們一起搭船出海。我還能感受到海風藏在我的頭髮裡並四處飄揚，將我的短袖襯衫緊貼在瘦弱的身軀上。我在浪潮起伏裡保持平衡。然而後來當我穿越那棟房子沒有花朵的庭院、陰暗的一樓，穿越通往婦人房間的走廊，方才的陽光、海水、海鷗和勁風的幸福，以及貪食嘴唇上鹽味的快樂，頓時全被遺忘。婦人優雅而蒼白。她的臉像面具一般地僵硬。她拉住我出汗的手說：「再來玩。妳不用先告知，我總是在房間裡。妳想來就來。我們是鄰居，妳知道的。」

　　晚餐時外祖父提起這位病婦。外祖母一邊彎下腰從烤箱裡拿出一盤菜，一邊說：「可憐的人，她沒救了」。

　　我曾經逃避蒼白的病婦死亡的氣味，然而當這種氣味觸

及外祖父時，我把它當成我的避難所，我的小窩。進入這個氣味，就像我更小的時候鑽進桌子底下一樣。現在床鋪成了我們的遊樂場。當我察覺他的氣力負荷不了的時候，我們滿足於微乎其微之事。被單的一角，鏤空床單的翻折處，擺放外祖父飲食的三〇年代風格托盤，它由長方形鏡面所構成，有一個外廓和木製把手，剛剛我把茶杯放在這托盤上。

外祖父曾經帶領我認識世界，如今輪到我向他轉述這個世界，我向他描繪老師的模樣。我模仿班上男同學的腔調，他們從早到晚咒罵「他媽的！」（putain），這種怪癖隨時隨地發生，無所不罵，遇到不規則動詞變位時用英文罵，背誦的時候因為忘記接下來的內容也罵，講粗話只為了喘一口氣，毫無意義：所有的人他媽的跟著引導他的不知名的風／夏娃擺動亞當浮動一個他媽的還有各種他媽的／在這牆上悸動而存在和宇宙／而命運他媽的，墳墓抽出的黑線他媽的狗屎。我跟外祖父訴說一切發生在我身上的事。我覺得每一件事都是一個事件。在我看來，發生的事情都很有趣。我可以不停評論拉丁文老師奇怪的小腿肚，她的腿肚形狀像筍瓜，縫合的絲襪總是沒弄好，扭曲地裂開。或是純潔害羞的音樂老師，她低聲念音符的方式，彷彿唱歌是一件猥褻的事。不過我有新的揣想，與外祖父的疾病有關：也許不是每件事都能激勵他，他缺少某樣東西。例如他在咖啡館開的那些玩笑。至少我想要告知他的夥伴們，告訴他們發生了什麼事，讓他

們知道事情的嚴重程度，外祖父已經沒有力氣親自去通知他們。有一晚，我已經忘記是在外祖父過世前還是過世後，我做了一個夢：我進入其中一間外祖父常去的咖啡館。我整個人幼小而無力，背對著咖啡館的門口。我不敢移動腳步。我無法言語，當我最後張開嘴巴要傳達訊息的一刻，我竟然發不出任何聲音來。

我模仿的愛好是受到外祖父的影響。然而我完全沒有他的天分。外祖父的模仿功力高超，就像他在節慶即興作詩或唱歌一樣。凡事都似乎能夠成為他模仿的主題，沒有例外，沒有憐憫，還有，我必須坦承，毫無情理。所以呢，明明他自己跛腳，還自得其樂地模擬我的祖父艾彌爾（Emile）很完美正常，但有點僵硬的步伐。那是一個悲傷而沉默的男人，他的兒子艾爾蒙（Armand），也就是我的父親，徹底繼承了他的性格；祖父和我父親除了「你好」和「回程平安」之外，沒有說過其他的話。這是每十五天一次的週日午餐唯一能聽見的聲音，而現場僅有的活潑聲響，來自播放香頌歌曲的收音機。

我在外祖父死亡的氣息裡不厭其煩地扮演小丑。我在床尾安置了小型的吉紐樂（Guignol）木偶劇場[47]。吉紐樂和警

---

47. 吉紐樂（Guignol）是法國木偶劇場一個主要的角色。

察爭吵，沒有大聲嚷嚷，直到一陣狂怒襲來，其中一人撲向對方將之擊倒。於是被打敗的人頭部懸在舞臺邊緣，慢慢地搖晃，消磨角色昏迷的插曲。

之後，我甚至在外祖父的房間裡也找不到他了。當他再度返回，他變得更加瘦弱和陰鬱，過沒多久我已經發明不出遊戲，再也沒有可共享的小窩。一個句子低聲響起，帶著流淚的憔悴神色：「他不能動手術了。他的癌症擴散得太嚴重了。」這句話不是對著我說出的，而是在經過的時候擊中了我，像一顆流彈射穿我。

許久以後，我暗自想，菲力在最後一刻是否成功地讓自己相信，他是在模仿一個垂死的人，那不是他自己。

許久以後，過了許久許久以後。

1957 年四月八日，我最親愛的人辭世的隔天，這個人曾經點燃我的生命，傳遞給我他的歡笑。隔天我一如往常，用完早餐，將我的書包掛在行李架上，騎車去中學。前一晚下了整夜的雨，雷雨施展暴力。松果從樹上墜落。雨水反光的路上斷落的樹枝讓我滑倒。我感覺自己與這個黑暗的早晨相融，與試圖讓我失衡的勁風暴力毫無違和。我和我的腳踏車，人車一體。我告訴自己，能讓我失衡的風暴還沒有形成，它站在我的坐騎上像個舞者。我要先經過一個陡峭的上坡，接

續一個平緩的下坡才能抵達學校。行經這個下坡時，我只需放兩根手指在腳踏車把手上，便能維持方向。方才稍停的雨勢，再度轉為滂沱大雨。我也喜歡大雨。這場雨，如同阿卡雄慣常的雨，既不寒冷也沒有敵意。降雨提醒了水的一般好處，提醒我們雨水來自海洋或天空。

　　我的外祖母不願獨自待在樓梯房，那棟位於冬城的房子。她把房子出租，將自身和痛苦安頓在另一間巴斯克（Basque）風格的房子裡，就在我們家對面，而我們的房子沒有任何風格可言。如此一來，當外祖母早晨打開百葉窗的時候，首先映入眼簾的會是女兒的住處，偶而有機會看到女兒本人。我母親也同樣受到苦痛襲擊。然而我不會將這兩個女人的苦痛和我的痛苦關連起來。並且，我想在當時，「痛苦」這個字還不曾穿透我的心靈。我似乎是在波特萊爾的詩第一次看見和閱讀痛苦這個單字：「明智一點，喔，我的痛苦，你再平靜一點……」[48]。這首詩的一切內容都令我震驚：祈求（invocation），我原本以為只保留給宗教用語；所有格代名詞（pronom possessif）[49]。人想到並接受把痛苦變成「他的」（la sienne），我感到百思不解。我的痛苦……然而一旦

---

48. 原文為 Sois sage, Ô ma Douleur, et tiens-toi plus tranquille. 請參見波特萊爾的詩〈沉思〉（Recueillement）。

49. 所有格代名詞（pronom possessif），即英文的 possessive pronoun，如 yours, ours, mine 等等。

痛苦讓我們無法承受，誰說不能將之遺忘在角落，或將之強加給他人，從而變成他人的痛苦。

我也是，以我自己的方式，搬家了。我引進自己的生活模式，過著遊牧民族式的開放生活，沒有搬離住家的房子。我開始常去朋友家，尤其是我最好的閨蜜索妮雅那裡，我喜歡去她家寫功課，甚至過夜，無須留宿的特別理由。雙方父母欣然接受我的任性。

可逗留的房子越來越多，我停留的時間長短也不盡相同，有時蜻蜓點水，有時花一個下午聽唱片，或是晚間去看電視（我到隔壁鄰居家看《追星之途》〔La piste aux étoiles〕[50] 和《今晚來看戲》〔Au théâtre ce soir〕，她是一位全身黑衣服的老太太，言語帶著迷人的優雅）。我從中獲得兩項啟發，它們以各自的方式打破我對「家」（maison）的概念。首先，對我而言，沒有任何一個家和外祖父母的「樓梯房」一樣，幼時我碎步跳下樓梯離開那間房，這樓梯通向花園，然後我又蹦蹦跳跳踏上戶外的大階梯，那是個公共的梯街。迂迴地 Z 字行走是大階梯的一部分，是它的使用守則。我絕不用其他下樓的方法。下樓時我必須拐來拐去，並且處

---

50. La piste aux étoiles 是一個 1956 至 1978 期間播放的馬戲團電視節目。

處暫停，於梯面末端休息，甚至當我正在前往學校的路上，或者我已經遲到了，情況也是如此。而且，Z字行走時我總是盡量縮小轉向的角度，以便讓我的蹦跳有更多空間，結果總是讓我遲到。「樓梯房」是我全速奔跑，氣喘如牛返回的家。我迫不及待熱切想知道在家裡等待我的一切。從窗臺上紫色和白色的矮牽牛花，玩牌、玩達美樂骨牌、賽鵝遊戲（jeu de l'oie）[51] 或西洋跳棋（jeu de dames），還有吉紐樂木偶小劇場、成堆的報紙讓我剪報，我小心翼翼剪下《時尚回聲》（l'Echo de la Mode）模特兒的剪影。我的外祖父菲力和外祖母尤金妮像是兩尊被祭物包圍的聖像，統領著我累積的大量寶藏。「樓梯房」無可取代。當我在附近住屋閒逛的時候，我堅定的愛和信念只會留給樓梯房。其餘的房子，我路過即可。

我也明白——這是我的第二個啟發，它補足了第一個啟發，也把我從不復存在的確信中解救出來——樓梯房帶給我的幸福和安全感、探索的興奮感，以及永恆的創新感，我可以在完全不同的情境裡體驗到，甚至也許不是在一個家裡面體驗到，而是在戶外或公共場合中。只要我能被當下的活

---

51. 「賽鵝」（jeu de l'oie）是一種歐洲的擲骰遊戲，擲出兩顆骰子決定代表自己的鵝前進的步數。途中會遇到某些特定的格子，必須按照其特殊規定執行，順利抵達終點為勝利者。

動吸引和完全擄獲。如果和我的外祖父一起，那就是當我們遊戲或編造故事的時候，長期以來，在家以外的地方都無法帶給我同樣強度的感受。後來，我在索妮雅的陪伴下好奇地尋求同樣熱烈的夢想（方法是創造另一個與真實世界同樣強烈、甚至更強烈的世界，活在一個半透明而無法穿越的氣泡裡，我們想像的氣泡，一個想望遊玩的馬戲團）。索妮雅成了菲力的接班人，但並沒有取代他。她和我形影不離，是我的同謀。然而有一天，她離開了阿卡雄，被她的父母帶到馬提尼克島（Matinique）[52]，我們還沒有時間預備這場離別。她只在夏天回來度假。我們互相發誓在分離的期間，沒有什麼能夠讓我倆疏遠。這是為什麼看到索妮雅百葉窗緊閉的家，並不會讓我感受任何悲傷的緣故。那個房子像對我說：「一切都會很好的。要有耐心。索妮雅很快就回來了。妳們會有無數事情相互傾訴」。在寄給彼此的卡片裡（她寄給我的充滿異國情調，我寄給她的則是非常文靜少女風），我們將如今暫時被拋棄的那間房子所傳達的訊息以文字再三重申。我騎腳踏車經過屋子前面，我收到索妮雅的卡片了，我感受同樣的喜悅電流竄動著。我們將會有無數的事情相互傾訴。我們趴著躺在浴巾上，臉頰貼著布料，腳跟埋在沙子裡，清風略過沙灘⋯⋯生活的魔力伴隨著我，沒有變質。

---

52. 馬提尼克（Matinique），位於中美洲加勒比海。1946 成為法國的海外省；1982 年成為法國的海外大區。

十四歲的那一年夏天，我有一件不可思議的事要告訴索妮雅：一件奇蹟，我的奇蹟，當我的胸部開始隆起的時候，我如何成功平息它們的膨脹。我把這異象轉變成一大片雀斑。我摘下我的胸罩，兩個白色的罩杯帶著綠色和紅色的滾邊。

——妳看

——我什麼都看不到。

——沒錯。這就是奇蹟。

——妳是奇蹟式的逃過大胸脯之難。索妮雅承認了。

外祖父過世以後，我在中學變得非常認真。一邊是沙灘，一邊是學校。海水，海風，陽光，海灘時光像是一場無盡的夢想，褪去衣物的人們全然天真，而位於高處森林裡的是中學的生活，一個班級的封閉社會，一個令人迷戀的空間，穿戴衣物的身體，被熱情地觀察著。我偏愛海灘與中學共存的季節；每逢春天和秋天，海沙鑽進書頁之間。沙灘和中學漸漸不再彼此對立[53]，尤其是在哲學課堂上，兩者之間的平衡達到完美。

我們立刻被教師吸引。不過他相當拘謹，讓人覺得他

---

53. 書的頁面是 page，海灘是 plage，兩個單字的接近更顯出中學和海灘共存。

有點是碰巧來中學教書而已，他真正的生活在他方：在書本裡。他知道如何讓我們感受到書本的光芒以及讀書根本的必要性。老師是一個蒼白瘦弱的年輕人，遠遠就可以從他的長圍巾和淺色服飾的優雅辨認出他。當我騎車行經通往學校的下坡路時，我經過他的身旁，我暗自思量，他取得阿卡雄的教職是為了來鄉野度假吧。他步行至學校，手上拿著一兩本書，一份報紙塞在口袋裡。專心思考的漫步賦予他獨特的靈光……第一天上課的時候，哲學老師找不到教室在哪裡。他在開始上課前倚靠於窗前，好像他進入的是旅館房間，想要觀賞一下風景。「森林總是在那裡嗎？森林總是相對地在那裡嗎？卡夫卡。」，他坐在桌上這麼說。他將一張課程筆記置於桌面，上面有幾個句子，以箭頭彼此關連起來。裡面標記了很多問號。課程結束後我問他誰是卡夫卡，下一回上課他就攜帶了《城堡》（*Das Schloss*）[54] 一書。這本書象徵我那一年必須學習的所有事物。我們需要尋找某樣東西，我們逼近它，相信我們正在靠近它，然而卻因此陷入圈套。我們無法滲透進入城堡。所有通往城堡的路徑都是令人絕望而怪誕的。哲學老師給予我們的是一個被不確定侵蝕的世界。認知，記憶，夢，無一等同於自己從前所相信的。我什麼都不認得了，我迷路了，在雪地裡，在捷徑，在人們說著外語的小旅

---

54. 卡夫卡的小說《城堡》（*Das Schloss*）在 1926 年第一次以德文版發行。卡夫卡在生前並沒有完成它，死後由他的朋友 Max Brod 整理出版。

館。我已被征服。

　　當他的話語，當他熾熱的話語準確表達的時候，他藍色的眼眸就會獨特地閃耀起來。他太年輕了，我第一次覺得老師不是和父母並列，而是和我們同為一夥。他叫做艾莫希・尤東（Armaury Jordan）。上課第一天他把名字寫在黑板上，就這樣，他含糊地用三言兩語說明，一開始做自我介紹是最基本的禮貌。然而他完全沒有以自我介紹開場，這甚至是最讓我訝異的事情：沒有開場。所有的教師都從介紹課程開始。他們多少是隨著鐘聲而啟動，然而哲學老師，他沒有聽見上課鐘聲。他的言語隸屬於一個廣大的世界（在阿卡雄灣以外）。他的言語吹拂著，我不知道從何處吹來。為了帶給我最大的好運，言語的風轉向了清新中學，邂逅了我們哲學課的班級，女生和男生，女生坐第一排，男生在後一排。他很喜歡對我們說話，在我們的陪伴下他很愉快，不過他只是路過，我們僅僅佔有他存在的一小部分。聽他說話，我感覺他的職業不是傳授我們知識，而是傳遞給我們一種好奇心與傲慢。甚至我更強烈的困惑是，也許這根本不涉及一種職業。從上樓前往教室開始，艾莫希會和偶遇的人交談（如果是我的話，我的臉會漲得通紅，滿懷瘋狂和矛盾的想望，像是親吻他的手，感謝他獨一無二的存在，懇求他帶我走，我確定我們最後一定會共同打開城堡的門……）一旦進了教室關上門之後，他會繼續對班上的聽眾發表一場演說。所有的

<u>聽眾</u>。因為在哲學課堂上某件事情正在改變，女生跟男生根據對知識的掌握而分成不同類別，即使女生仍舊佔據第一排，男生還是躲在教室後方，但與其說這是落後的標誌，不如說是一種距離的定位。現在男生參與了辯論。他們自發性地語帶公正的口吻。有一回討論的題目是：哲學是不是一種知識的素材？老師無法滿足於講臺狹隘的面積，他在教室裡走來走去，沒有回到第一排，他坐在一張桌子的邊緣，停留於教室的後方。我們女生必須轉過頭以便聽得更清楚。他坐姿傾斜，雙眼明亮，揮動雙手於四面八方，彷彿他有本事捕捉飛翔的思想。只有坐在我隔壁的葛萊蒂 · 薇莎（Gladys Verchois），天生的學霸，她沒有轉過身來。葛萊蒂不以為然地盯著沒有任何說明文字的黑板。接著她專注凝視自己削鉛筆的汙漬。下課鐘快要響之前，她已經用她的硬鉛筆尖寫好了：

哲學：知識的素材？不是。

生活的藝術？不是？

道德？不是？

那是什麼？

無論如何，哲學對我來講都是一種言說的享樂。三個小時的課程一眨眼就過了。艾莫希 · 尤東，走回他的講臺又

走下來，一轉身他已在教室走廊的盡頭。他上課幾乎沒有坐在椅子上，而是展現自我。他把筆記留在桌上。他的漫步將他帶往別處：偶然與自由，歷史與進步，科技與神秘，意識與無意識，哲學與智慧，唯心主義與唯物主義……他逐一闡述著笛卡兒的懷疑論，萊布尼茲的單子論（單子沒有門也沒有窗戶），史賓諾莎的快樂論，以及叔本華的悲觀主義：他的腦袋涵蓋這麼多層面的思想、不同語言，思想史的各個歷史時期，契合他居無定所、在我們當中成為旅人的事實。真理的問題讓我感到冷，但是我目睹了這位奇才：一個揚聲思考的人，在人類活動的層級上，沒有什麼比這個更重要了。

幾年之後，在最初造訪巴黎歌劇院的那幾次，我發現了從說話語言到歌唱語言的跨越；在哲學課我則是發現從工具語言到思考語言的跨越。那是跳躍進另一個世界。在這個世界裡，日常的詞彙都讓位了，例如購物用的網兜、海攤袋，採購、午餐、晚餐、長棍麵包、湯、米、裙子，衣服下擺、沙拉、浴巾、肉、眼鏡、入口、地窖、車庫、門墊、行李箱、拉麵、泡菜罐、襯衫、寬邊遮陽帽、針織、遮陽傘、麻繩鞋底的帆布鞋……這些詞彙都讓位給精神、空間、超驗、無限、恍惚（transe），逾越……。艾莫希對這些嶄新而宏偉的詞彙駕輕就熟。

愛慕他之餘，我感覺還少了點什麼，一場事件，一樣證據。我在關於蘇格拉底之死的描述裡找到了。我所瞭解到並

讓我深受激勵的，是言語的力量，說話—思考的力量；我也確信，學習哲學可以讓我們得知其中秘密。一個人被判死刑。在致命的那一天，行刑者前來通知他，距離他飲下毒藥的時刻僅剩幾個小時。他在短暫的緩衝時間裡做什麼？他和朋友談論。蘇格拉底和他們共處的時辰已經不多，他們想要把握時間詢問他重要的問題。蘇格拉底並非「勉為其難」赴死，他冷靜看待死亡，朋友們沒有試圖緩和這悲劇的時刻。他的妻子悲歎著：「蘇格拉底，這是最後一次你的朋友與你說話，以及你和這些人說話了」。她懷裡抱著他們的小兒子。她哭泣，尖叫，歇斯底里。蘇格拉底，始終雍容沉著，倒是妻子的噪音使他感到不快，他只有一個想望：繼續和朋友對話。他們則是開門見山。朋友們沒有偏離今日的主題：「讓我們以這種說法來談論問題：死者的靈魂是在冥府裡，還是不在那裡？根據古老的傳說，靈魂離開這個世界後會存在於另一個世界裡，並且能夠再度回到這個世界起死回生。」蘇格拉底渴望在哲學對話中走得更遠，以至於想到在冥府等待他的對話便感到喜悅，他拜讀過冥府裡那些出色靈魂和偉大人物的著作，他熱切想要親自向他們提問。說到底，這些陪伴蘇格拉底的弟子對他而言也是負擔。他對弟子友善，但不免有點居高臨下。他期待去跟另一個世界裡更聰明的人對話。我想到我的外祖父，想到他還沒有完全被疾病拖垮時，他無止境地想要跑到咖啡館和朋友們會合。他進入位在賭城街（rue

de Casino）的遠見咖啡館。我看見他倚靠在吧臺。服務生向他打招呼，就好像他前一天剛來過一樣：「查理先生，您要喝點什麼？」

──馬塞爾，你是知道的。

馬塞爾給了他一杯辛札諾香艾酒。外祖父點燃一根煙，喝了一口開胃酒。他用手指推了一邊的眼鏡，它們有些不對稱。他環顧四周微笑，清澈的目光終究從死亡的恐懼裡解脫出來：「讓我們以這種說法來談論問題：死者的靈魂是在天堂裡，還是不在那裡？」整個咖啡館，以馬塞爾為首，都對於這個問題深感興趣。遠見者思索著。馬塞爾端著盤子不停來來去去，大聲喊說：「我有另一個問題，那地獄呢？」我的外祖父莞爾一笑。他對於地獄從來不感興趣。

我也有一個問題想問他。然而我知道，當我在夢裡，人們聽不見我，而且我站在門檻的時候，那些折磨我的字詞，我一個也說不出來。「死者的靈魂會拋棄活著的人，還是會留在他們身邊？」，我想要如此提問。然而我沉默不語，深怕這珍貴的幻影消失了。

聖誕節期間，我前往表哥路易的家裡度假，位於濱海的夏宏特省（Charente），他是一位神父同時是我的教父。這是一段很詭異的逗留。白天我坐在一張古老的長椅上讀書，將椅子放在面向梨樹的窗前，梨樹貼著牆種植成一排，沿著

神父住宅的圍牆展開。他的女僕猶如路易母親的化身,一個厲害的磨坊業者,麵粉廠主的表姊妹,女僕經常帶著懷疑和猜忌從廚房那一端走過來確認,她發現我總是在那裡,一動也不動盯著我的書。晚餐時間,當她端來熱騰騰的湯品,例如菠菜湯或是雞湯,她不看我,也不看別人。她眼簾低垂,雙唇緊閉,然而她傾聽,我「聽到」她努力聆聽,根據她在我身旁散發的敵意輻射,我揣測她腦子裡對我的想法:我這個人充滿了有害的思想。彷彿她能聽見在我禮貌的沉默背後,這些有毒的思想微微燥動的聲音。既然她深信我的書本盡是潘朵拉的盒子,能引發犯罪,我充斥的毒害一定會與日遽增。不過女僕毫不鬆口,我則保持緘默,表哥呢,他盡量不要讓自己說太多。他曾經是一位邊做工邊傳道的教士,被任命於這個西南地區的鄉下教區,不啻一種懲罰。這裡惱怒的無聊令他煎熬。晚間,在餐廳昏黃燈光下的對話裡,他努力想要得體回應隔壁教區的胖神父美妙的言詞,然而我知道他激動的原因:他懷念艱辛的郊區生活,和共產主義者的爭吵,與市政當局的鬥爭,以及在黎明幽暗的時刻,他從妓女朋友們非宗教的告解裡牽引出的煩惱和喜悅。他驅散睡意,想要與邪惡進行肉搏戰。他的客人繼續發出轟隆的聲音:「婆羅門參(salsifis)[55]!何等愉快!我享受這種蔬菜!它們攪拌

---

55. 婆羅門參(salsifis),拉丁學名 Tragopogon pratensis L.,是菊科的一個屬,別稱西洋牛蒡,產於歐洲和英國的冬季蔬菜,產季在十月到次年一月間,為兩年生

了奶油是如此鮮嫩，相信我！我很訝異居然還沒有人寫過婆羅門參的歷史，這個被遺忘的絕妙蔬菜所遭遇的不公平，需要有人來彌補。

「婆羅門參被保存於罐頭裡」。我害羞地提出，但這位神父話匣子全開。

──婆羅門參在戰爭期間很受歡迎，與蕪菁甘藍一樣，也是極好的蔬菜，

──甚至馬鈴薯皮和一些更劣等的食材在戰爭期間也很受歡迎，路易說，在戰地營區裡……

──我同意您，胖神父讓步了。我們都知道：肚子餓的人是沒辦法跟別人溝通的。我想說的是，當然這並不是什麼偉大的歷史利益，婆羅門參在需求之下短暫受到喜愛之後，又再度從我們的料理當中消失了，除了出現在您府上的美食以外。我要藉機好好向尤蘭達（Yolande）道謝。

「尤蘭達！」路易呼喚著。「馬修神父稱讚您，我也是。」

尤蘭達進來了，消瘦而兇惡，私底下觀察著我們，她把婆羅門參的盤子端在面前，提供給讚揚她的客人。

──好極了，胖子幾乎是叫喊著說。尤蘭達，這一道可口的婆羅門參太棒了！不過您是用什麼方法把婆羅門參弄得

或多年生的草本植物，根部和花朵可以食用。

這麼柔軟？

　　──我用煮的。尤蘭達語帶媚態。

　　──一些就好，不要太多，謝謝。一種蔬菜是如何出現又消失，為什麼會這樣？我想這是一個很好的思考主題。這就是我想知道的，如此而已。」

　　我的表哥裝滿他的酒杯。他倒酒給自己並倉促酌飲。（我在自己的座位上悄悄地詢問婆羅門參：「你覺得呢，婆羅門參，你成為人們反思的主題開心嗎？你甚至可以作為博士論文主題，誰知道呢？」）到了飲用李子餐後酒的時候，路易越來越昏沉，怒氣沖沖，失控，胖神父卻喜笑顏開，反覆說道：「一點就好，在如此盛宴之後，我不應該，一點就好，再少一點，一丁點就好……[56]」

　　隔天就是星期日。我陪伴表哥從一個村落到另一個村落，他到不同的教會傳講彌撒，由於無神論的興起，教會裡幾乎都是空的，並欠缺本堂神父。我不喜歡參加我的教父主持的彌撒，因為他的拉丁文發音帶著夏宏特地區的腔調。（如同我在自己初領聖體典禮上所發現，這讓我笑瘋了，儘管我的心情低落，儘管我悲傷於外祖父無法慶祝我的初領聖體儀式，然而我更悲傷於可笑的燙髮灼傷了我的頭皮導致的「不

---

56. 文中用「頂針」（dé à coudre）來比喻一丁點。頂針是個小型的圓柱形物體，縫紉時將指尖插入其中，通常是中指或無名指，以保護手指免受針刺的傷害。

快」。我不僅是燙髮，而且還被燙傷。盛怒之中，我穿上我的白長袍[57]，像被包在裹屍布一樣，我在過長的袖子裡尋找自己的手，母親對我說：「這件長袍一旦改短了，會是妳一件漂亮的網球裙」。她這麼說無疑是為了讓我再次展露笑容。她說得有道理。長袍不太行得通，網球短裙倒是很適合我。母親是一位裁縫，但是她骨子裡具有的不是創造的精神，而是變形（métamorphoses）的精神）。我在教父的車裡等他。人們不懷好意地注視我。這樣在車裡等候實在奇怪，很明顯，他身為工人神父[58]的過往讓他聲名狼籍……。老神父們過世了，沒有人可以替代他們。這在神父住宅裡是重要的討論主題，對教皇也是，不過必須謹慎處理。

「人們越來越不相信上帝了……你覺得你也是嗎？」我詢問他。

路易對我說：「我不知道，也許對上帝的信仰基本上一直都是一樣的，雖然表面上並非如此。不過，一方面相信上帝和回應聖職志業之間是巨大的跨越，另一方面，目前有志的年輕人更傾向參與沉思修會（ordres contemplatifs）。[59]」

---

57. 宗教儀式裡穿的白色長衣。
58. 工人神父（prêtre-ouvrier），是天主教會裡從事職業生活的神父，特別是受薪工人。有時工人神父的頭銜也授予任何親近、理解和關注普通生活和工人困難的神父，即使他本身沒有從事帶薪的勞動。
59. 沉思修會或稱沉思會，是天主教正規的修道會，投入其中的教士、僧侶和修女從世界中退隱而出，選擇了隱居生活，致力於祈禱和為宗教服務的修道規則。這些宗教人士稱為沉思者（contemplatifs）。

——真的嗎？他的回答吸引了我，無疑地，因為我自己不自覺地密切從屬於沉思修會裡的「欣喜」（Ravis）社團，即使在我周遭，或者更確切來說，即使在我的哲學班上，我開始接觸世上活躍的概念，諸如馬克思主義或存在主義。意念的道德結束了。我們就是我們所做出來的事。存在先於本質。那我呢？我做了什麼？白天我在教會門口等待我的教父，夜晚我是誘惑的戰利品。「我的女兒，您有過邪惡的想法嗎？——我的父，我滿腦子都是。」

　　我平躺在床上。房間非常潔白、寬敞，方正。一個木質的大十字架掛在牆上，有一根黃楊木的梗像羽毛一樣伸出來，牆壁上還有一張聖母像。唯一的傢俱是個衣櫃，遮住了半面牆。我將衣服放在衣櫃裡，旁邊有一堆長袍、祭披[60]、儀式配戴的襟帶，以及其他宗教的衣服。從我抵達此地以來就想試穿它們。然而我不敢。可是經過了漫長星期天的教會漂流之旅，從一個教會到另一個教會，到了晚上，我已經不由自主。我脫下衣服，穿上一件長袍。看著鏡中的自己，裸身，頭髮鬆開，在黑色厚重的長袍布料裡顯得瘦弱而蒼白。我彷彿不存在的胸部此時聳立起來，乳房的頂端碰到教會的衣料，我像是電流通過般地激動起來……。當我睜開眼，這

---

60. 祭披（chasuble）是一種斗篷形式的服裝，天主教神父為了彌撒而將祭披穿在其他衣服之上。

感覺比順著水流長時間游泳更好，或是比在浪花的泡沫裡漂流更好。

我以為回家是為了慶祝新年，沒想到卻是回去得知父親的死訊。在明透的屋子裡每個人都轉身哭泣，沒有人能告訴我為什麼。這事件如此難以想像，甚至如果有人告訴我，我也無法接受。我和母親走在通往診所的路。這條路與前往海邊的路是一樣的，除了不是拐進往海堤的通道，而是要右轉往聖斐迪南教堂的方向走去。診所的柵欄敞開。我還記得那些繡球花、我們鞋底踩在砂礫路上的摩擦聲，白色的走廊和醫生診間裡焦慮和藥物的氣味，醫生的雙手交握，彷彿在祈禱，他那雙外科醫師的手無力拯救爸爸。醫生給了我們一張死亡證明，用打字機打在一張很小的紙上。

「阿卡雄診所，海灘大道 109 號。

證明詳細記載 T 先生死亡的原因，卒於 1963 年二月一日，享年四十三歲。

病患進入診所時，有明顯的急性腹膜炎及嘔吐，在腸繫膜插入的右邊位置，腹部攣縮和疼痛。要註記的是多年來他抱怨平日慢性腰痛。剖腹之後，我們注意到病患不是潰瘍穿孔，而是闌尾炎穿孔，非常靠近後方，並同時有急性腹膜炎。病患不是死於腹膜炎，而是在他的腹膜炎開始好轉時，血管突然萎陷，完全無法預料，對此沒有任何治療可奏效，死因疑似栓塞或血栓，而不是猝死。」

天色轉為青灰色。我從公園望著海洋，我父親的船，幾乎是停在診所正對面，我的小艇在他的船邊搖晃。漲潮了。

他們在我的袖子別上一個黑色的臂章。我立刻把它拆下來。第二學期一月四日開學時 [61]，我穿了一件鮮紅色的毛衣，以及同樣顏色的褲襪（馬修神父跟我說，「您有一雙惡魔的腿」）。我迫不及待想再次見到艾莫希。我處於混沌，非常依賴他幫助我，讓我保持歡快的神色。一月份的第一堂課，部分的教職員工正為了這些事情感到憤慨：一位數學女老師當選了法國小姐，還有整個法國都在思索戴高樂將軍的願望：「這個時刻到來了：不要陷入自大傲慢，如此我們便得以高瞻遠矚，也必須如此。無論男女，我們法國人的新年願望與新法國一致」，還有，大部分的法國人不知道如何看待尼基塔 · 赫魯雪夫（Nikita Khrushchev）[62] 和教宗聖若望二十三世（Jean XXIII）[63] 彼此之間交換的祝願（教宗以拉丁

---

61. 指法國一學年分為三個學期這種學制的第二學期。按此學制，暑假後開學到聖誕節前，為第一學期；聖誕節過後到復活節前，為第二學期；復活節後到暑假，為第三學期。
62. 尼基塔 · 赫魯雪夫（1894-1971）曾任蘇聯最高領導人、蘇聯共產黨中央委員會第一書記，以及及蘇聯部長會議主席等重要職務。
63. 聖若望二十三世（Pope John XXIII）在 1958 年 10 月 28 日，以七十七歲高齡當選教宗。被稱為和平教宗。聖若望二十三世在古巴飛彈危機中的演說，協調美國總統甘迺迪與蘇聯領導人赫魯雪夫，為事件的和平落幕發揮影響力。他於 1962 年當選《時代雜誌》年度風雲人物，被譽為和平締造者。

文回覆），而我們年輕的哲學教師謹慎地走進教室。他比身上的衣服還要蒼白，老師開始討論《查拉圖斯特拉如是說》（*Zarathoustra*）[64]，明顯地無精打采。讀到一個句子中間，他把臉埋進手裡，然後一動也不動。他睡著了。我們所有的人心照不宣保持安靜。我們聽見鳥的歌唱。下課鐘聲喚醒了艾莫希。他睜開雙眼，帶著驚愕的神情看著我們。「我講到哪裡？」他揉了揉眼皮詢問。「精神如何變成駱駝，駱駝獅子？」「沒錯，」他繼續說：「那麼獅子如何變成孩子？」[65]他想要發笑。艾莫希朗讀給我們聽：「現在我輕盈靈巧，現在我飛翔，現在，我從底下看見自己，現在，一位神祇透過我跳舞……」他笑了，我們也跟著笑。我們和他一起笑，也嘲笑他，笑他的打盹，一段奇妙的插曲，一個蛻變週期的時刻。

　　艾莫希懂得對我說些安慰的好話，他向我提議，如果偶而一起喝杯咖啡對我有幫助的話，我們可以這麼做。我和他在一間由古老別墅改裝成的茶館紫羅蘭（Les Violettes）會晤，在阿巴蒂耶沙灘（plage des Abatilles）對面。一日，接近考試的時候，我點了一杯現濾咖啡，新品。我直接將濾杯放在桌上。艾莫希向我傾訴他博士論文的煩惱，眼神望向窗外，看

64.　《查拉圖斯特拉如是說》（*Zarathoustra*）為尼采於 1883-1885 年期間出版的書，此書各部分在不同年代完成。

65.　尼采在《查拉圖斯特拉如是說》書裡，談及「精神三變」，以駱駝、獅子與小孩象徵精神的三個階段，這三個階段也可說是超人誕生的過程。

著沙灘的方向，我則是盯著黑色的咖啡漬逐漸擴大。我看得發楞。「羅夏克墨跡測驗（test de Rorschach）[66] 的變體！是咖啡漬不是墨漬！」「您看見了什麼？」「都是好事。您無須有任何煩惱」。

我相信在紫羅蘭茶館，或是在海灘上的散步期間 —— 總之是在尼采的階段，我們走在《歡愉智慧》（*Le Gai Savoir*）[67] 的顛峰之際，於陡峭的小徑和海天一線的風景裡 —— 我理解存在會證成所有它肯定之事，包括受苦，我說的是真正地理解，意味著我可以在理解「之前」和「之後」中間畫出一條線來。

我又回想起那次，去車站接舅舅馮西斯克（Francisque）和舅媽愛洛蒂（Elodie）這永遠的苦差事。我心裡暗忖：這是一種自然的法則，還是為了要讓我不幸，我家族的宿命？為什麼存活下來的男性只有蠢蛋，像我舅舅？無解的問題……。那時大約是盧爾德朝聖季節過後，夏日即將到來。我的高中課程剛結束，這一年，對我而言課程真的結束了，

---

66. 墨跡測驗或稱為羅夏克墨漬測驗，是心理學評量中人格測驗的一種方式，由瑞士精神醫生赫曼 · 羅夏克（Hermann Rorschach）於 1921 年首次編製。測驗由十張墨漬卡片組成，其中五張是白底黑水，兩張是白底及黑色或紅色的墨水，另外三張則是彩色的。受試者會被要求回答，他們最初覺得墨漬卡片看起來像什麼，以及後來又覺得它們像什麼。

67. 尼采的著作，又名《快樂的科學》（*Die fröhliche Wissenschaft*），出版於 1882 年。

因為剛考完高中哲學會考。我在等待結果。

　　馮西斯克和愛洛蒂從凡爾賽前來。馮西斯克是個高大英俊的男人，不過他的鼻子有點長，以及一臉睏乏的模樣，他穿著一件綠色的長版防水風衣，跟去年一樣，也如同每次他來這裡的暫住，至於起源於何時，對我來講已經是很遙遠的年代。愛洛蒂個子嬌小，有點圓胖，舉止謙遜，在舅舅身旁碎步疾走。她穿著經年不變的水藍色防水外套，讓她顯得肩聳頸縮。這兩位旅客的穿著讓人誤以為此時正當冬季。從兩、三年前開始，我個子已經高過愛洛蒂，然而每次當他們抵達，還是免不了大驚小怪，好像這是一個令人驚愕的現象：「麗莎，妳現在比我高了，妳變成一個大女孩了！」她的評語伴隨著一記黯淡的微笑，使得她平淡的眼神流露的全然悲傷更加完整。我幫愛洛蒂拿外套，馮西斯克已經開始夢遊般機械式地向前走了。他打算在行人橫道線[68]之前停下來，拿著行李等我們。

　　喝開胃酒時馮西斯克問道：「最近怎麼樣？」愛洛蒂則再次重述：「麗莎長這麼高了！真是不可思議，她比我還高了」，但這一回她沒有笑容。如此長途跋涉的旅途之後要求她微笑兩次，而且是在死氣沉沉的鬱悶狀態下，實在是強人所難。她的笑容消失，也可能是一種嘗試彌補丈夫粗魯言行

---

68. Le passage clouté, 法國早期的行人橫道線，是在路面上釘上兩條大頭釘子線，形成行人穿越馬路的專用道路，現在已被寬的白油漆線條即斑馬線取代。

的謹慎之道：「最近怎麼樣？」這個問題，對於我們家沉浸於哀悼的氣氛而言特別不適切。

舅舅喝酒時鼻子幾乎碰到杯裡的水。我唯一期待他的娛樂插曲，就是當他把鼻子完全浸在酒裡面，就像玩具小鴨在杯子裡平衡的狀態。我的外祖母已經服喪完畢，現在輪到母親身穿黑色喪服。和父親住在一起並沒有為她帶來任何幸福，然而這麼年輕就成為寡婦，客觀而言仍是一個巨大的不幸，而這個正式的、公開的，容易表達的悲傷，取代了她隱密而難以承認的悲痛，也就是承認自己嫁給一個依然陌生的男人（事實上當年的她是嫁給一個一起騎單車的十五歲小伙子）。對於家人的命運富有同情心的外祖母，在失去自己唯一摯愛之後，以超凡的努力，讓痛苦粉碎的日常生活能夠恢復正常的運作，她從此與女兒相依為命。現在的她扶持著年輕寡婦，不久她便會帶著善意和某種讚賞，鼓勵女兒勇於發掘生活的品味和賞心悅目的樂趣。而此時我人在這兒，六月份，在阿卡雄，空氣還有點刺涼，可是充滿了海灘所有的承諾，但我卻和母親、外祖母以及兩位凡爾賽人，正喝著開胃酒。瀕臨夏天。瀕臨絕望。

「這麼說吧！」馮西斯克舅舅單調地說。他搖搖頭（沒有過於用力，只是為了甩乾鼻子）。這四個字形成一個跳板，從中可能會蹦出一句更精心雕琢的宣告。也許。不確定。經過這麼長時間的旅程，也說不定他今晚就到此為止。對於我

這樣長期與他往來的人而言（人們對於愚蠢的人格外關注，尤其當他是家族裡的一員），他傳達了自己信念的本質，亦即世界還沒有停止讓你感到驚訝，而且很少是正面的驚訝。他繼續說道：「這麼說吧，從凡爾賽到阿卡雄，這可不是到隔壁而已！」他的妻子抬起頭，我們得以看見她淚眼婆娑的面容，濕潤的雙眼總是噙著淚水。她徐緩地肯定他：「你講的有道理」。馮西斯克並不操心愛洛蒂的看法。無論她在想什麼，他從不在意她會有什麼意見。不得不說，她根本沒有表達過任何見解。她的目的是在恰當的時刻表示認同。對舅舅而言，她的認同當然不會讓他特別高興，然而對舅媽而言，她因此能放心。十七歲那年，一紙婚姻合約使她晉身為已婚婦女，舅媽理所當然覺得自己被「罩著」，身為一個被公共救濟事業局撫養長大的女孩，她既無嫁妝也無美貌。（「不過，愛洛蒂的五官端正」，我的外祖母提到她的時候這麼說），已婚的身份使她相較於從前的情況更為得體，更受尊敬，也得到保護。自從她在教堂說「我願意」開始，她一直在說「是的」，一直在強調她同意。她沒有父母，是個褪色的女性，她不希望因為自己引起任何分歧，她想要有個孩子，不過，很快地她在沉默的絕望裡放棄了。她去諮詢醫生，醫生告訴她，有問題的不是她，她的丈夫也必須做檢查。馮西斯克覺得受到侮辱。他們在這磨石打造的屋裡沒有爭吵過。他沒有提高音量，只說這是不可能的。造物主知道祂創造了

什麼，沒有必要與祂競爭。依賴科學家來裁斷生命的問題，這有點過份，不是嗎？此外，也相當昂貴，對吧？從結婚以來，愛洛蒂首次發言，她說了一個醫學教授的名字，可不是普通家庭醫師。「妳胡說八道」，馮西斯克感到詫異更勝於生氣。然而如果愛洛蒂堅持己見的話，他就要發火了。她閉上了嘴。就是從這一刻開始，她總是噙著淚水，淡色的眼珠從此變成蒼白的褐色，像栗子水，如此令人氣餒。水坑顏色的雙眼。

我遞給大家杏仁和鹹蛋糕。我們在嶄新的大房子裡喝開胃酒，新家離舊家不遠。舊家樸實無華，門前有絲蘭花，後方有無花果樹，還有一棵石榴樹長在紅色長凳上方。而新家是現代建設，以玻璃為主。建築上的大膽作風令人印象深刻。我也很想要讚賞屋子的美麗，但我的處境不容許。透過房子的玻璃窗孔，我們可以同時看到花園裡橡樹和松樹的輪廓，也看到債務的深淵。唯一能免於跌落深淵的方法，就是把這棟美麗的新房子賣掉，父親過世以後，新房子裡還有一些未拆開的箱子，以及等待傢俱進來的一些空間。兩位旅客不敢冒險評論這棟新房。他們表現得彷彿向來熟知這間長形客廳，以及石頭鋪成的壁爐；我一開始以為這會是一棟永久的房子，那時我也曾經為這個壁爐著迷。

馮西斯克睡很多。他沒有睡足九到十個小時是不行的。當他睡飽了，其實我們看不出差別，但是他自己不會搞錯。

他示意要離開。愛洛蒂收攏坐姿，拉起她的裙子，穿上她一成不變的衣服。

「明天見，大家明天見。

——好好睡。

——這一點啊，對我是沒有任何問題的」，馮西斯克自豪地回答。

明天，他將伸懶腰，打很多哈欠，然後一日將盡之際，他倆會回來跟我們打招呼，就像今天一樣，講述大量滔滔不絕、有氣無力的陳腔濫調。明天他們抵達前我就想離開；我的外祖母對我說，「妳不可以這樣，愛洛蒂一定會送妳禮物的。

——饒了我吧，我說。我假裝要逃跑，但最後留下來了。此時是特殊的家庭悲痛時期，在父親難以置信的死亡之後，不只是因為父親才四十三歲，也因為他的俊美，像是雕刻一般，絲毫沒有即將被催毀的徵兆——這哀痛逾恆的沮喪階段裡，每個人都努力不要帶來額外的困擾。總之我的態度是如此。我讓自己成為和事佬。在某種程度上，盡我所能。

我留在那棟供人憑弔的房子裡，然後得到了我的禮物。

「喔，謝謝教母，好漂亮啊！妳知道我最喜歡白色了。是妳自己編織的嗎？

——當然，是我織的。還會有誰？我在凡爾賽整個漫長

的晚上時間很多。妳舅舅很早睡，妳是知道的，他真的是一個無聊的人。每天晚上七點鐘的晚餐時間，他吃他的水煮蛋，然後說，晚安，我要去睡覺了。」

愛洛蒂臉上勾勒出一個微笑。她不想要惹事，她再也不想要了。她拿出一條手帕大聲擤鼻涕。看起來是感冒了，然而我心想，或許她受苦於情緒激動。我擁抱了她，然後下樓到我的房間整理禮物：一件羊毛襯衫，和一件床上看書時的輕便女上衣（liseuse）[69]。

這件羊毛襯衫很明顯太大了，長度到我的大腿中間。我捲起我的羊毛上衣，它和愛洛蒂從我幼時送我的所有毛衣一樣刺人和搔癢，我不悅地把它丟進衣櫥裡，心想：「不會有任何人，比這個女人更令我厭煩」。羊毛襯衫只是系列故事之一，它讓我在聽到加拿大小說家路易 · 海蒙（Louis Hémon）的《瑪麗亞 · 夏普德萊恩》（*Maria Chapdelaine*）[70] 書名時，會自動轉譯成《瑪麗亞 · 夏普的羊毛》（*Maria Chap de Laine*）[71]……。不過另一件輕便女上衣很新奇。它的質感柔細，愛洛蒂強調，那是用桂花針毛線織法編成的。桂

---

69. liseuse 是給穿睡衣在床上閱讀的女性，可以額外加一件外罩的輕便上衣。

70. 《瑪麗亞 · 夏普德萊恩》（*Maria Chapdelaine*）是居住在加拿大魁北克省的法國作家路易士 · 海蒙（Louis Hémon）於 1913 年撰寫的作品。針對法國和魁北克的青少年而書寫，曾被納入學校教材，並且被廣為翻譯與分析。

71. 因為 Maria Chapdelaine 的書名第二個字由 Chap-de-laine 組成，laine 就是羊毛的意思。

花針織法，潔白如雪，還有緞帶可以在脖子的位置把衣服合攏，這件衣服打動了我（在母親公寓裡，雜物堆到天花板的那個房間，我找到一件一模一樣的床上閱讀便衣，不過是粉紅色羊毛織成的。它被壓在籃子底下，整個壓扁了，黯淡又難看，很久以前就失去了原本的柔軟度，被封在一個塑膠袋裡，經歷了幾十年，見證愛洛蒂舅媽乏味的人生，在無盡的夜晚，她在幾乎沒有照明的餐廳裡獨自編織。）我把這件白色的讀書上衣折起來，放在我裝衣服的行李旁邊，過一陣子我打算將它帶在身邊，等到十月，我就要度過自己期盼的大學生生活了 在新生活裡我不會安排讓自己厭煩的計畫。當然一切取決於會考成績。這麼早就進行篩選，實在荒謬，不過我如此想要遠離，自由生活，但我不露聲色，就像是擺出一副心不在焉的休閒姿態，其實我早已準備好自己最喜歡的衣服，也一再整理成堆的重要書籍：

《學校中的克勞汀娜》[72]，《麥田捕手》[73]，《存在與虛

---

72. 《學校中的克勞迪娜》（*Claudine à l'école*），是法國作家萊特（Colette）1900年出版的小說。故事敘述了十五歲的克勞迪娜在中學的最後一年和女校長及同學對抗的故事。

73. 《麥田捕手》（*L'Attrape-coeurs*），小說原名 The Catcher in the Rye，美國作家 J. D. Salinger 於 1951 年出版的作品，是二十世紀最暢銷的小說之一，也成為美國文學的經典。

無》[74]，《群魔》[75]，《美麗的夏天》[76]，《牆》[77]，《第二性》[78]，《端方淑女的回憶錄》[79]。

當我來到波爾多參加我高中會考的第一場考試，我忘了攜帶身份證。他們還是讓我進去參加考試，不過是「有擔保的」。擔保的表格在我看來似乎無關緊要，和我考試時選擇評論的超凡神秘詩句落差甚鉅，任何官方表格都不是對手。詩人的字詞滑進我心裡，如此富麗堂皇的流暢。我閉上雙眼，興味盎然地反覆咀嚼詩句。我對於魏爾倫（Verlaine）[80]一無所知，我只想到他是這抹紫紅色的創造者，他創造了天鵝絨和落日的效果，讓我在其中平靜產生幻覺。特別是我從這首詩的起源認識到自己最劇烈也最隱密的恐懼之一。長日將盡，我看見父親在吵雜的高中門口等待我。他拿著我的身份證。父親帶我去一家餐廳。一如往常，他沉默不語，但這並

---

74. 《存在與虛無》（*L'Etre et le Néant*）是法國哲學家沙特（Jean-Paul Sartre）於 1943 年出版的哲學書籍，展開對於存在主義支持的論述。

75. 《群魔》（*Les Possédés*）是俄國作家杜思妥耶夫斯基的長篇小說，發表於 1871-1872 年左右，分為上、下兩部。

76. 《美麗的夏天》（*Le Bel été*）應該是義大利作家 Cesare Pavese 的小說。於 1949 年以義大利語首次出版，原書名為 *La bella estate*。

77. 《牆》（*Le Mur*），法國哲學家沙特的存在主義短篇小說，1939 年出版。

78. 《第二性》（*Le Deuxième sexe*），法國哲學家西蒙‧波娃（Simone de Beauvoir）於 1949 年出版的存在主義與女性主義論述集。

79. 《端方淑女的回憶錄》（*Les Mémoires d'une jeune fille rangée*），也譯成《一個乖女孩的回憶錄》。rangé（e）意指端正、有條不紊，井然有序，整整齊齊。該書出版於 1958 年，是西蒙‧波娃自傳作品的第一卷。

80. 魏爾倫（Paul-Marie Verlaine, 1844-1896），法國象徵詩人。

不妨礙我。我的雙眼依舊充滿著魏爾倫的光芒。我疲憊不堪，在父親的緘默裡，我藏身於他靜默的溫柔壁壘安心休息，這是他將我擁入懷裡的方法。

他以羞澀、疏遠，卻充滿愛的風格，為我帶來了身分，它當然是脆弱的，而且全然不確定，卻已足夠。

一年之後，六月十五日，我再次回到波爾多同一間高中參加哲學會考，我準備了我的身份證，以及滿腦的現實考量。以喪父孤兒的身分，我已經得到申請獎學金的文件，艾莫希協助我填寫表格。我全力以赴用功讀書。我沒有經歷慷慨激昂，也沒有想太多或是說太多。我下決心要成功。我自始至終都很蹩腳。我記得斐迪南 · 艾奇耶（Ferdinand Alquié）《哲學論述》（*La dissertation philosophique*）會考必勝指南裡的字句。它們讓我發笑，但現在不是開玩笑的時刻。斐迪南 · 艾奇耶書裡這麼寫：「選擇主題。會考總是會有三個主題可選。而首先第一個問題，就是要在這三者中選擇哪一個主題來作答。為此，當然有必要全神貫注閱讀這些陳述，仔細思考它們的詞彙。一個明智的考生絕對不會輕率粗心。哲學之術，不該是毫無能力地針對任何事情長篇大論胡說八道。」最後一句話很刻薄。彷彿斐迪南 · 艾奇耶裹在一件灰色的禮服大衣裡，衝著我個人說這句話。這一段的最後一句警告，澆了一盆冷水在我沸騰的心靈。於是在下定決心擁有流暢的文筆

之前，我強迫自己先閱讀這三個主題，而不是讓自己躍入風險。可是這三個主題我讀越多，我就越無法下定決心……

放榜的那天晚上，我努力在名單上察看自己的名字，我再次發現我在名單裡身份遺失——這一回已經無人可幫我了。我仔細檢視，從字母排列欄裡辨識，白紙黑字上印出螞蟻般大小的名單，我已經看不見自己的名字。然而，我錄取了。

我的朋友索妮雅也錄取了。我不知道她是否確實看到自己的名字，還是和我一樣，只是從一個聽來的消息獲知，不過我們兩人都欣喜若狂。「出去玩吧，開心去玩，想什麼時候回來都可以，只要妳們彼此作伴」，她的母親這麼說，從花園的高處向我們說再見。我的母親和外祖母也替我感到高興。她們帶著慷慨之心，對於我即將遠離的悲傷沒有流露辛酸的跡象。這三個女人向來都只過著婚姻和家庭生活，即使模式不同。她們懷著好奇與同理心，在一種無法理解的前提上，細想我們準備要做的事：負笈遠行。好奇心？我不相信母親會感到好奇。在她被遺憾和障礙包圍的世界裡，並沒有留下任何餘地給好奇之心。讓她心心念念的，正是那些她無法做的，要實現已經太晚的種種。她過往的生活裡所錯過的。她本來應該可以得到的另一種生活。究竟是哪一種日子，她也說不上來。她認為自己之所以值得那另一種生活，是由於

她那雙擅於跳舞的腳，以及留存著尚未使用的歡樂，她只能分辨出此類生活的某些輪廓，這些輪廓特徵隨著多年流逝都沒有改變，成為生活裡重複出現的主題。這關連到一位喜愛跳舞晚會和觀賞表演的男子，對她關懷備至（不過請注意，不是令人討厭的那種，他並沒有搬過來和她一起住）。一種屬於夜晚和輝煌的存在，她不停外出，尤其去跳舞，她把身後的門砰的一聲關上，奔向車子裡等待她的戀人。他的身影優雅，性格變化，不過他有一個確定的特質：他深愛她，而且極度幸福地開著自己威武的轎車，載著母親她優美的腳踝去兜風。（彷彿為了修正這些線條的生硬，隔天夜裡我做了一個夢──關於我母親優美腳踝的夢──：我跟母親在一個宛如機場那麼大的電影院裡，兩人迷路了。我挽著母親的手。「請注意斜坡，您母親的腳踝很脆弱」，一位像毛絨兔子般優雅的空姐警告我）。

「祝妳們有個美好的夜晚，開心去玩吧」，家裡的女性再向我們說了一次。索妮雅的母親站在她們花園高處的陽臺，那裡爬滿了雜亂的長春藤，牽牛花，忍冬藤以及攀沿的玫瑰。我的母親和外祖母則站在嶄新而空曠露天平臺的高處。她們輪流補充，對我們也對她們自己說：「好好把握現在，因為青春不會久留。開心的時光不要錯過；我們以為它總是存在，然而它卻已經結束了。」我們沒有心思去擔憂什麼是持久的或什麼不是。此外，對我而言一切都將永久停留。

我的外祖父和父親的辭世，並沒有讓我對於永恆的感受產生質疑。我猶記得某次開學後的第一堂朗讀課，一位女同學在朗誦完洪薩（Ronsard）的詩句之後淚如雨下，讓我感到震驚。教授是一個近視很深，以致於必須配戴厚重眼鏡的人，他的眼睛因此縮小到看不見眼神。他被學生這份文學的敏銳性打動了。眼淚的孵化讓教授的希望誕生，今年他終於可望在班上找到一位靈魂知音，一位被揀選的年輕生命，重述他曾經身為少年詩人的美好，她將以人性悲痛的聲調與自己共振，這人性的悲痛，隨著世紀更迭並無改變，古典的才子一旦將之凝結，即化為永恆。教授覆誦著：「當您年老時……」[81]，他繼續朗讀，對這位如此激動哽咽以致於無法喘息的小女孩傾注滿是油膩的情投意合，「這裡面的確有令人悲傷的事。但它不是脆弱，而是一種性格的力量，這性格有能力欣賞時光流逝的悲劇，我說欣賞，是根據詞源學的意義：感受那份價值，相信我，這涉及很高的價值」。女學生仍啜泣。「當您年老時，夜晚，在燭光下」，這詩句讓她成了一片廢墟。下課的時候，我們圍繞著她，安慰她，讓她喝水。我建議她：「不要再管洪薩了，他讓妳太難受了。」事實上，該負責任的不是洪薩，而是怯場——對著公眾朗讀的恐慌。她雙

---

81. 朗誦的是 Ronsard 的詩〈當您年老時〉（Quand vous serez bien vieille），出自《致艾蓮娜的十四行詩》（*Sonnets pour Hélène*, 1578），該詩集被認為是他四部情詩當中最好的作品。

眼紅腫，臉頰漲紅。「當您年老時，夜晚，在燭光之下」，
對她而言這句話同樣沒什麼意義。「年老，夜晚，在燭光
下……」。危機緩解之後，她和我討論這句詩的荒謬：為何
「在燭光下」？電燈底下的年老，應該不會有什麼太大的差
別。

　　索妮雅和我快速行走，彷彿這些對青春的鼓勵在視覺上
伴隨著我們，也像是在一幅中世紀的圖像裡。但這些鼓勵也
是恫嚇人的。青春，我們知道要如何青春嗎？並不是每個人
都可以的。或是如果我們想到前一個世代，我們的父母輩和
祖父母輩，他們在二十歲遭遇戰爭襲擊，無人知曉自己正值
青春。能在世上前進、無憂無慮、深信自己擁有無限未來，
這些在戰爭時期是純粹的烏托邦。而出生於嬰兒潮[82]的我們，
抵銷了沾滿鮮血的墳墓，我們知道自己正值青春嗎？我們將
擁有恩典，瀟灑自在嗎？父母指望我們代替他們活出青春。
這可說是某種道德義務。
　　我勉勵自己保持警惕……我確認自己穩妥拿著鈔票，那
是舅舅給我的禮物。舅媽愛洛蒂代替他把鈔票交給我。除非
絕對必要，舅舅自己無法完成遞出鈔票的動作。我們的腳跟
踩在人行道的節奏，抑揚頓挫吟誦著我們的衝勁。索妮雅和

---

82. 作者出生於 1945 年，二戰爆發之後的嬰兒潮隨後展開。

我沒有商量行走的方向，而是一起踏上從家裡到市中心已走過無數回的路，行程路線雖然隨著我們的成長而有所調整，卻從未喪失它的迷人。門窗和花園的細節，看著我們長大的居民面容不斷改變，然而步行的終極目的仍舊一致，同樣充滿想望。我們的對話總是因著「進城」的念頭而變得激動。這一晚更是如此，因為世界向我們敞開，一切都被允許。索妮雅說，「現在還早，去看電影吧」。我覺得這個主意太棒了。我最喜歡的戲院是賭城戲院（cinéma du Casino），一間魅惑的電影廳，正在上映《花落鶯啼春》[83]。但我們已經看過這部片了。所以我們選擇去伊甸戲院觀賞傑瑞 · 列維斯（Jerry Lewis）[84] 的電影。散場的時候，我的臉頰灼熱，笑到流眼淚，我提議去喝一杯，彷彿這是世界上最理所當然的事。我不用選擇，一定是去海星咖啡（Café de l'Etoile de Mer）。它與伊甸電影院毗鄰相接。離開電影院的時候，幾乎是自動走進海星咖啡館。這間咖啡館我再熟悉不過，但是僅止於它的外部，從窗戶的另一端，透過貼在玻璃上的天真觀點而認識它。從我幼時外祖父的散步時光開啟以來，我把咖啡館區

---

83. 《花落鶯啼春》（Les Dimanches de Ville d'Avray）電影名稱直譯是「阿弗雷城的星期天」，Ville d'Avray 是大巴黎地區的郊區，位於 Hauts-de-Seine 省。由法國導演 Serge Bourguignon 於 1962 年執導的片子。1963 年曾獲得奧斯卡金像獎最佳外語片。電影改編自 Bernard Eschasseriaux 的小說。

84. 傑瑞 · 列維斯（Jerry Lewis, 1926-2017）是美國全方位的藝人，身兼喜劇演員，電影製片人，編劇，導演和歌手。他以喜劇影視，廣播和舞臺劇舉世聞名。

分成兩種：秘密咖啡館和櫥窗咖啡館。菲力只會造訪前者，地方狹窄，平凡無奇，沒有人會注意到它們。裡面可看到的剪影彷彿由鉛筆描繪而出，沉悶而簡樸。從這些人的言行舉止中，無法看穿他們正在經歷的事情有任何重要性。秘密咖啡館的客人攜帶無關緊要的物品前來，一份報紙，一片麵包，一袋食品。他們在被人遺忘的事情裡加油添醋，好讓別人相信自己，以便保護他們驚人的天分：深諳如何說故事。我已經建立了信念：我的外祖父一定有分享自己獨特性的空間：咖啡館。他是我們家裡唯一真正享受說話樂趣的人。在咖啡館，也唯有在那裡，他找到自己的同類，亦即健談的人。我從來沒有想過進去秘密咖啡館，我的夢境並沒有質疑這顯然之事。實際上在我眼裡，秘密咖啡館並不是真正的公共場所，而是靈性慶典的聚會場所。相反地，櫥窗咖啡館對所有人開放。它們處在明亮當中，展示於露天平臺。我們可以在那裡看到家庭和他們的小孩，然而在秘密咖啡館裡只有男人。佇立在櫥窗咖啡館之前，我甚至自問，咖啡館的內外之分究竟是否還有意義？如果只是為了消除疑慮，他們不會阻止你嘗試進來看看……。然而我錯了，我裝作若無其事。從走向咖啡館餐桌的第一步開始（也就是進入室內，不過既然整個咖啡館向著露天平臺敞開，室內和室外的差異微乎其微），我瞭解到走進咖啡館其實是一件跨越門檻的大事，即使跨越這一步毫無氣魄可言，也不是什麼入門儀式的結果。我感覺到，

經過咖啡館的時候從外面觀看，和實際上走進咖啡館是不同的，兩者存在著深淵鴻溝。我把小腿交叉坐著，同時發現我的藍絲絨迷你裙真的太短了（我應該要帶著我的大浴巾，可以把我自己從腳到下巴都包起來。然而這一晚我和最要好的閨蜜來慶祝會考成功，浴巾並不是不可或缺的配件）。索妮雅用手觸摸她的髮髻是否平衡（它太不穩定了，因為她想要髮髻又高又捲，所以塞了衛生紙在裡面），然後埋首於手提袋想拿出一包香煙來。我們把玩著香菸──我試了好幾次想點燃我的煙，發現它點不著。倒也不錯，我只是想拖延時間──這有助於我們點酒：「兩杯自由古巴雞尾酒」，聲音都打結了。服務生高聲重複我們點的酒，在這間如此安靜，海水浴場風格如此濃厚的咖啡館，白天鬆餅的香甜味還洋溢著，他的叫喊好似宣告革命。

　　我們喝一口自由古巴就夠了，索妮雅建議得好，她曾經在西班牙旅行過，我們因此能放心些。曾讓我們侷促不安的元素，也許會朝著反方向發展。引人注目不光是破壞性的，它也可以帶給我們正面的效果。我開始意識到這一點，意識到吸睛的建設性過程，同時我享受著萊姆酒和可口可樂混在一起的味道，舌頭上泛起劈哩啪啦冒著細泡的細微感覺，一切歡愉得到保證。「自由古巴，至少這不是妳們的政治色調。

斐代爾 ‧ 卡斯楚（Fidel Castro）[85] 是個土匪，是個危險的強盜，我希望像妳們這樣的美女，腦袋裡不會有叛亂的可悲想法」。說話的這位先生（皮膚曬黑，紅色的法蘭絨長褲，藍白間隔的海洋上衣——典型的阿卡雄偽水手服）同時具有支持美國的信念以及取悅我們的慾望，他旋即忘了政治，並且接二連三地恭維我們，明確聚焦在我們的腿部：「曬得好可愛，腿這麼長……。」我再度想要把我的腿藏起來。如同有一次我與非洲回來的校長出其不意在他的辦公室附近單獨相遇，他對我說，「妳知道嗎，妳黑色絲襪上的金色細毛，如此的景象讓人無法抗拒」。他穿著全套西裝，臉色紅潤，呼吸短促，還有一個具侵略性的大肚腩。我把書包放在胸面，像是拿著一面盾牌保護我自己，我興起了一個含糊的想法，與其說是想法，毋寧說是一種困惑而強烈的反抗：我知道當一個人身處權威地位的時候，他無法想像自己是令人反感的。這是一個簡化的念頭，卻是我對當時自己困惑的表示，我把書包在胸前抱緊，站在通往校長室的樓梯上。校長站得比我高，高高在上。他傲慢自大，完全不在乎自己衣物底下肉體的顫動，不在乎構成顫動的黏稠山嶽，我可是看得很清楚，就像清楚看到他胳膊底下夾著的檔案邊緣，用墨水書寫的字樣：「教學法一、二、三」。他暴凸的眼球無法從目標

---

85. 斐代爾 ‧ 卡斯楚（Fidel Castro, 1926-2016），古巴革命領袖，曾任古巴共產黨中央委員會第一書記、國務委員會主席和部長會議主席。

移開，完全黏在我小腿上的黑色和金色，緊盯著我絲襪透露的細毛。我極為驚訝，不敢抬起雙眼，不知道要如何回應，猶豫是否該逃跑，我越來越用力抓住我的書包，它在我開學第一天即成為令人討厭的累贅，但這些年來已成為我的朋友，而我則是日益看透教學系統的運作。校長的這些言詞，好像一隻水母黏在我的皮膚上。

我們轉身背對這位僭越者，為我們的獨立乾杯，幸虧我飲料裡的蘭姆酒，我還有勇氣環顧四周，細察海星咖啡館的內部。我開始更清楚地觀看，卻還是不清晰明確。羞怯使我的視線變得模糊。從這間咖啡館的外部，我曾經仔細觀察它的大理石桌子和籐椅，小棕櫚樹，我曾以為它們放在店裡是為了提醒客人棕櫚廣場（place des Palmiers）的存在。如今我在咖啡館裡，但我幾乎什麼都察覺不到，除了一些顏色的斑點，嗓音的低語，以及在這個沒有差別的聲音背景下，服務生簡短而清亮的口令。我發現索妮雅比我自在多了。被別人注視的感覺並不會讓她十分驚慌。她優雅抽著煙，一派舒適坐在她的籐椅上，我卻感到惶恐。我心想，如果每次我都覺得自己被注視，我就失去觀看的能力，這是多麼快活！那些非常非常漂亮的女孩們，她們不斷吸引所有人的目光，她們自己也許根本什麼都沒看見……她們甚至可能不知道自己給誰留下了深刻的印象。她們闔上雙眼，感覺良好。就像做日

光浴一樣。我的腳好像不是自己的。為了奠定我們談話的基礎，希望藉此能讓我自己從困惑當中被拯救，於是我詢問索妮雅是否讀過《存在與虛無》[86]。可是她更喜歡偵探福爾摩沙。可惜，太可惜了！這是第一次我可以近距離觀察咖啡館服務生的行為舉止，並且將之對照於沙特書寫的主題，我不能錯過這大好機會，我堅持這一點。

——沙特怎麼分析咖啡廳服務生？他是屬於存在還是虛無？

——另一組選項是，他是屬於真實還是非真實。

——我覺得這個人是真實的。

我感到失望。我曾以為我的朋友會和我處在同樣的心智狀態。我曾夢想我們會分享讀過的書名，交流那些提振我們精神的思想。

——不真實的咖啡服務生，自欺的人[87]，是把自己當作咖啡館服務生的人。

——一個把自己當作自己的人。

我沒有力氣爭論下去了。

「玩得開心！」我想像不到還有什麼比繼續討論沙特

---

86. 《存在與虛無》（*L'Être et le néant : Essai d'ontologie phénoménologique*）是沙特 1943 年出版的書，展開支持存在主義的哲學論述。

87. 「自欺」為沙特說的（mauvaise fois / bad faith），也譯為壞的信念、錯誤的信念。

的分析更有趣的事了，或是討論另一個人，如果索妮雅比較喜歡……柏拉圖，齊克果，卡繆，西蒙・韋伊（Simone Weil）[88]……要追上沙特的觀念難免會迂迴繞路，我不擔心這一點。不過至少要有達陣的基本哲學意圖。然而索妮雅心不在焉。她繼續點煙和微笑。不，她腦袋裡沒有其他名字，沒有更好的人選可以建議我。她對哲學就是漠不關心。

——如何？這一整年妳都在做什麼？

——如果妳想知道的話，我沒有碰哲學。

我難以置信。我的話題回到西蒙・波娃。讀了她的著作，不可能不希望模仿她。索妮雅，《歲月的力量》（*La Force de l'âge*）[89]這本書很了不起，可不是嗎？裡面我最喜歡的篇章，是年輕的西蒙・波娃前往馬賽擔任哲學教師的那一段。她站在火車站階梯的高處，整個城市在她面前，在她眼底，一座白色的城市，熾熱，出乎意料，如同她的未來。

「我整個存在裡，我不知道有哪一刻可以被我稱為決定性的時刻；然而回顧之際，某些時刻的意義如此重大，以致於在我的過往浮現時它們帶著盛大事件的光芒。我記得抵達

---

88. 西蒙・韋伊（Simone Weil, 1909-1943），法國女性哲學家，神秘主義者，以及二次大戰期間法國抵抗運動的行動主義者。

89. 《歲月的力量》（*La Force de l'âge*）是西蒙・波娃於 1960 年出版的第二卷自傳式作品，前一卷是稍早提及的《端方淑女的回憶錄》（*Mémoires d'une jeune fille rangée*, 1958），之後又出版《事物的力量》（*La Force des choses*, 1963）以及《歸根究柢》（*Tout compte fait*, 1972）。

馬賽的時候，彷彿它在我的歷史已劃下一個全新的轉捩點。

　　我寄放行李之後，站在大階梯的高處一動也不動。『馬賽』，我對自己說。藍天之下，灑滿陽光的屋瓦，陰影的窟窿，梧桐秋天的顏色；遠方有山丘和海洋的湛藍；喧囂從城市升起，帶著草地焚燒的味道，人們於黑色的道路穿梭來回。馬賽，我來了，形單影隻，赤手空拳，離開我的過去，離開我所愛的一切，我看著這個陌生的大城市，在這裡我將日復一日毫無援助地琢磨自己的生命……我的工作，我的習慣，我的歡樂，由我自己來創造。我走下樓梯；每一階都停下腳步，房舍，樹木，海水，岩石，人行道，無一不令我動容，它們一點一滴向我揭露，也對我揭露我自己。在車站的大道上，右側，左側，帶著露臺的餐廳被高聳的玻璃天棚遮蔽。隔著其中一面玻璃窗，我看見一張佈告：『套房出租』……。」

　　我不厭其煩地閱讀這一段，她這趟抵達的性格既基進又輕盈。而西蒙 ・ 波娃……她獨自生活。她不屬於任何人。她逃離婚姻的陷阱。她拒絕母性。她沒有重複自己母親和祖母的命運。她在女性的派系上引進一道裂痕。她解放了女性生理上的宿命。她透過創造思想來謀生。為她的學生啟發思想本身的存在，如同我的哲學老師帶給我的一樣。西蒙 ・ 波娃想要自我創造，而且她提供我們各種自我創造的可能性。我原本可以想起，西蒙 ・ 波娃到達馬賽任教之前，應該要

先通過教師資格會考（agrégation）[90]。但我轉移如此的掛慮。我必須完整保存一個女人在海邊為自己思考時的燦爛畫面。

索妮雅在尋找服務生。他來來去去，無憂無慮，遠離所有我自認為可以替他套上的概念。某種野蠻的服務生。

——一樣的飲料？他提議。

因為自己不懂酒，所以我說好。儘管我一臉受挫，索妮雅仍敏銳地決定幫我們點一杯琴湯尼（gin tonic）。她這手真是明智。琴湯尼幾乎成功驅散我舉行哲學慶典的想望。我說「幾乎」，是因為事實上我內心的想法蒙上一層不滿的薄霧。它沒有讓我悲傷，它就在那裡，但是幾乎不存在。琴湯尼讓我亢奮。不只是因為它苦澀的滋味，讓我想起不確定是什麼的水果，也因為青檸檬片帶給我一種啟示的效果。我以吸管很快地喝完琴湯尼，點了第二杯，比較不用吸管喝的差別。我偏好使用吸管，較為動人心弦。此刻我很滿意自己這雙小腿，還有腿上的金色細毛，如果我真的像起初希望的那般裹著浴巾前來，我應該會很快脫掉它。從頭到腳包起來，多恐怖！夜晚的清新觸及皮膚，這份感受如此美好。周遭的人和路人說話越來越宏亮。車輛在咖啡館附近停了下來，年輕人

---

90. Agrégation 是法國中等教育（enseignement secondaire）或高等教育（enseignement supérieure）教師資格考試。但高等教育教師資格需通過第二次 agrégation，等級較高，且需具備博士學位。

彎下腰和司機說話，為晚間做計畫。

我想要講一件關於父親的怪事。發生在他過世的前幾個禮拜，他偶然間看了我正在讀的書，沙特的《牆》。他把這本書沒收，隔天才還給我，沒有任何評論，但是把那些令他震驚的書頁小心翼翼剪下來，而不是用手撕下，那些關於同性戀的內容。這是模稜兩可的審查。他不准我閱讀這等卑劣行為，卻自己留著那幾頁。他剪下來到底是為了不讓我看，還是為了保存起來？

——這是另一個版本的杯子故事，到底杯子是一半滿的，還是一半空的？索妮雅笑著說。

我很感謝她的笑。我們的杯子空了。是該離開的時候。然而就在我們起身的一刻，我發現一件不可思議的事情，瘋狂地難以置信，櫃臺的那個人看起來好像是我的中學同學克萊兒 · 德維樂（Claire Devalle）。我稍微走近一點以便確認，沒錯，就是班上最漂亮的克萊兒，也是最高姚的一位。秀髮濃密捲曲，棕綠色的雙眼，挺直的鼻樑，豐滿的胸部。她穿著高跟鞋，上身是從來不扣鈕釦的工作服，緊身窄裙，強調她時髦的皮帶。在我腦海裡，她就是蜜涅芙（Minerva），雅典娜女神[91]。當這位女神出現在希臘文本中，我立刻賦予她克萊兒的臉龐。而現在蜜涅芙棲息在一個小小的收銀臺前，

---

91. 希臘雅典娜女神在羅馬時期的名字為蜜涅芙（Minerva）。

正在找錢。

「克萊兒，啊，克萊兒！」我靠近收銀臺輕聲地說，不過我沒有完全貼著櫃臺。克萊兒聽到我叫她了。她看起來也很震驚，但不至於侷促不安。在她的邀請之下，我們換了一桌，坐到她的旁邊，在收銀臺前。我們真的置身於咖啡館的核心了。為了和克萊兒交談，我們仰起頭來，她回應時則是一邊提防不要找錯錢。

——妳在這裡幹嘛？

——妳們都看到了。我是收銀員。

——妳？我不懂。

——沒有什麼好懂的。

——只有夏天而已？

——沒有，是長期。我希望是永遠。我在我家裡。

——海星咖啡館是妳家？（我的琴湯尼氣泡冒到鼻孔來了。）

——沒錯。妳想想看，我結婚了，我的先生是老闆的兒子。妳明白其中的關連吧？

——糟糕，妳結婚了？

克萊兒和索妮雅憐憫地看著我。

——麗莎，我剛才跟妳說了，我結婚了。

——跟誰？我認識嗎？

—— 我想是的……博登，丹尼爾‧博登（Daniel

Bourdin），他們班是⋯⋯

我對這個名字毫無印象。

——有啦！妳一定看過他。在體育課，或是在戶外活動。棕髮，畸形腿，但是跑得比全世界還快。四十元收您一百，找您六十元。謝謝您，先生，明天見。

——再見，小姐，還是女士？

——女士，先生，我是女士。

——啊！⋯⋯如果我講了非常荒謬的話，請糾正我，您不就是博登夫婦的媳婦嗎？我有看到博登先生兒子結婚的公告，那是⋯⋯等等。

——先生，才十二天以前的事情。

——博登女士，誠摯地恭賀您。祝你們幸福美滿。

——所以妳是因為他跑的快就嫁給他？

——對，可以這麼說。

——妳快樂嗎？

——當然。我告訴自己，我是對的。沒錯，我是對的。妳們不相信我是對的嗎？⋯⋯（索妮雅點頭表示贊同）。如果我知道妳們要來的話，我就會把結婚照帶來了。

——妳一定很漂亮。

——閃閃動人。

克萊兒向我們描述她乳白色綢緞的婚紗，美背式的深 V 剪裁，裝飾許多小鈕釦，珍珠皇冠，鞋子也是緞面鑲邊的。

她差點忘了提到婚戒。她彎下腰來,向我們展示她的手。那只鑽戒令我讚嘆,我甚至想要給它一記虛擬的吻,就像親吻主教的戒指一樣。

　　離去前我又回頭看了一下克萊兒,她端坐在收銀臺,獨自一人。桌椅在她周圍,在她腳邊。服務生清理煙灰缸和最後幾個杯子。他瞄到兩個這時候才來的客人,顯然不是很體面的,在露天咖啡座的一桌坐了下來,讓他難掩臭臉。我認出其中一位是艾莫希。他講話速度很快。一個年輕人跟他在一起,靜默不語,神情仰慕——就像我那一整年一樣。我低聲跟索妮雅說:「看,我的哲學老師,他即將要離開阿卡雄了。」我也立刻聯想到這些話:「你要離開了嗎,喔,蘇格拉底,你會保留這些思想給你自己嗎?或者你會與我們分享呢?」我走過去和艾莫希打招呼,想到他要離開,讓我內心激動,我聽到他對夥伴說:「我建議你讀保羅・尼松(Paul Nizon),我跟你保證,他是最明亮的,也是最黑暗的。他這麼年輕就過世真可怕。」

　　我們沒有直接回家,而是繞去海灘大道。我們喜歡在海堤散步,這道海面上不甚穩固的延伸,一片空蕩之上的裂痕。為了紀念克萊兒,雅典娜女神,我背誦拉封丹[92]的詩句:「第一批女孩帶著各種禮物;／其餘所有的女孩圍繞著雅典娜女

---

92. 拉封丹(Jean de La Fontaine, 1621-1695),法國詩人,以《拉封丹寓言》著名,成為其後歐洲寓言的典範。

神。」拉封丹並沒有讓我平靜，遠非如此。特別是在我繼續講述狼與狗的寓言故事之後。

我們度過了片刻沉默。索妮雅隨後以一種幻想的口吻說：「我替克萊兒感到高興」

——高興什麼？她當收銀員的未來嗎？還是她開始成為人妻？

——妳對婚姻有什麼不滿？

——一切。婚姻裡的一切都讓我反胃：白紗和伴娘。父母、教堂還有市政府的祝福。讓所有人都知道，讓所有人都同意！總體的滿意。滿意本身已經是一件可怕的事情，當它變成總體的，無異於自殺的行為。而且新娘戴著婚戒。

——男人也戴著婚戒。

——對他有利的時候，才會戴一下吧。女人呢，她很得意這只婚戒，自豪於這個象徵奴役的符號。她的名字還要改成夫姓。名和姓。我的外祖母，年輕時的名字叫做尤金妮・佛傑（Eugénie Forget）。現在她的信件上寫的收件人是菲力・查理遺孀女士。但這有何關連？還有他們說話的方式：我的太太，我的小孩我的車子，我的狗，我的坐骨神經痛。所有權持有者的自滿。擁有死亡靈魂的人。你沒有讀過果戈裡（Nikolai Gogol）的《死亡的靈魂》（Les âmes mortes）[93]？

---

93. 果戈裡（Nikolai Gogol, 1809-1852），俄羅斯 - 烏克蘭作家，深受啟蒙運動影響。《死亡的靈魂》（Les âmes mortes）於 1842 年出版，成為十九世紀俄羅斯文學的

——沒有，索妮雅說。她開始受不了我了。

——已婚婦女有奴隸的道德，從非洲部落繼承而來的道德。人們必須刺穿她們的鼻子然後在鼻孔上套上一個環。

——停止妳的種族主義。索妮雅冷淡地打斷我，完全沒有被我搏鬥的盛怒波及。如果真的有太過份的事，那就是種族主義。妳沒有讀過《猶太人問題的省思》（*Réflexions sur la question juive*）[94]？

——妳已經結婚了，承認吧。

——我訂婚了。不過這是一樣的。

——不一樣。訂婚更糟。一個訂婚的女人是做了記號的家畜。妳沒有讀卡夫卡給費麗絲（Felice）的信嗎[95]？妳也沒讀過齊克果（Kierkegaard）的《誘惑者日記》（*Le Journal d'un séducteur*）、《非此即彼》（*Ou bien... ou bien*）[96]？

——我愛尚 - 米歇爾（Jean-Michel）。我瘋狂地戀愛了。

代表之一。

94. 《猶太問題的省思》（*Réflexions sur la question juive*），法國哲學家沙特的著作，英文譯本名稱為 Anti-Semite and Jew。是沙特於 1944 年巴黎自德國占領解放之後，撰寫的關於反猶太主義的文章，本書於 1946 年出版。

95. 《給費麗絲的信》（*Letters to Felice*）收錄了卡夫卡（Franz Kafka）1912 年到 1917 年寫給其未婚妻費麗絲（Felice Bauer, 1887-1960）的信件。卡夫卡與費麗絲兩度訂婚，最後皆未成婚。

96. 齊克果（Søren Aabye Kierkegaard, 1813-1855），丹麥哲學家，神學家，詩人與評論家。其《誘惑者日記》（*Le Journal d'un séducteur*, 英文譯名 Diary of a Seducer）選自他所著的《非此即彼》（*Ou bien... ou bien*, 英文譯名 Either / Or, 1843），內容出自他戀愛經驗的體會。齊克果終身未婚，曾經有過短暫的戀情，卻在一年之內即毀掉婚約。《誘惑者日記》的主人公也雷同，追求愛情，卻不打算讓婚姻成為戀愛的結局。

當我們瘋狂戀愛了，會想跟所愛的人結婚。《非此即彼》，拜託。一個點，就是全部……。其餘部分都會消失。

——其餘部分……朋友，書本……還有我。

——我可沒有這麼說。（她作勢要擁抱我。我轉過頭去。）婚禮預計在八月二十日舉行。記住這個日期。

我再度爭論起來。怎麼會這樣！她本來有機會發現哲學，這個冒險無與倫比，但是她卻要結婚了，而不是追求思想的探索。婚期是八月二十日。我早已不放在心上。

索妮雅不是唯一喜歡尚-米歇爾勝於蘇格拉底的人，我嘗試讓自己接受這種普遍性而平靜下來，結果適得其反。我繼續高談闊論：

「若說克萊兒更喜歡海星咖啡館，就說得太過了。她更喜歡收銀。她對海星咖啡館的收銀臺說我願意。對她而言沒有模稜兩可之處。儘管如此，克萊兒這個人被簡化為收銀員了，真不可思議！每個人一定都覷覦她——男生，老師，舍監，甚至女生。我的舅媽愛洛蒂年輕時也是收銀員。她十六歲在巴黎聖拉札火車站旁邊的咖啡館工作。那時她已經相當沮喪而黯然失色了。除了她觸摸錢幣的手指之外，她全身都沒移動。就是她的手指吸引了我舅舅——因為她的手指不斷碰錢。他向她求婚，而她的手從早到晚都在找錢[97]。對一個

---

97. 法文向某人的求婚的說法是 demander la main de quelqu'un，即請求某人的手。因此舅舅請求舅媽的手，就是向舅媽求婚，她的手是不斷碰錢的收銀員之手。

貪財吝嗇的人來說，收銀員的手是美妙的。但是沒有任何一個已婚男人不是貪財吝嗇的。他們都是自我中心主義者和吝嗇鬼。男人追求的是一再計算家用支出的手，而不是翻書的手。可是我呢，我跟妳保證，我只會翻書而已。

——那妳追求什麼？以妳的哲學？

——哲學不回答問題。它提出問題。

索妮雅離開了。我倚靠在堤岸上，我聽到她走遠的聲音。她的高跟鞋發出的微弱跫音，不久前才像是我們的讚頌歌一般，此刻則令我絕望。我崩潰而氣憤，感到莫名其妙和背叛的苦澀。我繼續凝視黑暗而波光粼粼的水面。停泊在堤岸砥柱的平底小漁船發出摩擦的聲音。我走到沙灘坐下來。所有朋友，所有女性普遍背叛我的感受令人難以承受。我可以把這個背叛，總結為兩種女人熟練之事，這兩種事情似乎為她們帶來樂趣，對我而言卻是陌生：抽煙和調情。我對於兩者都笨手笨腳。也許是吐納的問題。我沒有辦法吞下煙霧，而且它讓我呼吸困難。在整首雙人慢舞的時間當中，我無法融化於沒完沒了的親吻。只消片刻，我已不能忍受越來越擁擠的夜店裡緩慢的停滯，以及在我身上到處亂摸的雙手，令我惶恐不安的撫摸，什麼事都做得出來。女人則懂得任其為所欲為，知道如何在幽暗中設法應付，好讓自己被心儀的男人選上。她們抽煙，調情，結婚。第一個孩子出生以後，她們

停止抽煙與調情。我瞬間褪去衣服，奔向海洋。此刻，幸福回到我身旁。我一邊游泳一邊告訴自己：我不在乎，我不在乎，莊嚴而隆重。讓她們和全世界結婚吧，而我會成為哲學家。我不停提問。思想和語言是無法類比的嗎？野蠻人是什麼？物質存在嗎？理解是什麼？在什麼情況下會產生快樂和痛苦？今日我們對本能有什麼樣的認識？你們對失語症有什麼樣的瞭解？金錢在經濟生活和社會生活的角色是什麼？自殺是一種權利嗎？當我們不再意識到回憶的時候，我們的回憶會變成如何？當你們說「我」的時候，你們心裡在想什麼？當一個人不接受任何約束，也不服從任何法律的時候，他是自由的嗎？你們對於西蒙・波娃這句格言有什麼看法：「我們不是生而為女人，而是成為女人」？愛自己身體的機會從何而來？一隻螃蟹的睡眠和一個人類的睡眠如何區別？我從水裡出來的時候要用什麼擦乾身體？

我失去了索妮雅。我企圖毀滅沉浸在愛人與被愛幸福當中的她，而她認為我在知識上的野心是荒謬的。

隔天，我頭腦不太清醒，但也是果斷的，我禁止自己往她家的方向望去，我怕在道路盡頭的沙灘上遇見她，在「我們」的沙灘上。對我來講這是幾乎無法承受的苦難。然而我想要採取一種不辜負我們友誼的方式分手。在接下來的幾天，我重讀尚-保羅・沙特關於自欺的那幾頁：「讓我們思

考這位咖啡館服務生。他的姿態生動而過於強調加強，有些太過精確，太過迅速，他走向客人的步伐有些太過靈敏，他彎下身的方式過於殷勤，他的聲音，他的眼神表達，有點過於關切顧客的點單，最後他再度回來，試圖在行徑裡模仿誰知道是什麼自動化機器的嚴謹，以一種走鋼索的大膽拿著他的托盤，永遠不穩地、永遠打破平衡地托著盤子，並且不斷以臂膀和手部的輕鬆動作重新取得平衡。他的所有舉動像是一場遊戲。他專注於這一串連續動作，就好像這些動作是一種可以互相控制的機制，他用手勢表達的舉動，還有他的聲音，甚至像是機械裝置；他投入敏捷和冷酷的速度做事。他遊戲，他自得其樂。但是他在玩什麼？不需要長時間觀察就可以得到答案：他在扮演咖啡館的服務生。沒有什麼好讓我們感到訝異的：這遊戲是一種定位和勘查；小孩子玩弄他的身體是為了發現自己的身體，為了進行盤查；咖啡館的服務生在他的狀況下扮演服務生，實現這個角色。這義務相較於所有商人的義務沒有什麼差別：他們所有的情況都是儀式性的，雜貨店老闆、裁縫師和拍賣估價員，都有各自的舞步，他們透過這些方法努力說服顧客，他們就是雜貨店老闆，拍賣估價員，以及裁縫師。一個作夢的雜貨店老闆會得罪客人，因為他不再完全是一位雜貨店老闆了。」

這是奇妙的；可是，總地來講，相當讓人驚訝。我試著回想海星咖啡館服務生的行為。此外，一部分的我，卑鄙地

講求實際的我，惦量著書的體積並且自問是否不該把它從我帶去波爾多的行李當中刪除。不可能。首先，《存在與虛無》是我的哲學獎品；其次，我才剛開始閱讀它，無法就這樣放棄，僅作粗略的分析，而非看透它整個深度和微妙之處。我繼續讀下去：「這些預防措施都是為了避免人們被囚禁在自己所處的狀態裡。好像只要我們活著就會永遠害怕無法從中逃脫，無法超越，也無法輕易規避個人的處境。」我迫不及待想要在現實裡證明這個強大理論！多麼清晰！我全然真誠地告訴自己，智慧落實了。沙特提醒我們，在自欺的錯誤信念當中，存在著信念。然而在真誠的良善信念當中亦然。我擁有信念。

行李放在衣櫥和書桌中間的地上。我把最重的書鋪在行李箱底下：沙特、杜斯妥也夫斯基、柏拉圖，梅洛龐蒂，一種嚴肅的鋪砌，上方平躺著口袋書，然後再上方是衣物，兩件珠絨羊毛套衫，藍色和黑色，紅色的羽絨外套，粉紅針織的裙子。如果我把滑雪鞋也帶上？那麼所有箱底的體積都要蹦出來了！我不計較行李了，播放我的莫札特唱片。花園裡的燈光是秋日的清澈，驅散了所有疑慮。

2.

學院酒吧（Bar des facultés）

「因為結論並不正確：我漫步故我在」

——笛卡兒

　　十月份的一個早晨我搭上了車，那臺對那些貝娜黛德‧蘇比胡[98] 未能將之治癒的「躺平者」而言等待奇蹟的火車，也是美好年代[99] 的優雅火車，以及開往海灘放長假的列車。波爾多代表另一個世界：都市。我離開了阿卡雄和那棟服喪的家。我停好我的腳踏車，整理我的網球和滑雪用品。家裡的女人，我的外祖母和母親，兩人因為守寡而彼此更為親近。相對於她們，我擁有的是展開新頁的喜悅。她們不確定高中是在做什麼，更不知道大學意味著什麼，除了它是一個令人生畏的術語、從大學畢業是有威望的之外。進入大學並不預示什麼，然而卻已經向著父母未知的將來邁前一步，我不屬於一個足夠布爾喬亞的環境，也沒有妥貼地被相應的價值觀所說服，從而認為如果一個女人想要按照自己的學歷來決定她的人生，會是一種失勢。「麗莎，妳不想結婚嗎？」我的外祖母問我。

　　——一點也不想。現在不想，以後不想。

---

98. 貝娜黛德‧蘇比胡（Bernadette Soubirous），法國盧爾德地區看見聖母顯靈的聖女。

99. 美好年代（La Belle Époque）是十九世紀末到 1914 年第一次世界大戰爆發之前，歐洲尤其是法國的一段進步時代，無論經濟、社會、技術或政治領域都蓬勃發展。

——可是幸福的婚姻是一件很甜美而正常的事情。外祖母陷入沉思的一刻，迷失在令她心碎的甜美回憶裡，然後她和藹帶著讚美的神色做結論：

「妳跟別人做的事情都不一樣。總而言之，如果妳能在當中找到自己的幸福……」

家裡的女性不知道我將自己帶往何處。我自己也不清楚。然而這種不清楚並不妨礙我。我成為大學生。我開始一段新生活。這是一個重大事件。我是唯一的目擊者，但這並不減少它的重要性。我邁出旅行生活的第一步。

根據我對人生階段的觀念，大學生意味著一個不再居住父母家，而且手裡拿著一本書的年輕人。這也是為何我沒有從文科預備班 [100] 的住宿時期開始計算我的大學生生活，那不過是悲慘的一年。如果說成為大學生的我確實自己住，在一間屬於自己的房間中，但住宿的問題並不能掉以輕心，然而這正是我鑄下的錯。我沒有先參觀就在公共花園（Jardin Public）附近租了一個套房，第一眼看到的時候，房間和房東加在一起都令我畏懼。房東是一位雍容華貴的老太太，她出租了一間裝滿小飾品的閨房，昔日波爾多的版畫，以及家

---

100. 文科預備班（Lettres Supérieures），正式被稱為 class préparatoires littéraires，是法國高中會考後（post-bac）教育系統中一項為期兩年的學術課程，專門研究文學和人文學科。

族成員的肖像。精緻的傢俱，尤其是五斗櫃，讓我立刻想逃跑。我不知道它是以什麼木材做成的，但是它的線條呈現可憎的突起。櫃子的把手金光閃爍，使它的醜陋更無懈可擊。五斗櫃的設計原本是用來收納無瑕的衣物，完全純白，完美熨燙。可是我沒有這樣的衣服。我渾身不自在，穿著全身衣服躺在床上，我暗自思量：「如果住在這裡，我永遠不會打開這個五斗櫃。我把衣物放地上，在地毯上堆起來。房東會很生氣。」沒錯，我聽到她在隔牆的另一邊踱步的聲音。她的拖鞋踩在打蠟的地板上咔噠咔噠作響。感覺她就要來打開我的房門了。我躺在狹窄的床上滿身是汗，心跳加速。我觀察著她的一舉一動，為我親手把自己對自由的想望摧毀感到沮喪。當我聽不到她的腳步聲，情況還更糟。我想像她就躲在門後，窺探我的無法成眠。我讓自己深陷牢獄。凌晨時分，我想到杜斯妥也夫斯基，想到房東的煉獄。我曾在阿卡雄花園的橡樹底下閱讀他的《罪與罰》。這位房東就是懲罰的開始，比起犯罪早到多了。我想像她潛伏在夜裡，在她住所污穢的磁磚後面，她散發出這等罪惡感的影響力，以致於把你推向犯罪。首先是罪惡感，接下來是犯罪，這麼做只是為了賦予過錯的感覺一個意義。女房東們自己成了引導我們動手謀殺之受害者。她們是罪魁禍首……。該怎麼辦？如果我留下來，我的房東日以繼夜的威脅會拖垮我的存在，而她一人濃縮了我人生所曾經交手過的所有舍監、監控者以及審

查者。如果我離開，我會跟她正面遭遇，展開一場討論。而根據我抵達時跟這位老太太交談過的幾句話，我顯然遠遠落後於她話語的權威和句法結構的複雜，這是我學會識別支配權的兩大特徵。如果我留下來，也許有一天我會殺了她……如果我離開……我無法再猶豫不決，我的心激動得劇烈跳動……我收拾行李然後逃走。老太太聽見了。她在樓梯平臺逮到了我，根據她的價值尺度，這一幕是不光彩的。被迫穿著睡袍出現，老太太滿臉不悅，青筋暴突的一隻手觸摸著同樣青紫色的頭髮，她以硬梆梆的措辭向我保證：「小姐，您的下場會很慘。您和陰險的傢伙一樣粗魯的行為，總有一天會得到懲罰。」

她呼吸短促，顯然是因為努力不要讓自己的盛怒爆發。而我，慚愧地發抖。我什麼都答不出來。我轉身背對她，開始拖著我的行李一階一階下樓離開，箱子的顛簸震動被地毯的厚度給攤銷了，然而我覺得自己好像吵醒了整棟樓，突然間，她火大了，但為時已晚。老太太說要叫警察來，對我進行法律追究。我不再奮力抬高箱子，而是任由它彈起落下，我擔心找不到打開巨大木門的按鈕。「您的下場會很慘，相信我」。老太太還有時間最後一次詛咒我，不過我已經走出去了。

拖著我沉甸甸的行李 —— 那本厚重的《存在與虛無》

壓在最上頭，我依然備受煎熬，不過我戰勝了。我逃離了一個很恐怖的危險。這個女房東，如果我順從忍受了她，我等於把權力交到一票各式各樣妨礙我的人手中，他們善於用一句話就能把你的心堵死。我推開一間酒吧的門。四姊妹酒吧（Bar des quatre sœurs），而在這兒，就在酒吧的中央，我一時看得目瞪口呆。我從沒見過這麼美的景象。馬賽克地板，幾根木雕柱子，水晶吊燈，還有一些互相映照、何等光彩奪目的鏡子，而當我從一株蘭花的細節上抬頭望去，就在我的頭頂上，我注視到天花板：一片淡綠松色的天空，邀請我們起飛。一位年輕的溫柔女孩，四姊妹當中的其中一位，給了我一杯咖啡，並夾帶一份報紙。

在《西南報》（Sud-Ouest）[101] 的廣告裡，我正好發現我想要的套房。我打了電話，房間還沒有租出去。房租六十法郎。我傍晚就可以過去。現在還早，不過，置身於如此親切的姊妹當中，我在這裡等候很舒適。我點了另一杯咖啡和一個可頌麵包。一條快樂的道路在我面前開展，好比圖爾尼巷（allées de Tourny）布滿植栽的優雅。在住的事情上心安了後，我隨性翻閱報紙。南泰爾（Nanterre）文學院的第一棟大樓完工了。位於巴黎市中心的巴黎大堂（Les Halls）正在被摧毀。

---

101. 《西南報》（Sud-Ouest）按流通量計算的話是法國第三大的地區日報。1944 年 8 月 29 日以《小吉宏德報》（La Petite Gironde）繼承者的身分，創刊於波爾多，創刊人 Jacques Lemoine。《星期日西南報》（Sud-Ouest Dimanche）則於 1949 年創刊。

一位記者預言漢吉斯（Rungis）[102] 有一天將會和昔日的巴黎大堂街區一樣熱鬧。我拿出西蒙・波娃，我心愛的《端方淑女的回憶錄》（*Mémoires d'une jeune fille rangée*）：「嶄新的生活，全然不同的一種生活。躺在落葉上，目光被葡萄園熱情的色彩弄得不知所措。我一再重複這些嚴峻的字：學士學位（licence）[103]，教師資格會考（agrégation）。而所有的障礙，所有的牆垣都消失了。透過世界的真理，我向著敞開的天空前進。未來不再只是一份希望：我觸及了它。四、五年的學習，接著，我將以自己的雙手塑造一個完整的存在，隨著我描繪自己的生活，我的人生將會成為一段真實的美麗故事。」我在這間酒吧待了很長一段時間。我透過對面的鏡子瞧見自己。喝著咖啡，書本在我面前攤開，一根菸在指尖（只是做做樣子），隱藏在我袋子底部的是我的學生證護身符，我度過了一段完美的時光。酒吧的其中一位姊妹和我結交成朋友，我不知道是她們當中哪一位，然而我不懷疑她的善意。若我有任何問題，我只需過來請教她的意見。既無須猶豫也無須思量，咖啡館的第一個用途就這樣不請自來。我推開一扇門，這個地方的輝煌程度，在它足以和凡爾賽城堡媲美的華麗外觀底下，我發現了一處避難所。

---

102. 大堂（une halle）指加蓋市場，巴黎大堂原為巴黎中央批發市場所在地，1971 年拆除，遷至位於巴黎南郊的漢吉斯。

103. 法國大學學制分為學士、碩士、博士三級，學士修業三年，頒發學士文憑學位（Licence）。

作家—旅行家尼古拉 • 布維爾[104]（Nicolas Bouvier）回憶他在東京的住宿，他當時習慣於社區裡一間小咖啡館開始他的一天，就在他家隔壁。咖啡館的名稱是生活咖啡館（Café Life）。

我也找到了我的生活咖啡館，我的 Café Vie。

套房有點陰暗，但是很愜意，寬闊，漆成藍色，牆上裝飾著蝴蝶。有一個不便之處：要走到浴室的話，必須穿越房東的房間，房東是一位三十幾歲的害羞男人。他說話的時候會避免和對話者眼神交會。一位馬提尼克[105]來的醫學系女學生，租了我隔壁的房間。我問她：「這樣的迂迴不會讓人困擾嗎？」她回答：「完全不會。先生非常謹慎。他白天從來都不在家，早上我們看不到他。他可能已經起床，或是躲在被子底下。」她說服了我。比起布爾喬亞老婦的監控，現在我比較不擔心意外的偷窺狀況。我的鄰居既漂亮又和善。我將鑰匙放在口袋裡，可以按照自己的心意進出。直到這一刻，我才感覺自己的大學生生活開始了。一位住在聖凱薩琳

---

104. 尼古拉 • 布維爾（Nicolas Bouvier, 1929-1998），瑞士旅行家、作家和攝影師。1955-1956 年期間他在東京街頭穿梭，尋找日本典型文化的攝影和寫作題材。他結合 1964 和 1970 兩次再度回到日本的旅行經驗，於 1976 年出版了《日本書記》（*Chronique japonaise*）。

105. 如前述，馬提尼克（Matinique），法國的海外大區，位於加勒比海。

街（rue Sainte-Catherine）¹⁰⁶ 的大學生。

　　聖凱薩琳街⋯⋯有不勝數的事可做。反覆踏遍這條街，讓我閒不下來。白天的活動目不暇給。它的景觀讓我雀躍激昂：絡繹不絕的車水馬龍，人行道擁擠的人潮，同樣密集的商店，一間又一間，還有流動攤販，四季商品，磨刀工人的喊叫，以及如同阿卡雄一樣，販賣阿卡雄灣海產的叫賣，還有老歌手襯著手風琴的歌聲，若是年輕歌手則彈吉他。櫥窗提供的貨物揭示了我所不熟悉的行為之道（comportements），或者跟一種婦女的精緻優美有關，或是跟一種技術的革新有關。我從而發現了兩種人物類型：古典的優雅婦女，以及現代的家庭主婦。商店的數目多得不可思議：雨傘、鞋子、帽子、背包、手套⋯⋯。很多女性出門一定戴手套，頭上也是必戴帽子。新的家務自動化設備針對的是同一群婦女嗎？我不知道。無論如何，她們像我一樣，對這間位於琳瑯滿目的領巾、花邊手帕，以及裝飾上衣口袋的絲綢帕巾等商品旁、店內展示吸塵器、洗衣機和冰箱的家電行投注好奇的眼光。

---

106. 聖凱薩琳街是法國波爾多的一條步行街，長達 1.2 公里，是城市主要的購物街，也是貫穿老城區的兩條主要街道之一。這條街連接了波爾多大劇院所在的喜劇廣場（place de la Comédie）和勝利廣場（Place de la Victoire）。聖凱薩琳街在 1976 年到 1977 年大部分路段已成為步行街，1984 年全線均成為人行步道，號稱是歐洲最長的步行街。2000 年至 2003 年進行了徹底的街道翻新。作者當年入住時期車輛尚可通行。

我的指尖還殘留著冰磚的灼熱感覺，這些冰磚一早被送到拿尼爾・約翰斯頓街（rue Nathaniel Johnston）[107] 老家靠花園那一側的門口。為了盡量減少融化，我將它緊抱在懷裡並且用跑的拿到地窖裡放。也因為每一次我都會聯想到庇里牛斯山區的雪和冬季運動的畫面而興奮不已。從現在起，冬天從美國而來[108]，它將永遠寄居在廚房的角落，躲在冰箱的門後，隨時可以使用，在最酷熱和聖誕節的時候，它都一樣冰冷。當然不是每個人都擁有冰箱，或有一間佛米卡[109]廚房。抬頭看一眼就夠了。在窗邊，牛奶、酒、水果、沙拉，錯落在花盆間。擠在窗臺上，緊緊裹在被風吹得顫動不已的紙袋裡，它們在室外乘涼。我在自己房間的窗臺上也如法炮製。夜晚，我在窗臺加上早晨在聖保傑廣場（place Saint-Projet）買的銀蓮花束，我望了一眼聖凱薩琳街最後一眼，它的路中段有點凹陷，鋪砌的路面因潮濕而發亮，微量而緩慢的交通，熙熙攘攘已平靜下來，這份平靜，在我看來似乎分享了周遭幽暗巷弄的神秘感，分享了它們惡劣生活的閒言閒語。我閉上雙眼，聞到路面底下升起的泥沼味道，我心想會不會是鄰近的

---

107. 拿尼爾・約翰斯頓街（rue Nathaniel Johnston）位於阿卡雄（Arcachon）。
108. 1834 年美國人雅可比・帕金斯（Jacob Perkins）的發現促進了冰箱的發明，1926 年美國奇異公司（General Electric Company）製造出世界上第一臺密封製冷系統的電冰箱，1927 年，第一臺家用吸收式冰箱出現在美國市場，在 1930 年代漸漸普及。
109. 佛米卡塑膠貼面（formica）是一種用於檯面、櫥櫃門和其他表面的堅硬耐用塑膠層壓板。

加倫河（Garonne）[110] 這條寬闊而無所不在的河流氣味，還是來自佩格河（Peugue）以及德維茲河（Devèze）這兩條遜色多了的水道[111]，它們僅在亞爾薩斯和洛林大道（Cours Alsace et Lorraine）的一角，由一對在一只水瓶上互相抱住的裸身男女浮雕表現出來[112]，然而長期以來被覆蓋著，持續在我們腳底下潺流……。除非是聖凱薩琳街，它借昏暗夜色之助液化了，變成一條河流，河道兩旁林立著電影院的招牌，五顏六色的霓虹燈使得戲院的名稱閃閃發亮：綜藝戲院、加利亞皇宮戲院、柯莫亞克戲院，以及 ABC 戲院[113]。

我不是優雅婦女，也不是家庭主婦：我是大學生。我有學生證可以讓我去大學餐廳，可以買優惠票進電影院。特別是，我有獎學金。多虧這份獎學金，我沒有經濟問題，金錢對我而言是不真實的事——不真實或不祥的。1964 年這一年，明訂為巴爾札克年，它讓我有機會參與的幾場巴爾札克研討會並沒有在這方面帶來什麼改變。巴爾札克經常被金錢

---

110. 加倫河（Garonne）是歐洲西南部一條大河，流經法國和西班牙，是法國五大河流之一。

111. 佩格河與德維茲河相接之後，於城牆外的聖安德魯大教堂（Cathédrale St-André de Bordeaux）西北方向分流。

112. 浮雕的女性是 Divona 女神，是高盧羅馬人的神聖泉源女神，Devèze 河的名字源自於此，男性雕像則代表 Peugue 河，Peugue 源自拉丁文的 pelagus 一字，意指從河流溢出的水，或海水。男女浮雕合抱的水瓶溢出水來，象徵 Devèze 與 Peugue 兩條河在此處地底下匯流，注入加倫河。

113. 綜藝戲院（cinéma des Variétés）、加利亞皇宮戲院（cinéma du Gallia-Palace）、柯莫亞克戲院（cinéma du Comoeac），以及 ABC 戲院（cinéma de l'ABC）。

所困擾。他堆疊了最瘋狂的計畫來賺錢。他徹夜通宵地寫作，死在工作上。他在完成稿件及償還資助者的急迫性中受盡折磨……。我的法文課堂上從來沒有提及關於作家經濟困境的隻字片語，如果有人確實曾經透過一句話教過我，一本書的存在之初是手稿的形式、塗改的紙張，以及不確定的計畫和確定的焦慮，那麼算我自己沒記住這些訊息。同樣地，我相信有些蔬菜是生長在盒子裡——就像我相信文本是直接出現在書本裡一樣。

我以自己可能在接納一則科幻故事時所採用的方式，聽了安德列 · 沃姆塞（André Wurmser）[114] 關於巴爾札克的生平所做的一場演講。我不會將任何的現實性賦予在這位表情嚴肅而自以為是的演講者對聽眾所說的那些荒謬細節上。我宣告巴爾札克徹底精神失常，以便更好地保有我希望它可以長長久久的一種大學生狀態所具有的天真。在西南部的俚語中，一文不值的錢幣被我們稱為「阿卡雄幣」（sou d'Arcachon）。這是否來自以貝殼當錢幣的意像？我不知道，但是阿卡雄幣是我唯一的貨幣。我不想為了進入嚴肅的商業關係而改變這一點。我執意使用阿卡雄錢幣，並且如果人們堅持的話，我就開立一張可以用加倫河的霧來支付的支票。

---

114. 安德列 · 沃姆塞（André Wurmser, 1899-1984），法國作家、記者。也以 Casimir Lecomte 的筆名寫作。

我的課沒有馬上開始。我到巴斯德大道的文學院轉一轉，詢問開課時間。有段時期，學院教授會把開課名稱、日期和時段公告在他們住處的門口。也許對於某些教授，尤其是守舊人士而言，情況一直都是如此。我不太熟悉這城市，也不知道我的老師們和這項傳統的關連，便不太可能挨家挨戶去尋找貼在門口的公告……。對所有老師都切身的，就是大學的開學典禮。典禮在歌劇院舉行，所有教職人員身穿長袍出席，我的房東跟我說那會是一場非常有看頭的場面。文學與科學院是一座「大學宮」。寬大的階梯，三角楣，大理石大廳，建築莊嚴雄偉。在宮裡上課的想法令我印象深刻，儘管有一件我應該會想抹去的意外：事實上，我與知識宮的第一次接觸是痛苦的。我的註冊進行得並不順利。那時正值午後，大約快兩點鐘。辦公室還沒有開門。我和一群準備申請的學生待在那裡。我們在秘書室門口等候。每個人手上都拿著資料。一聲尖叫和身體撞到門的聲響打破了寂靜。有位年輕人口吐白沫，倒在地上掙扎。他發出令人窒息的聲音。一名女學生低聲地說：「羊癲瘋」。她身穿白色襯衫，灰色裙子和深綠色的 V 領套衫。這女孩帶著馮絲瓦茲 · 莎岡（Françoise Sagan）的氣質[115]，讓我立即對她產生好感。癲癇

---

115. 馮絲瓦茲 · 莎岡（Françoise Sagan , 1935-2004），法國知名女性小說家、劇作家、編輯。莎岡以具有強烈浪漫主題的作品聞名，涉及富裕和幻滅的資產階級。最

病患繼續用腦袋撞著大理石。我們將註冊資料抱在胸前，在他身旁圍成一圈。我們一動也不動。沒人幫助他。每個人僵硬地緊抓著表格。等待秘書室開門的大廳中央，有一座米歇爾・德・蒙田[116]的紀念碑，他躺臥的雕像被鐵柵欄圍著。我們向著他的大理石臥像後退，在他的永恆裡尋求保護。肉身和流涎、絕望和喊叫的臥像則讓眾人害怕。最後，年輕女孩掙脫了僵化我們的魔咒，她跑去叫警察。不久一輛救護車來了。

令我最難受的，是我們的懦弱，我的懦弱，我蜷縮在自己身上的方式。所有人都一樣；除了她以外，身穿綠色 V 領套衫的年輕女孩。我暗忖是否能再見到她，是否她會跟我註冊一樣的課程：哲學史的和邏輯學的證書。我十分欣賞她果敢的精神。必須說我也很喜歡 V 領套衫，能讓感情流淌，我認為就服裝設計而言，V 領剛好和聖布朗迪妮學校（cours Sainte-Blandine）學生的圓領制服形成對比。這些我覬覦的深 V 柔軟羊毛套衫，串通慾望成為同謀。把罩衫直接套在皮膚上更是如此。在阿卡雄中學的最後一年，班上有一個女同學的大膽行徑嚇壞了我，她不只是直接穿上套衫，而且背面是敞開的 V 領。我注意到大部分的課程都在晨間很早就開始，

有名的著作是她的第一本小說《悲傷你好》（*Bonjour Tristesse*, 1954），寫於十九歲。

116. 米歇爾・德・蒙田（Michel de Montaigne, 1533-1592），法國哲學家，活躍於法國文藝復興時期，以三卷《隨筆集》聞名後世。

一想到我未來的生活將完全獻給哲學、羊毛的柔軟、無法解釋的荒唐，以及身為獎助生的獨立，我再次踏上聖凱薩琳街。這應該是全世界最長的街道吧，我想。我前往法國女士（Les Dames de France）百貨公司這棟高雅的美麗宮殿，幫自己買了一件珊瑚色的 V 領套衫。對我而言，這結束了羊毛扎刺的痛苦。我想到舅媽愛洛蒂，正編織著她那些沒完沒了的羊毛襪衫。我的套衫輕盈柔軟。為了慶祝此事，我到四姊妹酒吧點了一杯白酒來結束這個日子。

我感受到男人落在我身上的目光，看著我珊瑚色的上半身，我的臉頰如火焰燃燒，不只是因為白酒的緣故。

哲學學士文憑包含四份證書。我先從哲學史和邏輯學開始，還剩下心理學和倫理學。我根據均衡原則來選課。一堂滿心期待的課，以及一堂毫無期待的課。不過總體而言，我充滿期盼。我期待某種介於奇觀和形上學啟發之間的東西。我在文科預備班就讀時，在那恐怖的一年當中，我的思考之室（chambre de pensée）成了廢墟，現在則重獲新生。因此在霍格（Rogue）教授早上第一堂哲學史的課程裡，我滿懷希望。有一刻我相信自己絕不會失望。那是一個下雨天，學生都提早抵達教室，或許因為是第一堂課。

我們是個小團體，在微光中，大家一動也不動，相當乖巧地等待著。我坐在第一排，裹著絨毛大衣，讓我有點睏乏。

全場只聽得到細小的聲響：打開和關上書包，放置筆記本，偶而物品掉落，還有鉛筆或雨傘的微弱聲音。一些低聲細語壓抑聲量，強化了大事臨頭的預感：我的思考之室立刻恢復活力。我捂著膝蓋，甩落雨傘上的水滴。門的另一端傳來腳步聲。首先進門的是庶務人員（appariteur）。他又矮又胖。磚紅色的臉龐。身穿一件黑夾克，腹部上面有一條鍊子，刻著文學院的徽章。他突然打開門並且開燈。突如其來的燈光帶有某種猛烈，對教授而言似乎也是如此。教授來了，雙眼炯炯有神，好像不太高興有人讓他離開了他的研究室。我們全體起立。教授向前一步。他駝背，步履蹣跚。身形削瘦，舉止嚴肅，他滿是皺紋的臉龐和同樣明顯的疤痕，使他的模樣看起來更加嚴格。教授的容貌令人畏懼，我後悔自己坐在第一排。庶務人員攙扶教授的手臂協助他登上講臺，然後輕輕敲打麥克風，自己試音：「一，二，一，二。」他低聲對教授說話，教授以表示否定的手勢回應。他用下巴對這胖子示意一個方向，胖子走出去了，謙遜地一再彎下身子。當教授將自己安頓好並且把講義攤開──一些泛黃象牙色的羊皮紙文稿，邊緣碎裂──他儼然變成另外一個人。教授察看了麥克風，把它推到右邊，清了清喉嚨，擤一擤鼻涕，用力地說：「尊敬的先生們」，我們全體男女在位子上坐了下來。這門課是關於格奧爾格・威廉・弗里德里希・黑格爾（Georg Wilhelm Friedrich Hegel）的哲學史。光是唸完黑格爾

的全名，這位老先生已經奇特地恢復活力，似乎獲得額外的能量。接著他要我們先抄下一份書目作為課堂的開始。

「我省略所有的闡釋（他遠遠吐了一口），首先，因為如果我接下來要講這麼多負面的評價，對我而言是一件很煩的事情。其次，因為這對你們的心智能力是一個很有趣的練習機會，你們可以嘗試在你們的判斷中建立一套高低刻度，畫一條弧線，從最不糟糕的到最貧乏的。這堆舊書整體來講都是沒用的，然而並非所有研究都一樣糟。關於那些外文書目，大部分是德文，不說，你們應該明白，但說出來你們會更清楚，那就是我完全不會翻譯它們。

德文是足堪典範的哲學語言，你們當中德文不好的人，最好馬上離開演講廳。我可不想要對德文一竅不通的學生傳授格奧爾格‧威廉‧弗里德里希‧黑格爾。我下課一會兒，敵視德國的人，你們可以把握機會離開，我不介意在空無一人的演講廳裡講課，勝過有人在這裡誤解。」

他繼續唸了幾句德文，在中學階段我沒有學這個語言。我環顧四週，看看有沒有人離開。結果沒人移動。大家和我一樣，在無法理解當中賴著不肯走。我瞥見註冊當天那位年輕女孩和我坐在同一排。

「我開始唸了。請記下來，全部。」教授迅速唸出一份書單。沒有評論，按照承諾。我盡可能抄錄下來。

一邊唸，教授也越唸越有精神。他的氣色黯淡，臉色蒼白，頭髮稀疏而僵硬，像是油膩的燈芯垂在額頭上，然而老霍格教授活力充沛。他時而講得非常非常快，時而有一點快，我們奮筆疾書試著跟上他。當進入快板／急板的速度[117]，配上鞋跟的伴奏，座位上傳出嘆氣聲。不幸的學生們思路已中斷。他們拼命抓住部分的書名，以及名字的音節。課堂的最後半小時，既然我們已被打敗，筆記攤在我們面前毫無血色，教授開始討論關於博學的問題。我們非常遲鈍地仍在專心致志正確謄寫，他則聲稱，他毫不尊重那些可能只會重複他人的弱智者。他不需要鸚鵡。「先生們，所以我告訴你們，作為結論以及讓你們思考：博學在於認識一堆無用的事物，也就是那些本身沒有價值也沒有利益的事物，除了可以從中獲得知識之外。哲學家靠自己來進行思考，無法達到這種精神（*Geist*）自主性高度的人，最好去別的地方上吊。」他露出一抹輕蔑的微笑，我們那癱坐在木板椅上的年輕身軀，以一種察覺不出的消沉回應。

把我那份無用的博學清書單妥善收到我黃黑雙色的背包深處（那是一個在我看來頗適合承載智者之言的希臘背包），我走向附近書店逛逛。我在哲學專區閒晃，然而我一點都不

---

117. 「快板」（Allegro）是急速的樂章或樂曲，但相對於急板，只是中等的速度。快板每分鐘的拍數是 102-168 bpm。「急板」（Presto）更快，每分鐘的拍數是 168-200 bpm。

想購買清單上的任何一本書，而是藉由挑選文具來安慰自己。彩色筆，一些筆記本，各種顏色活頁紙的資料夾，一本與我掌心大小相仿的通訊錄，可寫下我未來朋友的名字。我買筆記本，因為我對它們情有獨鍾。事實上在我的精神裡（也就是說在我的 *Geist* 裡）[118]，筆記本屬於高中的哲學時代，屬於一個同學彼此認識的小班級，而資料夾及它們的活頁紙則是為了大學教育所設計的，是為了能夠徹底打破筆記本那種小心翼翼的進展方式的一場精神冒險而設計的。我還買了一包栗子，隨後前往佩貝朗廣場（place Pey-Berland）旁邊的一間小咖啡館，黃色咖啡（Café Jaune），就在波爾多拉丁區的正中央。咖啡館內滿是學生和卡布桑農產品市場的商人[119]。我溜到吧臺前，置身於牆壁和兩個快活的傢伙中間：「你想像一下，說這句話的時候，他嘴裡吐出一顆牙齒到桌上。」我立刻覺得他講的是我們的教授。一種非常不舒服的感覺。

另一位則談到他的妻子造成的床鋪問題。一天好幾回，她讓自己以全身的重量倒上床看電視。她最後把床壓斷了。

她也吐了那張床？

兩人捧腹大笑。

在瘋狂的笑聲中，他們注意到我。這兩位老兄請我喝一

---

118. 作者此處的「精神」都使用 *Geist* 這個德文字，為黑格爾哲學理論的重要關鍵字。
119. 農產品市場指的是 marché des Capucins，位於波爾多的卡布桑廣場（place des Capucins），為波爾多最大的市場。

杯。我則回請他們吃栗子。

「小姐，您是做什麼的？

——我是學生；

——妳讀什麼的？

——哲學。」

他們再次瘋狂大笑。

這一日我來到了聖米歇爾教堂（église Saint-Michel）探險。我在資料夾的一張紙上記下了永久的教區神父和副神父名單，對照於那張永久的評論者單。神父們也許會友善地幫我向那些評論者說情，以便擦亮我的理解力。我記下了皮耶 · 德 · 布列塔尼亞（Pierre de Bretagne），艾里 · 德 · 拉巴圖（Elie de Labatut），紀堯姆 · 德 · 拉桑（Guillaume de Larsan），雅克 · 布宏雪（Jacques Bronchet），安塞爾姆 · 列昂納爾 · 杜比（Anselme Léonard Duby），尚 · 夏曼（Jean Chaumin），尚 · 德 · 拉宏德（Jean de la Ronde）……

接下來的那堂課，我放棄了第一排座位。我讓黑格爾教授在那裡盡情地咳痰，我則是盡可能遠遠地坐在演講廳最高處。課程儀式的開場如出一轍。庶務人員來了，腰間掛著一條鍊子，通報教授的到來。他有一種小販叫賣的熱情，兼具十足的謙遜。教授抵達了，和上個星期一樣虛弱，蹣跚，一

樣不好惹。當他開口說「尊敬的先生們」，他重新恢復元氣，接著開始講課。我呢，我開始認真地抽離。這不再只是讓一個標題有所殘缺、落掉幾個音節的瑣事，而是更為嚴重。在我的溺水般的狀態中，我以絕望者的姿態緊抓著講課內容的片片斷斷，它們一氣呵成，沒有任何停頓：

「哲學史展現在我們面前的是一連串高貴的靈魂，是思考的理性（la raison qui pense）的英雄的長廊，藉由理性，這些英雄得以穿透到事物、自然、精神的本質中，穿透到上帝的本質中，並且為我們精心製作至高無上的寶藏，也就是理性知識的寶藏。哲學史的事件和行為是，由於一種類型，使它們的內容（Inhalt）和價值（Gehalt）截然不同於人格與個體性質，並且甚至當人們越不能將這個歷史中的產物歸因於特殊個體，以及越不能將這些產物的成就歸在這個體身上時，它們就越加精湛，當這些產物所更加仰賴的，相反於自由思想，而是人作為人的普遍性值，這個不具特殊性的思想甚至就是生產的主體時，它們就更加精湛……」現在，他清清楚楚地說，目光並沒有特別看著任何一個人：「哲學的內容，並不是由激情和命運的外在行動與事件所構成，而是由思想所構成。意見是一種主觀的再現，是我這樣想而另一個人可以那樣想的某個、隨心所欲的理念。一個意見是屬於我的；它並不是自在或自為的理念。然而哲學不包含意見；哲學的意見並不存在。哲學是真理的客觀科學，是真理的必然

性知識。是全面的認識，沒有意見，也沒有摻入意見攪和。我們可以事先清楚地看到，要揭露整部哲學史，一個學期的時間實在太短了，這個心靈的工作涵蓋好幾千年。因此必須自我限制。我很痛苦地不得不這麼說，然而事實正是如此。在這個思考的理性的英雄系列裡，我們只能學到當中的極少數。」[120]

教授收攏分散的筆記。庶務人員袖子一甩，在他身後拂去灰塵。

我坐在最後一排，原本我可以在課程結束時先行離開。但我沒有這麼做，在第二堂課，就像在之後的課程一樣，我留到了最後一刻。有一種催眠的效果存在。我從遠處觀察教授，他高大的身影彎著腰看著筆記，以幾近兇狂的熱忱說話。

上了一節又一節課，我的迷惘有增無減，我比從前更加迷失在晦澀不明的風景裡，迷失在連續不斷的反常句子。然而，看到我一大早就匆匆穿過仍然漆黑的街道，幾乎是背著希臘書包一路奔跑，別人會以為我刻不容緩，迫不及待想要上學。我是迫不及待；不過當然不是為了學習。或者我是在不知不覺的情況下學習。也許這能夠解釋我前幾個禮拜的寧

---

120. 這一段有幾個單字彼此要釐清：pensée（思想、思考）；idée（理念／想法）；opinion（意見）；raison（理性）。

靜泰然。成為一位哲學家並不要求積極的存在，只要人在那裡並且做記錄就夠了。然而應該記錄什麼呢？

　　在晨霧裡商家拿著水桶清洗人行道，雜貨店將水果和蔬菜的貨攤擺出。柳橙閃爍著獨特的光芒。巴斯德大道甦醒了。我急急忙忙踏上文學院的臺階，向米歇爾‧德‧蒙田的側面行個禮，然後推開演講大廳半開的門，這大廳還沈潛在夜裡。我認出幾個背影。大部分是男生。沒有輕聲低語，一個個的身影，不發一語。

　　走廊傳出柺杖聲。教授霸道的嗓音，以及庶務人員謙遜順從、幾乎聽不見的聲音。開燈，清嗓子，微微咳痰，敲打麥克風：「尊敬的先生們」。每個人都俯身在筆記本上。有的人為了給自己一種聽懂而理解的幻覺，不停用螢光筆或者把字詞圈起來劃重點：*Dieseunbestimmteleereerschöpftaberdenbegriffderfreiheitnichtdennsieistnureinnegativesmomenteineanstraktionvonetwasabereinmenschdervordemfeindfliehtihnnegirtbedingtistalsonichtunbedingt*[121]，教授只講一次。我處在心智被碾碎的狀態，但這並不干擾我。

---

121. 作者的原文將教授這段話的所有德文字連在一起書寫，單字之間沒有分隔，名詞第一個字母也沒有大寫，以表示哲學教授說話的速度和同學做筆記的忙碌，不容間歇。內容大意是：「這個不確定的空無並沒有窮盡自由的概念因為它只是一個否定的特徵一個某種的抽象然而一個避開對手的人是有條件而非無條件地拒絕此對手」。

我總是變成同一種催眠術的獵物，有時我會經歷比完全無法理解更殘酷的事。我一開始不明白，以為自己成了思考的理性的女英雄。在意義的明晰中逐步提升，那真是美好。我也做筆記，以螢光筆劃重點，亦步亦趨追隨講臺上這個駭人怪物的精神（Geist）。然後帕嚓一聲！「但是，普遍（le général）本身就包含它的決定性，而理念在它本身是多樣性的絕對統一，就是由此處，一個真正哲學的命題開始了；就是在這裡，那種其認識還不是哲學的意識後退了，說它不理解。」

離開教室時，看到的是這黑暗日子的大白天。我在阿卡雄離開哲學課的時候，會將自己投射在智慧展開的巨翅之上。在這裡呢，虛空。無影無蹤。沒有絲毫的興奮。上星期我什麼都沒聽懂；這星期呢？同上。我還是在資料夾的彩色活頁紙上寫下一大堆字詞。在惡劣日子裡，這是令人安心的事。根據切薩雷・帕韋斯（Cesare Pavese）的書名《工作疲勞》（*Travailler fatigue*）[122]，如果他說的是真的，那麼無聊本身也是非常疲累的。無聊令人精疲力盡。很早以前我已經明白這種疲倦，所以我得以倖免。我不會因為自己無法理解而感到無聊。我將自己的狀態視為暫時性的。深信因著自己的堅韌

---

122. 切薩雷・帕韋斯（Cesare Pavese, 1908-1950），義大利詩人，小說家，文學評論家和翻譯家。20 世紀最重要的義大利詩人之一。《工作疲勞》（*Travailler fatigue*）是他於 1936 年出版的詩集。

不拔，並以某種友善的態度忍受晦澀的不解，覆蓋在論述上的薄紗終究能被扯破。我相信有朝一日霍格教授會下定決心把話講清楚說明白。我因而重獲出發的熱忱：與神奇的力量接觸：一種能夠斥退死亡的言說，因為它在我們的身體和威脅要摧毀身體的暴力之間，引進了反思的量體，也因為活躍在其思考之室的這個思考的主體是無懈可擊的。

聖多瑪（Saint Thomas）將邏輯定義為：「一種引導理性行為的藝術，也就是藉由它，人們得以在理性的行為中有秩序、有能力並且無誤地前進。」邏輯課完全毀了我。哲學史所開啟的毀滅，由邏輯來完成。

其他學生呢，他們理解。他們闔上筆記本和資料夾的俐落收尾聲響，沒有透露任何苦惱的信號。他們的服裝也是俐落而具決定性的（conclusifs）：女生穿著套裝，男生穿著暗色西裝，所有人都穿著米色防水外套。在他們相互交談的某些場合中，他們的得體，讓我更加確定這些人無法共享此種怪異：平靜地坐著，眼神失去光彩，頭腦打結，同時聆聽某人用一種語言表達想法：因為它是哲學語言，所以和你的語言沒有任何關連。

然而，在這些身影當中，有幾對情侶形成了。不多，畢竟女孩子很少。已訂婚的學生們不再孤獨前行（開始和一個女孩外出，很快就意味著訂婚和結婚），而是成雙成對行

走在哲學之路。他們的機會翻倍了。這些情侶是乖巧的。從一些小動作可以看出他們的親密性。首先在課堂上和圖書館裡，他們會自動坐在一起。其次，在大學餐廳內，會把托盤放在對方面前。還沒有脫單的女孩在大學餐廳吃完晚餐之後，波爾多的街道對她們而言就是沙漠。我迅速地走遍這些街道，我的步伐聲令自己氣惱。有時我會覺得身後被一種陌生的存在緊跟著。空盪的街，被歲月燻黑的牆，木窗緊閉的建築物門面。

我在文科預備班就讀的幽暗時光，曾帶給我一種沉浸在中世紀裡的效應。然而在歷經寄宿學校的監獄之後，我發現中世紀延續到大學裡了，我發現新生活帶來的激勵，主要是在於擁有自己的房間、能夠自由運用時間，以及經濟獨立的喜悅。至於知識生活，至於上大學將會帶給自己什麼，我徒勞地等待著這方面的真理（la Lumière）。

在房間藍色的牆上，我把梵谷的《臥室》複製品 [123] 固定在蝴蝶圖案之間。這是第一幅令我感到震撼的藝術作品。它讓我想要不停地注視，永永遠遠坐在它面前。我仔細觀看這幅畫，會出現藍色、綠色的細微差別，還有些從來沒看過的細節。我聆聽馮絲瓦茲・哈蒂（Françoise Hardy） [124] 的歌，

---

123. 梵谷在 1888 年 11 月和 1889 年夏天之間創作了三幅相似的《在亞爾的臥室》畫作（法語：La chambre à coucher; 荷蘭語：Slaapkamer te Arles）。

124. 馮絲瓦茲・哈蒂（Françoise Hardy, 1944- ），法國創作型歌手，出道以來一直是法國流行音樂的重要人物，一共發行三十多張專輯，跨越五十多年的職業生涯，

報紙說她是首位穿長褲在臺上表演的女歌手。《所有和我同年的男孩和女孩》（Tous les garçons et les filles de mon âge）是我崇拜的歌曲。「所有和我同年的男孩和女孩，清楚地知道什麼是兩人世界……是的，然而我，孤獨前行……」。我放棄了《精神現象學》[125]，重新播放唱片。那段命定般讓幸福（heureux）與兩人（deux）二字押韻的老調再度響起，我才剛感到一絲惱怒時，緊接而來的「是的，然而我…」馬上使我充滿喜悅。一種自相矛盾的喜悅，畢竟整首歌，歌詞，音樂，甚至馮絲瓦茲・哈蒂的嗓音，都傾向憂鬱。這類歌曲本身已經很悲傷了，你必須聽這種歌才會變得更悲傷，荒涼，毀滅，消沉，癱瘓。「是的，然而對我而言」，這首歌的效果正好相反。我聽到歌曲裡有某種東西，像是我的理想的音樂形式。是一種既柔和又出奇堅定的孤獨。是秋日氣息及令我愉悅的輕拂所帶來的性感及動人的孤獨。它跟大圍巾、長髮，還有紅色褲襪和靴子，消逝的時光、裸身躺在床上，聆聽雨聲，以及馮絲瓦茲・哈蒂，安・希樂薇斯特（Anne Sylvestre）和芭芭拉（Barbara）的歌聲[126]很搭。我沖泡

被視為法國國寶級歌手之一。

125. 《精神現象學》（*La Phénoménologie de l'esprit*, 德文原文為 *Phänomenologie des Geistes*），德國哲學家黑格爾 1807 年的著作。

126. 安・希樂薇斯特（Anne Sylvestre,1934-2020），法國創作型歌手。芭芭拉（Barbara,1930-1997）本名 Monique Andrée Serf，法國傳奇歌后，絕代風華。她的專輯曾創下十二小時內銷售出一百萬張的紀錄。

了茶，穿上睡袍，走去敲鄰居的門，來自馬提尼克島的艾蕾特（Arlette）。

「妳進展得如何？」她比出一堆書本的樣子。「我永遠都無法理解哲學」。

——我相信我理解了。而當我很幸運能夠理解時，我不知道這將帶來什麼。我不曉得問題是什麼、對誰而言是問題。

——妳應該擔心這個嗎？也許不該。也許這正是我犯錯的地方。我也許應該學習就好了，不要問自己問題。不過，只學習卻不理解，這不是太強，就是徹底的白癡。

她向我敘述她的未來計畫，還有醫生這個行業在世界各地、尤其在她家鄉的重要性。她勤奮向學，在嚴峻刻苦的學年盡頭，在隧道的終點，她卻瞥見了一份職業，一個人生的目標：治癒。

——女醫師，很少見。比起男醫師，女醫師向來不多。或是比起女護士……

她自豪地微笑，然後說了討我歡心的話：「但她們還是比女哲學家人數來得多。

——妳看……有西蒙 · 韋伊（Simone Weil）、西蒙 · 波娃。

——很可惜妳不叫西蒙。

——只有兩個人，又不是很多人！但是如果換做女作曲家，那麼……沒有半個人！我暗自思量為什麼。是抽象的問

題，還是缺乏寧靜？在廚房，在市場，女性身旁太多噪音了，她們缺乏內心的寧靜以創造自己的音樂。

——這個國家是多麼地寒冷！自從我離開馬提尼克島以來，我感覺自己住在地窖裡。沒有任何東西能讓我覺得溫暖。

——艾蕾特，現在不過十月底而已。氣候宜人。」

我把窗戶打開。

「我求求妳，妳會讓我冷死。沒關係，我們是先驅。」

她回頭去看她的醫學講義。

我羨慕她。我也想回去看我的書，重新建設中斷的思考之室，然而我已經沒有材料，沒有計畫。如何跟隨高貴靈魂的腳步，如何穿入思考的理性的英雄長廊？……芭芭拉以她魅惑的聲音歌唱著：「南特下著雨，把你的手給我……」[127] 我將哲學遺忘。急忙穿上衣。快點，靴子，披風，傘。我出門了。在街道上，形單影隻，與自己一起。

突間然我興高采烈，沒有對象，沒有方向。很激昂的興高采烈，雖然亢奮的原因不過如此：經過一年住宿生活之後，發現雖然此刻應該是寄宿生和被監禁者的門禁時間，但是自己卻還能夠留在外面，著實令人開心。當時我們在宵禁的時間裡只能在牆壁之間看到片面的天空，甚至什麼都看不見。在幽暗的街道上，我沿著聖凱薩琳街行走，或是穿越巴斯德

---

127. 出自芭芭拉創作的歌曲《南特》（Nantes）。1963 年完成，1964 年錄製。

大道，攀登而上，我很想跳舞，一種露天開放夜晚式的歡騰。
踏入過於空盪的街道所引發的恐懼，也成了愉悅的一部分。

　　我喜愛波爾多的街道，但我無法說明原因，也沒有辦法
將它們放在一個全面視野中看待，甚至約略如此也做不到。
這個城市對我的內心風景是新穎的，雖然不是整座城市皆如
此。房屋的排列上呈現出一種聯繫，這些房子在大城市的背
景下顯得渺小，令我想到阿卡雄海灣附近牡蠣養殖業者的小
屋子。這個聯繫也透過平坦的地形呈現出來：這種水平線的
力量。從鳥島的沙岸到圖爾尼巷子[128]，這股力量繼續展現著。

　　我沒有向艾蕾特提起，因為光是提到哲學史的課程，一
種不會跟意見的主觀性混淆的純粹精神之無可取代的進展，
便足夠講述我的不幸了。在我擱淺的劇情裡，如果想要詳盡
描述的話，我應該也要，或是應該首先要說說我的邏輯學課
程。傳授黑格爾的教授距離我如此遙遠，我只是被忽視而已，
他的時間刻度是以千年為單位，我聽課的時段相形之下微不
足道。而邏輯學教授，他擁有一種精確施展於聽眾身上的摧
毀精神。他上臺的唯一方式令人戰慄。邏輯學教授年輕，清
瘦，抬頭挺胸，他靠近聽眾就像鬥牛士靠近他的公牛一樣。
繞場一周後，他瞬間在黑板寫滿了公式。很快地，黑板沒有

---

128. 鳥島（Ile aux oiseaux）位於阿卡雄灣的中心，圖爾尼巷（allées de Tourny）則位
　　在波爾多市中心。

空間了，他必須彎下膝蓋來條列他的公式，身體歪曲，在黑板底下的一角潦草書寫。當他威脅要把黑板上的字擦掉，我們哀求他多留一點時間讓我們寫完。他狀似讓步，卻將板擦晃了幾下，快點！他擦掉了。座位上一片慌亂，抄寫的學生驚慌失措。我們的眼前只留下了幾朵白色的雲彩。

他不只條列公式，有時也開口說話：「演繹推理，由亞里斯多德如此定義的三段論來表達[129]：在推論中被提出的某些事物，只要這些事物是如此，必然能從中導出某個其他的事物，不同於被提出的事物。我們舉一個反例，說明絕不可以犯的錯誤：

「路易十四是人

既然拿破崙是人

所以拿破崙是路易十四。」

為什麼不呢？我覺得這不會太荒謬。

有一天課程結束後，我回教室拿自己遺忘的圍巾。教授還在那裡。他以一種征服的眼神注視著教室。然後他離開講桌，用力踩踏地面幾步，走下講臺。再次登上講臺的時候，教授雙腳併攏跳了上去。他重頭開始。跳！跳！跳！

我不會搞錯：筆記本階段，對應的是見習時期大家互相

---

129. 三段論，例如：1. 如果所有人都是必死的（大前提），2. 並且所有希臘人都是人（小前提），3. 那麼所有希臘人都是必死的（結論）。

認識的小班級。資料夾階段，對應的是大家互不理睬的大型階梯教室。我埋首於一堆活頁紙當中。教授沒有對任何人講話。當學生們閒談，他們以敬語「您」稱呼對方。他們試著保持距離。而且總是坐在同樣的座位上。黑格爾的課程我從一開始便坐在娜塔莉・畢（Nathalie B.）附近，她就是註冊當天悲慘事件的那位年輕女孩，我們中間隔了兩個座位，彼此沒有說過話，然而她的存在讓我感受到某種滿足和安心。每堂課我們都坐在「我們的」位子，這種心照不宣的方式，使得我和她在這片無邊無際的荒謬裡牽繫著一絲意義。我感覺，她接受的教育禁止她先開口說第一句話。我則是因為害羞。一個月下來我們都沒有交談。我反覆練習了好幾遍邀請她一起喝咖啡的句子，然而每次情況都一樣：課程結束了，我看著她把東西收到背包裡，穿上她的麂皮外套，戴上手套⋯⋯然後消失無影。那一日她進來時，手上拿著一本書，靠在她象牙白的皮包上，是西蒙・波娃的《歲月的力量》，接續《端方淑女的回憶錄》出版的書，那一刻我以為自己戰勝了羞澀。這本書將成為我們開展友誼的良機：「您閱讀西蒙・波娃？您覺得如何？她很棒吧？您有時間和我一起到附近的酒吧喝一杯嗎？」哪一間？黃色咖啡，藝術咖啡，媽媽餐廳，學院酒吧，黃耆咖啡？何不去大劇院那裡的四姊妹酒吧？我們會一起決定去哪一間。我雖然沒能成功搭上哲學史的列車，但我認真研究過附近的咖啡館。還有很多我不敢

進去的咖啡館，尤其是卡布桑市場一帶，那裡的擁擠，噪音，商家的直言不諱，以及男人講的笑話，令我望之卻步。不過學校一帶的咖啡館我多少是熟悉的。當然，我很容易將它們納入我的探勘範圍。至於其他的咖啡館，我需要下定真正的決心，例如學院酒吧。

我看著學生神情愉快進入學院酒吧，他們出來的時候看起來更開心，我想：「好，我明天就去，看起來不錯，但是不急於一時」。我經過學院酒吧，透過煙霧瀰漫的窗戶，看見裡面玩桌上足球的人躍動的身影。這些吵雜喧鬧聲，是明天的事，更晚一點的事。在大學裡，我找不到如此熱烈的學生生活氣息。我剛經歷一堂邏輯課的煎熬。我穿越巴斯德大道，進入學院酒吧。約莫晚上快六點時。我體驗到一種橙色及喧嘩的感覺。牆上掛著足球隊和其他英雄的海報。這些橙色、噪音和運動員對我的影響不大。我在角落的位子坐下來。最不明顯的一桌。我選擇坐這一桌，沒有打算馬上離開。感覺所有的目光都落在我身上。我把資料夾放在這張不太穩的桌上，資料夾的筆記按照不同的課程以顏色分類，我嘗試在這裡閱讀。不可能。眼前放一杯酒，會比擺上這些活頁紙好太多了。毫無疑問我應該起身到酒吧去點一杯飲料，不過，這超出我的能力範圍，光是為了鼓起勇氣走進來，我已經耗盡所有的精力，現在，我沒有任何力氣去點一杯酒，也沒有力氣離開。因此，我期待有一位理想的服務生向我走

來。親近，友善，相當自信地向我傳遞一些他的信心以及到處走動的快樂。我再度想起尚‧保羅‧沙特的服務生。沙特的運氣很好。他走進一間咖啡館，一位服務生迅速前來，為他點餐，對他微笑，高聲重複他的點單，就像我在商業咖啡館（Café du Commerce）看到的一樣。在這段時間裡沙特寫作。他不浪費一分一秒。更好的是，服務生的言行舉止還能提供他寫作的素材。啊！我內心祈禱，能夠有一位殷勤的服務生，為我做很多事，希望他動作迅速，認真，親切，太親切，向我彎下身來，向我建議在我目前那種被哲學搞得遲鈍、因害羞而感到恐懼的狀態下所無法明確表達的東西，我不知道，例如是要點舒味思氣泡水（Schweppes），咖啡，開胃酒，還是酒精濃度高的酒。我等候著，雙手交叉放在我的彩色活頁紙上，放在我筆記的註記的註解上方，腦袋一片空白，我等待那位努力想要證明真實性的不真實服務生，那位真的扮演服務生的偽服務生。學院酒吧的常客學生們顯得興致盎然。他們在屬於自己的空間裡，就像在自己家裡一樣。我已經認不出教室裡那些可憐的人，演講廳對他們而言過於巨大。在這裡他們一桌一桌地轉檯，歡笑，互相拍背，用香菸點燃香菸。他們似乎彼此都認識，從桌椅的凌亂可看得出來。他們先在一張桌子坐下來，然後去另一張桌子找朋友。然後再回到原來那張桌子，投入桌上足球賽，拿出撲克牌，報紙，或是聚集在吧臺。最喧嘩的地方就是吧臺。酒保叫做

丹尼（Dany），不斷聽到「丹尼」，「嗨！丹尼！今天都好吧？」「丹尼，給我來一杯……」，「再給我一小杯……」「丹尼。你認識坐在那邊的女人嗎？一位將去看她醫生的女人……」接下來說什麼就聽不見了，被哄堂大笑的聲音掩蓋。我再度聽見的嗓音，是當地的政治人物，也就是夏邦·戴爾馬（Chaban-Delmas）[130] 的聲音，他戰勝了笑聲。夏邦·戴爾馬從 1947 年起擔任波爾多市長，他剛被選為亞基坦納（Aquitaine）[131] 大區的地方發展委員會主席。他宣布說：「我堅信有必要在數量有限的幾個區域大都會的幫助下，平衡首都具威脅性的增長，其中包括波爾多。然而請注意，重點不在於把自己孤立起來」。人們討論著升級，尤其是他的宣布。其中的利弊得失很微妙。或許是矛盾對立的：拒絕首都的支配地位，努力「平衡它」，卻不冒著被棄絕的風險。「尼丹，再來一杯一樣的。」「給我一杯……」直到足球取代了這話題。足球通常是聊天的驅動力，也是夏邦·戴爾馬最喜歡的運動，他的足球水準媲美專業球員。要我談論足球似乎是不

---

130. 雅克·夏邦 - 戴爾馬（Jacques Chaban-Delmas, 1915-2000），擔任過喬治·龐畢度（Georges Pompidou）時期的總理。戴爾馬也曾擔任近五十年的波爾多市長（1947-1995）和吉宏德省的（Gironde）議員（1946-1997）。

131. 亞基坦納（Région Aquitaine）是位於法國西南方的一個昔日的大區，共有多爾多涅省（Dordogne）、吉宏德省（Gironde）、洛特 - 加倫省（Lot-et-Garonne,）、朗德省（Landes）、大西洋庇里牛斯省（Pyrénées-Atlantiques）等行政區。2016 年 1 月 1 日，亞基坦納大區、利穆贊大區（Limousin）、普瓦圖 - 夏宏特大區（Poitou-Charentes）合併成新的亞基坦納大區（Région Nouvelle-Aquitaine），其中波爾多為最大的城市。

可能的。起身離開，才是對我而言最自然的事情。我想要消失無蹤，我做到了。

　　一方面存在著思考的理性英雄長廊，另一方面存在著足球英雄小酒館，我不能讓自己到處不相容。這樣會有完全被人遺忘的風險，只存在於安・希樂薇斯特或芭芭拉所演唱的音樂裡。我覺得自己同時被文學院和學院酒吧拋棄，這太過份了。

　　隔天我再度回到學院酒吧，我直接前往吧臺，因著情緒，我的聲音哽住，有點大聲地說：「丹尼，請你給我一杯咖啡」，我已經無法多吐露一字，但是我戰勝了！聽到我使用「你」來稱呼他，立刻讓丹尼感到困惑：他心想我是不是他在舞會喝醉時和他發生關係的女孩，而他並不記得我是誰。但是當他一看到我的臉，他立刻轉為笑靨。背景是基納・利萊特（Kina Lillet）和皮康（Picon）兩種開胃酒的宣傳海報[132]。我不覺得完全像在自己家裡，但我在學院酒吧裡感覺良好。足球確定不是我的守備範圍，然而我很喜歡桌上足球，丹尼把音樂開到最大聲，不然他自己的笑聲會蓋過音樂。

　　造訪學院酒吧的節奏以及噪音的強度，在週末會逐漸提高，並於週四晚上達到嘈雜和醉意的高峰。週五到週六很多

---

132. Kina Lillet：用白葡萄酒與水果酒混合製成，以奎寧調味。名稱中的 Kina 源於奎寧的主要成分，西班牙人稱基納 - 基納（kina-kina）的樹皮。皮康（Picon）則是一種焦糖色的味苦味酒，作為開胃酒飲用，在法國東部和北部傳統上與啤酒一起飲用。

學生返鄉。週日晚上是一片死寂，到了週一重新恢復生機。

晚間，整夜，喝潘趣酒（punch）[133]，玩 421[134] 和橋牌。突然間，在一群人的叫囂之下，傳出了巴斯克地區的歌曲。混亂中，法國學生聯合會 [135] 的積極份子們聚集開會，預備下一次大會的主題：學生的孤獨。所有人都笑了，包括他們自己。越南呢？你們不討論越南嗎？會，他們會討論，這甚至是唯一讓他們感興趣的事。

學生的孤獨也是，第二順位。

為什麼學生是抑鬱的好對象。

一位足球英雄跳上桌子表演脫衣舞。丹尼在他的吧臺後方笑翻了。

我在想週末是否回阿卡雄一趟。突然間，我很想回家。

還有一回課程結束時，娜塔莉 · 畢悄悄離開了。我還來不及反應。我並不是那麼失望，畢竟在我們未來還有好幾個月。我很高興地回家了。我重讀《歲月的力量》。我和娜塔莉之間因而有了額外的關連，除了坐在隔壁一起吸收窒息的概念長篇大論之外，我們還共享了西蒙 · 波娃的閱讀，我

---

133. 潘趣酒（Punch，源自於印度文 Panch），也可稱為賓治酒、旁治酒。該酒包含了五種元素：烈酒、檸檬、甜味、水、茶和香料。
134. 421 是一種在法國非常流行的骰子遊戲，使用三個骰子和裝有 21 個籌碼的罐子。其簡單的規則和歡快的氣氛，使其成為經典的酒吧遊戲之一。
135. 法國學生聯合會（UNEF, Union nationale des étudiants de France）。

深信她自由的理想。

　　過了一週，在黑格爾的課堂上，娜塔莉・畢缺席了。老霍格教授正以壯闊的形式演說著。即使我完全無法掌握他的話語，也能看出他帶著何等的自信發展他的論述。逐點說明，絲毫不讓我們脫身：「理念是中心同時也是外圍，它是光源，在它所有的擴展中並不離開自身，而是內在於自身存在著。在大自然裡也是如此，樹幹，枝芽，樹葉，花朵，果實的發展皆是如此，每個元素為了自己而出現，然而是內在理念引導並決定了這一系列。」教授屬於永恆的歷史，他在風中騎行，旗幟飄揚，確信理念無懈可擊的進展。隨著他展開辯證，龐大無情的折磨再度聚攏於我們之上。他，這病懨懨的老人，緊緊地裹在他的薄外套裡，恰到好處地口沫橫飛，對我們展現他的人性中那被超越和被維持的起源。教授雙手平放在佈滿塵灰的筆記上，他已經從肉體的偶然性當中超脫。

　　在教授身後牆上的時鐘宣告了課程的結束。他必須做結論了。這就是課程與彌撒、歌劇和戰爭最大的不同。我思索著，我們知道戰爭何時開始，但我們不知道它何時結束。沒有理由。「理念是必然性的系統，是自身必然性的系統，它的必然性也是它的自由。」我們全都抄下來了。教授抬起頭，

以帶著權威的嗓音，沒有準備要接受任何反駁，毫無轉圜地直接說：「我很悲傷地要向你們宣布，你們的同學娜塔莉・畢，她在一場車禍當中過世了。」

這個消息顯得風平浪靜。因為很少人甚至沒有人知道她的名字，只引起少數人的好奇。「娜塔莉・畢，她是誰？」坐在第一排的同學當中，有些男生回過頭來。我可以察覺到理性教授在創立學派。他的話語[136]起了作用。他的話語或黑格爾的話語。都一樣。演講廳裡我看到好幾件又小又薄的西裝。頭髮半長不短，僵直地垂下。現場氣氛嚴肅得可怕。金屬的鏡框後面是鋒利的眼神。它們注視其他學生的方法，帶有某種審訊的意味。我聽見座位上傳來疑問：「是哪一個女生死了？」我很想舉手，大聲喊叫：「我就是那個死掉的女生。」

資料夾闔上，發出它們特有的沉濁雜音，是對於沉默法則的回應。我站在蒙田陵墓的對面，低聲說：「死亡」。我就站在娜塔莉・畢幾個月前說「羊癲瘋」的位置。對於蒙田我一無所知，除了一句話，是他用來解釋自己和埃提安・德・拉博埃提（Etienne de la Boétie）[137]之間熱烈友誼的唯一方式：「因為是我，因為是他」，這句話使我更加哀傷。

---

136. 作者在此特意把這個字大寫：Verbe，具有宗教意涵，神的話語、神的道之意。
137. 埃提安・德・拉博埃提（Etienne de la Boétie, 1530-1563），是蒙田最親密的好友，法國的古典主義者、作家、詩人和政治理論家。《論自甘為奴》（*Discours de la servitude volontaire*）為其最著名的著作。

在阿卡雄，我們位於秋城的第一棟房子裡——我的房間面向戶外一張紅色長凳，還有一片石榴樹，開著與長凳同一種紅色的花——爐子上方有個銜接煙囪的壁爐臺子。我的父母有時候頭部會撞到爐臺的一角。我坐在桌子的末端，在壁爐的左邊。他或她搓揉著自己被撞到的額頭。因為某種巨大的痛，他們在我眼前突然扭曲變形，這痛苦超出了單純的碰撞。他們撞上了自己的沉默，撞上了沉默的監禁[138]。我和父母都是受害者。我低下頭來，格外專注於我的盤子。我能倒退多遠就倒退多遠。我從來沒有詢問過：「你會痛嗎？」我也參與了沉默的法則，我曾受教於它，雖然沒有完全被它影響，不過很大一部分是如此，足以讓我錯過認識娜塔莉・畢的機會，錯過讓她替補索妮雅的位子而不取代她，就像索妮雅替補外祖父的位子而不取代他一樣。

另外有一件事讓我難以接受：教授宣布這個死訊的時候態度很冷漠，這令我感到震驚。他對她不感興趣。不只是因為私人的動機，也因為教授無疑是個不易動感情的人，無論如何他甚至不知道這位在車禍當中過世的女孩是誰。她沒有面孔。我們還沒有時間交論文給教授。對他而言，她是無名小卒，確實如此。然而正由於這些事實，我覺得教授的冷漠

---

138. emmurement 作為一種監禁，字面意義是將人放入牆裡。為中世紀用來指代監禁的詞。也意指把人關在封閉的牢裡直到死亡為止，或是被活活關在密閉的牆壁裡面。

和他對我們說的言辭有部分關連。他被包含在哲學當中，把自己變成不受一位年輕女孩之死所觸動的哲學的媒介。我從教授精彩而難解的課程裡精心收集的大量詞語，終於顯明出一件事：理念的進展並不包括路程中的意外。

我心亂如麻，訝異自己居然會為了一個不認識的人如此混亂。我告訴自己，也許只是為了試圖釐清我所感到的痛苦的劇烈，如果她的死亡帶給我這麼大的衝擊，是因為它重複了我童年時期兩位同學的辭世：瑪麗-歐蒂樂和瑪麗-安·達西，她們在阿卡雄和波爾多之間的路上死於車禍。葬禮彌撒在聖母院教堂舉行，位在大階梯的頂端，我們常常一起爬上去參加聖體瞻禮（Fête-Dieu），以及我們的初領聖體（première communion）儀式。我沒有去參加她們的喪禮，但我聽說與會者都在啜泣，停放在濱海禮拜堂的兩具白色棺材上放置了白色花籃，我們學校的校長和宗教領導，亦即聖布朗迪妮（Sainte-Blandine）學校的主管，在面對瑪麗-歐蒂樂和瑪麗-安這起意外事件無從辯解的慘事時，曾經質疑過天意，尤其她倆如此年輕、美麗、聰明、大方。得知娜塔莉·畢發生意外的時候，我將天意擱置於虛晃的花招之列，她的死亡是不公正的，讓我無法與上帝之手和解。我遠離了神蹟和奇蹟的世界，但是教授在哲學上的中立，以及我內心因此引發的憤怒，讓我意識到自己並沒有以任何事物取代天意的

統治。理性的統治則讓我感到無助。

我開始實踐沉默的法則，它可以有不同甚至對立的形式。以完美的理性方法和運用複雜詞彙的哲學，變成一個啞口無言的人，閉口不談情感的衝動和它的虛弱，閉口不談讓人怦然心動的事物。直到有一天突然間，在一場意外裡、在一場疾病緩慢的折磨裡，或是透過一個劊子手的舉動，心跳停止了。這無須等待數千年。學院演講廳裡向我展開的哲學，已強化了沉默的法則。

頃刻間我對於蘇格拉底死亡的場面有了不同的解讀。蘇格拉底面對死亡的從容，劊子手讓他飲下毒酒的前幾個小時，他平靜得不可思議，這些曾經讓我感到崇高之處，現在則引起我的憤慨。我重讀《斐多篇》：「於是我們進去，我們發現剛被鬆綁的蘇格拉底以及贊希佩（Xanthippe）[139]（你認識她），她坐在他身邊，懷裡抱著他們的小孩。當贊希佩看到我們時，她放聲大哭，並且說了這類女人常說的話：『蘇格拉底，這是最後一次你的朋友與你說話，以及你和這些人說話了！』蘇格拉底看著克里同（Criton）說：『克里同，把她帶回家！』當克里同的人帶她走時，她大聲尖叫，捶胸慟哭。」我覺得自己和她一起被強行帶走了，淚流滿面。面對這樣極端殘酷的事，她激動地說不出話來：最後一次和所

---

139. 贊希佩（Xanthippe），蘇格拉底之妻。

愛的人見面，而他即將死去。贊希佩喊叫，因痛苦而瘋狂，精神錯亂。她離去後，對談可以進行了。蘇格拉底定下基調，他的枷鎖剛被摘除，雙腿仍然疼痛。他用手按摩著腿，血液循環逐漸恢復正常，不適感消退，愜意感增強：「諸位，人們所謂的快樂是一件多麼奇怪的事；本性將快樂與看似和它相反的痛苦，放在一個奇特的關係上」。對於贊希佩的離去他隻字未提，這是蘇格拉底最後一次見到她，他甚至沒有直接和她說話。人們不會對一個不明智的女人說明智的話。取而代之的是，他分析快樂和痛苦之間的關係，以導向這個可悲的概念：快樂只是痛苦的終止。我心想，多麼悲慘，我感到既生氣又鄙夷。哲學論述：是一種封口物形式的紀念碑。

　　我的父母沉默不語。他們的沉默無關乎在自我缺席的背景下由哲學傳統所實現的學術框架。他們的緘默攸關的是家庭的傳統。此外，他們倆人的沉默各有不同的風格模式。父親是在徹底沉默的純粹主義模式上。他不訴說自己的感受：他什麼都不說。母親則是在情緒不良的混亂和吵鬧模式上。她不假思索把話丟出來，這就樣。她說出口，然後馬上忘記，就像我們經過一扇門的時候把門關上一樣。（「我有這樣說嗎？而你居然還記得？你有這樣的記憶力是很可怕的。我當下說完那些話就結束了。」）他們有一點是很相似的，兩人都無法說出任何真正有關他們個人的、持久的事情。例如訴

說他們的感情。敢於承認他們在訂婚之後就不再相愛了。我是他們沉默的果實。他們應該要有一個人鼓起勇氣開口，然後另一個人再表現出同樣的勇氣。通過這第一項考驗之後，接著他們應該也要和父母說話。他們不是爭論、交戰、哭泣，不是把事情看得很嚴重，而是沉默不語。他們完成了父母期待自己做的事，按照社會習俗的順序，結婚，生子。我的母親在 1944 年十二月抵達里昂的時候，她打開一間公寓的門，父親顯然還沒有在那間公寓裡睡過覺。他不曾花力氣維護外觀。房間裡沒有家具。沒有床，沒有桌子，一無所有。父親利用任何可能成為臥室的地方，就像車庫之於他的腳踏車。「媽媽，他怎麼對妳解釋？」母親說：「解釋什麼？」——「好吧，這間迎接妻子的公寓是空的，而隔天就是你們的婚禮了……」母親回答：「啊，對！這很奇怪，可是我沒有問他。」我在隔年十月出生了。

　　1964 年十二月，發生能源和交通運輸的罷工，從晚上九點開始整個城市陷入黑暗當中。此時我還在外面。我聽見罷工的宣告，但是我充耳不聞。突然間，所有的燈光熄滅。大部分的餐廳和酒館都打烊了，人們已回到家中。我感覺完全失去了地標。不過我還認得出置身的街區的曲折，因為過去幾週以來，我大幅研究聖凱薩琳街以外的區域——筆直的聖凱薩琳街超過一公里長，並征服了一系列名字被遺忘的蜿蜒街道。然而因著這個非常時期的陰暗，一切對我而言又變得

生疏。我像是墜入了這個不斷重複的夢中：我抵達一個陌生的城市，有人告訴我一個將入住的套房地址。城市的規模和地理不斷變化，可是這個套房總是座落在外圍。我找不到指示的路。但我並不擔心，停下來看著一根草，一塊碎石，或思考遠景。霎時天黑了，毫無預警，我什麼都分不清，也沒有人可以問路……罷工的夜晚讓這個夢突然再度出現。我同樣從無憂無慮轉為煩惱。慣常向我敞開的酒吧窗簾已低垂。然而在這一連串禁閉的店面，我隱約看到一處明亮的營業，一片薄薄發光的招牌：是一間極小的咖啡館，館內整個長度都被白色的小蠟燭美麗地照亮。在最裡面的吧臺前，有一位優雅的年輕男士在閱讀（但因為他的蒼白，其優雅有一種古風之感：他身穿黑色長褲以及絲質背心，手錶閃閃發亮），雙腿在一張紫色天鵝絨的椅子上伸展開來。他沉浸在閱讀裡。這個空間如此寂靜，在燭火當中顫動，讓我聯想到祭壇。這是一間酒吧，儘管如此，我還是猶豫著要進去。我敲了門。一開始我輕輕地叩門，接下來再用力一點。我和賽吉（Serge）立刻對彼此都順眼。我運氣很好，因為如果他不喜歡某個客人，他知道如何在他的寂靜之地注入一種敵意，使入侵者很快想離開。

可想而知沒有熱飲，冷飲的選擇也不多。賽吉在他的冰箱裡尋找。我心想，這個祭壇備有一座冰箱和一個吧臺。我

接著查看這裡的祭壇屬於哪一種宗教。一張巴斯特 · 基頓（Buster Keaton）的《攝影師》（Cameraman）[140] 大幅海報，牆上許多女明星和男明星的照片。它們提供我答案：我在一個電影愛好者的地方。第七藝術就是他的神。這位酒吧侍者同時也是咖啡館的主祭，在吧臺後方的鏡子上寫了一段語錄：一部電影的對白，電影人的宣告，或是從《電影筆記》（Cahiers du Cinéma）[141] 裡擷取的句子。事實上，一切都是出自《電影筆記》，那是他的聖經，他的絕對參考。一個多層架上放置了他的收藏，整排黃色封面的雜誌，這種架子通常是用來放酒瓶的。「看，這不會讓您驚訝嗎？」我呢，我有一杯冷的巧克力和一支吸管，很開心地置身於這些小火焰當中，我周遭是來自好萊塢及電影城 [142] 的美麗，燦爛的笑容、大大的眼睛。「都沒有讓您不喜歡的東西吧？」「完全不會，我覺得和諧、明亮、完美。沒錯，就是完美。」我起身仔細端詳安娜 · 麥蘭妮（Anna Magnani）的臉，這是她在電影《玫瑰

---

140. 《攝影師》是 1928 年由愛德華 · 塞奇威克（Edward Sedgwick）和巴斯特 · 基頓（Buster Keaton）兩人執導的美國默片喜劇片。是基頓與米高梅（Metro-Goldwyn-Mayer）合作的第一部電影。

141. 《電影筆記》，是法國著名的電影雜誌，1951 年由安德烈 · 巴贊（André Bazin）等人創辦，在電影界有重要地位，每年《電影筆記》會評選於法國上映的年度十大最佳影片。曾經擔任雜誌的影評人包括侯麥（Éric Rohmer）、楚浮（François Truffaut）、高達（Jean-Luc Godard）、希維特（Jacques Rivette）、夏布洛（Claude Chabrol）等人，這群人後來亦執導拍攝電影，成為法國電影新浪潮的知名導演。

142. Cinecittà Studios（Cinema City Studios）電影城工作室，是義大利羅馬的一個大型電影工作室。它擁有 40 萬平方公尺的面積，是歐洲最大的電影製片廠之一。

紋身》（La Rose tatouée）[143] 裡的形象，我曾經在阿卡雄的奧林比亞戲院看過這部片，週二優惠票價一法郎的場次。因著這些週二下午的電影場次，無論我同時段在中學裡上的是什麼課，我都沒空去上課。賽吉告訴我他的煩惱：《電影筆記》一個月前更改了尺寸。現在變得更大本了，多出了幾公分，破壞了他收藏品的整齊劃一。

我向他聊到自己觀看《玫瑰紋身》的經驗，我在裡頭感受到的，還有我經常不得不閉上眼睛。我應該要有更好的心理準備，以承受如此的胴體，他們的慾望，他們的汗水，以及安娜・麥蘭妮胸部的特寫鏡頭。我沒有向賽吉承認，當我看到身穿連身裙的安娜・麥蘭妮，幾乎讓我對於自己成功抑制胸部的奇蹟感到遺憾。是的，安娜・麥蘭妮，多麼地肉慾，十足女人味，讓我想要尖叫。還好這只是短暫的動搖，因為英國模特兒崔姬（Twiggy）[144] 最終讓我消除了疑慮，她出現在所有時尚雜誌裡，一個蓄短髮、胸膛像男孩的金髮雌雄同體，她柔軟貼身的羊毛套衫，纖細的雙腳，還有她的雀斑，

---

143. 安娜・麥蘭妮（Anna Magnani, 1908-1973），義大利舞臺劇和電影演員，曾以《玫瑰紋身》（La Rose tatouée, The Rose Tattoo, 1955）這部電影獲得奧斯卡金像獎最佳女主角獎。

144. 崔姬（Twiggy, 1949- ），本名 Lesley Hornby，1966 年於倫敦崛起的一個 16 歲英國模特兒及歌手，纖瘦大眼，男孩風格的短髮，在時尚圈引起一陣旋風，如紙片般瘦弱的身材打破了當時流行的豐腴性感，開創削瘦美學風潮，17 歲即登上無數時尚雜誌封面，被譽為六〇年代的風格代表、時尚指標和超級名模，魅力橫掃國際。

簡直是我美學理想的化身，體現我想要永遠保持少女身材的夢想。

「您也喜歡崔姬嗎？」

「她不得了」，這句話說得如此確信，以至於讓我覺得，安娜 · 麥蘭妮的身體，她那豐腴的臀部，豐滿的胸部，貪婪的微笑，對他而言，既令人讚嘆也讓人有壓力。

桌上放著一份報紙，攤開的頁面是一段伊麗莎白 · 泰勒（Liz Taylor）[145] 的訪問：她全部的告解：「我十分可愛，可是我的腿太短了。我不喜歡自己是個女演員。看完《克麗奧佩脫拉》（Cléopâtre）[146] 之後，它令我作嘔。」在穿越黑暗走回住所的路上，我暗自思量，做一個真正的女人真是不容易。人們在街角點燃一些火光。因著光芒，這座城市在夢幻的美麗當中突然現身。

我在家裡的燈下看著一張崔姬的照片，她身穿長罩衫和條紋鞋：一個讓童年成為不朽的身影：她總是在奔走的腳，她削瘦的肩胛帶著小翅膀，她小鳥一般的外型，張開的嘴，吸收空氣。

---

145. 伊麗莎白 · 泰勒（Elizabeth Taylor, 1932-2011），英國 - 美國知名的演員，華人地區稱之為玉女／玉婆。在其電影生涯裡曾得過兩座奧斯卡最佳女主角獎，先後被金球獎、英國電影學院、和美國電影學會頒發終身成就獎。
146. 《克麗奧佩脫拉》（Cléopâtre）即《埃及豔后》，是 1963 年英國、美國和瑞士合拍的一部史詩歷史電影，取材於埃及皇后克麗奧佩脫拉七世與羅馬共和國之間的故事。由伊麗莎白 · 泰勒主演。

這個到處罷工的夜晚，這個聖誕節前夕的夜晚，對我而言，比起我最美好的聖誕節更為美麗。

我每天都回到這間幽靈咖啡館（Café des Spectres）。我在這裡喝早晨的咖啡，以及隨後每一杯下課時間的咖啡。我才稍微推開門，賽吉便向我問好，立刻為我預備咖啡。他也和我一起喝一杯。我帶了可頌麵包。吧臺是我們共同的桌子。此外，賽吉很容易就可以跑來座位區；不像丹尼只會待在吧臺後方，委託別的服務生跑腿。賽吉個子非常高，很瘦。當他坐在顧客的座位，他的長腿會擋住通道，不過考慮到人流，這並不要緊。

賽吉一早便穿戴整齊，一點也不邋遢。他頭腦很難清醒，需要好幾杯咖啡才能面對新的一天。賽吉的夢想都跟電影有關，當他操作咖啡壺，當他提供啤酒，以及和客人交談，他內心的電影沒有停過，內容大部分取決於他前一晚看了什麼片子，或是《電影雜誌》裡的一張照片。有些電影令他著迷良久。像是《亞特蘭大》（L'Atalante）[147]，讓他成為死忠的追隨者。或是安東尼奧尼的《日蝕》[148]，柏格曼（Bergman）的《沉默》（Le Silence）[149]，路易斯 · 布紐爾

---

147. 《亞特蘭大》（L'Atalante），1934 年尚 · 維果（Jean Vigo）執導的法國電影，也是他生涯的代表作。
148. 《日蝕》（L' Eclisse, l'Eclipse, The Eclipse），1962 年由安東尼奧尼（Michelangelo Antonioni）執導的義大利愛情電影。
149. 《沉默》（Le Silence），1963 年由柏格曼（Ingmar Bergman）執導的瑞典戲劇電影。

（Luis Buñuel）的《泯滅天使》（L'Ange exterminateur）[150]，以及亞倫・何奈（Alain Resnais）的《繆麗兒》（Muriel）[151]。他向我敘述電影的片段，我聽他說，就像聆聽一位遙遠國度歸來的旅人。我陶醉在對這些影片的想像中，也期待觀看它們。他也盡情想像，有些他向我講述的電影他並沒看過。有些是從他的閱讀裡，從他觀看它們的渴望裡建構出來的，他緊緊跟隨影片拍攝的訊息。他端詳著標題為「名家建議」（Le conseil des dix）的頁面，是《電影筆記》裡的十位評論者針對近期上映的電影所給予的評等，包含米歇爾・歐伯希翁（Michel Aubriant），羅伯・貝納永（Robert Benayoun），尚-路易・波希（Jean-Louis Bory），阿爾貝・塞爾沃尼（Albert Cervoni），尚・克列（Jean Collet），尚-路易・寇莫里（Jean-Louis Comolli），米歇爾・德拉哈耶（Michel Delahaye），尚・杜雪（Jean Douchet），尚-安德列・菲埃西（Jean-André Fieschi），尚-呂克・高達（Jean-Luc Godard），皮耶爾・卡斯特（Pierre Kast），尚・納伯尼（Jean Narboni），雅克・希維特（Jacques Rivette），馮斯瓦・維耶爾岡（François Weyergans）⋯⋯零顆星：毋庸麻煩。一顆星：勉強可看，兩顆星：可看，三顆星：絕對必看，四顆星：傑作。

---

150. 《泯滅天使》（L'Ange exterminateur），1962 年由路易・布紐爾（Luis Buñuel）執導的墨西哥電影。

151. 《繆麗兒》（Muriel），1963 年亞倫・何奈（Alain Resnais）執導的法國劇情片。該片是何奈繼《廣島之戀》和《去年在馬倫巴》的第三部長片。

他把評論表影印下來，釘在價目表旁邊的軟木板上。十位影評的建議在一間波爾多的咖啡館裡展示，造成一種突發奇想的效果。幽靈咖啡館的常客佇立在評論表前面，點頭或搖頭，再點一杯飲料，因為大部分的電影他們都不熟，所以另一種更罕見的情況是他們評論了起來：

「喔，天哪……他們對羅伯特 · 侯桑（Robert Hossein）的《黑眼圈》（Les Yeux cernés）[152] 毫不留情……」，或「喔？霍克斯（Hawks）的《男人最喜歡的運動》（Man's Favorite Sport?）[153] 很棒嗎？克列、德拉哈耶、杜雪、菲埃西、卡斯特，都給它四顆星：傑作。應該要去看這部片……」高達的《與眾不同》（Bande à part）[154] 呢？寇莫里、德拉哈耶、菲埃西、希維特、維耶爾岡：給四顆星！高達只給三顆星：絕對必看。而貝納永給了零顆星，他厭惡這部片子。亞蘭 · 傑蘇雅（Alain Jessua）的《顛倒的生活》（La vie à l'envers）[155] 呢？評價普通。沒有超過兩顆星（可看）。我想看《顛倒的

---

152. 《黑眼圈》（Les Yeux cernés）是由羅伯特 · 侯桑（Robert Hossein）執導的 1964 年法國驚悚電影。

153. 《男人最喜歡的運動？》（Man's favorite sport?），1964 年由霍華德 · 霍克斯（Howard Hawks）執導的美國喜劇電影。

154. 《做一些與眾不同的事》（Bande à part）是高達執導的 1964 年法國新浪潮電影。它在北美以「局外人樂園」（Band of outsiders）的名稱發行。它的法語名稱源於短語 faire bande à part，意思是「做一些與眾不同的事情、另立山頭」。

155. 《顛倒的生活》（La vie à l'envers），1964 年由亞蘭 · 傑蘇亞（Alain Jessua）執導的法國電影。

生活》，是因為它的片名。將名家建議的評比張貼出來的舉動很古怪，然而把價目表貼出來也不普遍。很多咖啡館老闆避免這麼做。賽吉將價目表和電影評比釘在同一張看板上，釘上價目表，這樣客人可以直接付錢，無須詢問，釘上影評則是反過來希望引起人們的討論。

　　幽靈咖啡館很狹窄，然而卻具有某種優雅。我覺得應該是一種夜間的優雅，原因是阿爾庫工作室（studios Harcourt）[156] 拍攝的那些美好黑白肖像，以及覆蓋著紫色絲絨的座椅。

　　——賽吉，您這裡真美麗（不是壯麗，像是凡爾賽宮的富麗堂皇，或是四姊妹酒吧的光鮮亮麗，而是小特亞儂宮 [157] 的雅緻）

　　——美麗，但是有點小。這裡很小。

　　——幽靈不會太講究空間。

　　——您說得有道理。他們感興趣的是心靈。在這方面，他們貪得無厭。

　　賽吉規律地在牆上更換公告和照片。多虧他，我得以在學生證之餘還擁有電影院和電影俱樂部的卡片。他根據晚

---

156. 阿爾庫工作室是一家攝影工作室，由 Lacroix 兄弟於 1934 年在巴黎創立。特別聞名於拍攝電影明星和名人的黑白照片。

157. 小特亞儂宮（Le Petit Trianon），位於凡爾賽宮裡的一個新古典主義風格的小城堡，建造於 1762-1768 年路易十五時期。

上的電影場次來安排自己的工作時間。尤其是週二晚上要有空檔去看皇家戲院電影俱樂部的場次。這些場次吸引了一群忠誠的愛好者。每當看完電影後的討論，都讓我很開心，彷彿再次回到我的哲學課一樣，能夠發現新的觀念，感受敞開的世界。皇家戲院跟皇家沒什麼關係。它座落在梅西亞德克（Mériadeck）區裡，並不以豪華而閃耀。通常它會迎來一批又一批亢奮的觀眾，這些人驚恐地尖叫，捧腹大笑，並且為愛情的畫面配上猥褻的聲音。觀眾不介意放聲表態。在這些騷動之間，這些影癡所表現出來的宗教性肅穆應該會給他帶來一種奇怪的效果……然而，即使像俱樂部觀眾那樣敬重電影的程度，對於賽吉而言還是永遠不夠。他外表平靜，卻隨時準備要殺了正在剝糖果吃的不幸觀眾。糖果黏住了，這位女性堅持到底。賽吉的眼裡閃過一道謀殺的凶光，我彷彿看到他起身將一根長釘子插入這位礙事者的喉嚨。

　　經由皇家戲院，我發掘了梅西亞德克這一區。看完電影之後，我們被交付在它低垂的夜幕裡。在這之前，我對這一區的認識僅止於週日早晨逛過幾次的跳蚤市場。但，現在藉由發掘路易斯・布紐爾的世界、它那些兇惡的盲人、神秘的妓女、孤兒、處女、冒險家、流浪狗、餓鬼、假僧侶，我開始揣測。大笑和破壞的狂熱、俯伏拜倒和玷汙糟蹋的狂熱、瘋狂熱愛生命和用生命搞砸一切的狂熱……，我在梅西亞德克的夜裡呼吸這些，同時漫不經心地傾聽人們關於演員

詮釋、特寫鏡頭和劇本改編的討論。梅西亞德克，我透過一些影像的仲介來領會這一區。這些影像並沒有使現實變形。黑暗，殘暴，誕生於法律之外及乏生之地的郊區，這些影像是進入此地最真實也最直接的入口，也通往它破敗的死巷、沒有水電的房子，堆砌雜亂舊物及睡著遠方來的異鄉人的閣樓，梅西亞德克，猶太區，一個脆弱而頹敗的街區，所有國籍的人在這裡找到避難所。西班牙人、阿拉伯人、來自東歐、越過鐵幕的人。夜間的廣場上，粉紅色方尖紀念碑底座的四周被人和狗的尿液侵蝕，市場的物品與被丟棄的東西散亂一地。

在我內心的電影院裡，我的眼前出現了瑪蓮 · 黛德麗（Marlene Dietrich）[158] 或葛麗泰 · 嘉寶（Greta Garbo）[159] 發光的面容，我一邊走一邊踢了一腳，在一盞破燈、一些鞋子、一座留聲機、一只女用的坐浴盆、一些破損的輪胎和一扇老舊的屏風上。但我從未見過一個無家可歸的流浪漢。在梅西亞德克沒有流離失所的人，每個人都以自己的方式擁有一個家。

離開皇家戲院時，我發現一個碎布做成的穆納克娃

---

158. 瑪蓮 · 黛德麗（Marlene Dietrich, 1901-1992），德國演員兼歌手，擁有德國與美國雙重國籍，
159. 葛麗泰 · 嘉寶（Greta Garbo, 1905-1990），瑞典國寶級電影女演員，奧斯卡終身成就獎得主。

娃[160]，躺在粉紅色紀念柱的底座上。這個娃娃很可愛，白色臉頰上貼了兩片紅色小圓點的布料，表示她的氣色很好。黃色羊毛做成的粗厚頭髮，中分以後在耳朵兩側用橡皮筋綁起來，這完全就是我三年前的髮型，似乎是一個很適合我的造型，雖然從來沒有人稱讚過這兩條隨著我搖擺的小辮子。娃娃一直存在著，待在我巴黎公寓的架子上。大部分的時間她都是躺著，雙腿抬高，筆直的雙腿是用淡粉紅色的布料做成的。她睡在一堆紙上，一個布宜諾斯・艾利斯（Buenos Aires）的穆納克娃娃橫躺在她上面。還有一個貝卡辛（Bécassine）[161]娃娃，像金龜子一樣胖胖的，快要碰到她們的頭。多年以後，當我重返波爾多，梅西亞德克娃娃並沒有跟著我一起回來。很多的變化無疑會讓她開心：漆成白色的建築（某些只塗了一半——只有低樓層的部分，目視高度），這座城市再度無愧於它的名字：波爾多，即水邊[162]，月牙港清楚可見的蜿蜒河道[163]，黃昏時分威尼斯般的美景為它罩上光環，……梅西亞德克娃娃肯定會喜愛這一切。但我寧可她不要進來巴斯德大道上的文學院，它已經變成亞基坦納博物

---

160. 穆納克（mounaque）是一種真人大小的娃娃，像稻草人一樣，但質料是由舊毛絨衣或碎布製成。常出現在路旁排列，產生真人存在的錯覺。

161. 貝卡辛（Bécassine），如前所述，是法國連環漫畫的主角，來自布列塔尼亞的女僕。

162. 波爾多的法文 Bordeaux，由 Bord de l'eau 組成，即水邊。

163. 月牙港（Port de la Lune）是自中世紀以來對波爾多港口的稱呼，因為加倫河經過該市時，有寬闊的蜿蜒月牙形狀。

館（Musée d'Aquitaine）。無論如何，我絕對不願意讓她知道梅西亞德克現代街區的殘酷。在亞基坦納博物館裡，我讀過一些關於梅西亞德克的文獻，也看了一些照片。

粉紅色的方尖塔被搬來了。我在一張長椅上坐下來就近注視著它。身邊有一首我從亞基坦納博物館的圖書館影印下來的詩：

〈舊貨商〉
站在那裡，帶著他們的舊貨和騾子
他們以言語吞下灰塵，
他們用大木鞋刮擦人行道，
他們喋喋不休，他們討價還價，他們比手劃腳。

這裡有一把扶手椅，一個搖搖晃晃的五斗櫃，
高腳盤上幾束酒椰葉，
一個凹陷的平底鍋，旁邊是一個有缺口的壺，
行李箱前一個釘子生鏽的格子櫃；

然後那邊還有四張需要重新填充的椅子，
一匹幾乎脫臼的木馬，
這位矮小的舊貨商因年歲而駝背……

關節粗大的手如同葡萄藤蔓，訴說著……

時代，價格，或是沒說什麼，然而它們訴說著……

這些充滿吹噓叫賣的手，誰聽見了它們？

　　我住在波爾多的時期，經過紀念碑的時候匆匆忙忙，在日常生活的移動裡，我從來沒有仔細看過它：是因為它變成了博物館裡的一件文物，因為我現在是觀光客的身份，我才花時間檢視它。它在這裡，與脈絡無關，如此一具埃及木乃伊似的文物，見證一個消失的世界。沒有人知道，它使得生者和死者之間的通道成為可能……，就像埃及木乃伊，就像老電影的底片一樣。下雨了，長椅很冷，我在博物館的花園裡逛逛，不抱任何希望地尋找皇家戲院，沒有用的，一切都已被夷為平地。

　　戲院前，人們不確定地移動，有點像鬼魂，眼神發亮，這群人散去了。沉重的膠捲被帶往聖約翰車站（gare Saint-Jean），目的地為巴黎。戲院俱樂部的成員將它們放在行李當中運送，讓人想到非法交易。我每回想到這些影像的旅行，總是感動。好友們前往卡布桑的酒館晚餐。賽吉熱愛在觀影後深入分析，他偏好在安靜的地方兩人單獨談話。

　　隨後他會陪伴我回家，牽著他的單車。在黝黑的路上我們勾勒出三道影子：單車，他和我，繼續平行走向柔和卻筆

直的道路。我們走得很靠近，但沒有彼此接觸。我喜歡這種緊挨著的感覺。當他向我親吻臉頰道別之後，我們會想像電影中一個又一個的畫面。

「妳愛上賽吉了，」艾蕾特在某次我們在走廊上所進行的那種沒完沒了的閒聊中跟我說。

——沒有，才怪，妳搞錯了。」我也許應該說「是的」。然而我不知道如何解釋，我很快就料到我和賽吉之間存在著落差，而且我一下子就接受了。我喜歡賽吉的方法包括我不碰他、他不碰我的矜持。這份矜持自然而然發生了，我沒有試圖找出解釋，更不把它視為一個問題，對我而言它像是一種珍貴的溫柔可能性。

我喜歡在他的酒吧度過白天。我喜歡跟他一起去看電影然後回到酒吧。或者更可能就不回來了。事實是如此；我們都離不開大螢幕的魔力。在波爾多的世界電影院（cinéma le Mondial）有這樣奢華的裝飾：在大螢幕面前打開一扇鍛鐵柵欄，就在新聞之前，接著是短片。然而在我們眼中，所有的戲院都有著這些柵欄：它們是為我們而開啟的夢想之門。一些自動開啟的門。

在世界戲院、希歐戲院（Rio）、特亞儂戲院（Trianon）度過的那些感動之夜後……是大學枯燥時光的重新到來。那些勤勉寫下的字詞都沒能觸動我。邏輯公式能觸動我的就更

少了。為了通過考試，我曾下定決心採用機械式的學習方法。我在索引卡片上寫滿重要文本的摘錄。我稱它們為「基本摘要」。我對這些卡片信手拈來，這使我能夠精心建構出讓人覺得前後連貫的論文，有時甚至能得出一個合理的結論。在我作業的空白處，紅色原子筆速寫著評語，教授的評論是：要論證、要發展、可討論、不夠深入、晦澀、為什麼？寫評語的手，不是那位負責向我們傳授黑格爾哲學，也就是傳授無所不包的全部哲學的古人之手。這隻手很年輕，是一位秘書之手。有一次這隻手書寫出不耐煩的評論：要更深入一點。好的，但是要去哪裡？

　　缺乏哲學推理能力，並且對於哲學浩瀚全景一無所知，你可以說我正在進步：我撰寫論文，準備通過考試。在完全不理解的背景下，我學習著。我學習哲學就像我學習英語的不規則動詞一樣，但是哲學和英語不同，我失去了掌握哲學語言的任何一絲希望。像這樣經過幾個月的研習之後，我碰觸到一種觀點上的可怕翻轉：我曾經選擇透過思考這無形且萬能的天賦，來實現生命的倍增，結果它卻變成一種死去的語言，一種用來通過考試的密碼。

　　幽靈咖啡館是一個寧靜的避風港，一個完美的讀書幽境。賽吉閱讀《電影筆記》。我研讀我的《基本摘要》。某些學生被賽吉的友善和他咖啡館的氣氛吸引，一些大學生（不一定是特別愛好運動），也有附近的居民，尤其是女性，

很常來此地。有一天傍晚，我在背誦柏克萊（Berkeley），賽吉沉浸在一篇奧森・威爾斯（Orson Welles）[164]的採訪，一位年輕的社會學系女孩加入了我們。她有綠色的眼睛和染成指甲花紅色的頭髮，爆滿的凌亂捲髮。她拿了厚厚一疊關於社會學者涂爾幹（Durhkeim）[165]的筆記。她打開筆記本繼續閱讀，同時在她認為重要或感到困難的段落加上註解。這些段落讓她放慢了動作，但並沒有造成障礙。突然間，她卡在一個詞彙上。「失序（anomie）？這是什麼意思？」賽吉和我都無法回答她。我認得「貧血」（anémie）這個字，可是我不知道什麼是「失序」？賽吉查了他的拉滬斯字典（Larousse）。我們陷入思考。我說：「失序應該是在規範之外，或是在法律之外，類似這樣的事情。」露西兒肯定地答腔：「這就是我」。我欣賞她的自信，她的獨特。「妳應該選擇社會科學，那才是未來」，她對我說。「哲學就像經院哲學和神學一樣，一個已經結束的世界」。哲學不是未來，但是因為科學這字眼，以及總是伴隨而來的統計曲線，社會科學並不吸引我。

---

164. 奧森・威爾斯（Orson Welles, 1915-1985），美國電影導演、編劇和演員。著名的作品有 1937 年的《凱撒》，以及 1941 年的電影《大國民》。

165. 涂爾幹（Émile Durhkeim, 1858-1917），又譯迪爾凱姆，法國猶太裔社會學家，與馬克思（Karl Marx, 1818-1883）及韋伯（Max Weber, 1864-1920）並列為社會學三大家。《社會學年鑑》（L'Année sociologique）創刊人，在法國學院建立了社會學作為一門學科。

有一件奇蹟即將發生，不是對整個城市而言，但對於電影愛好者絕對是奇蹟。尚‐呂克‧高達要前來這裡介紹一部他珍視的電影。他選擇了尚‧雷諾瓦（Jean Renoir）的《十字路口的夜晚》（La Nuit du carrefour）[166]。在幽靈咖啡館得知並引起討論的這個消息相當令人震驚，足以橫掃其他新聞。賽吉最為激動，他也試圖保留一些疑慮的餘地，以免例如電影導演在前一天取消了他的行程而讓自己崩潰。「我完全不相信他會是這一類的人，」他每天重述好幾回。吧臺後方鏡子上的每週語錄是：「如果某事已經做了，就沒有必要再做一次。」走過時順便一讀這個句子可能不痛不癢，但是如果你停下來想想它的後果，那就是大震盪了。我被它震撼了。賽吉在《電影筆記》反覆閱讀高達的言論以及別人對高達的評論。「我沉浸其中，」他一邊說，一邊仔細審視珍‧茜寶（Jean Seberg）[167] 在《斷了氣》（A bout de souffle）的照片，以及《輕蔑》（Le Mépris）裡的碧姬‧芭鐸（Brigitte Bardot）[168]。這讓我想起童年時有幾回感冒的蒸氣噴霧吸入

---

166. 《十字路口的夜晚》（La Nuit du carrefour）是法國導演尚‧雷諾瓦（Jean Renoir, 1894-1979）於 1932 年執導的電影。

167. 《斷了氣》（A bout de souffle）是高達在 1960 年執導的電影，英文片名為 Breathless，此片是他的代表作之一。珍‧茜寶（Jean Dorothy Seberg , 1938-1979），美國女演員，畢生有一半的時間住在法國。她在高達的《斷了氣》片中的演出，使她成為法國新浪潮電影的代表性女星。

168. 《輕蔑》（Le Mépris），高達在 1963 年執導的法國新浪潮電影，其中女演員

療法。我把臉埋在某種漏斗狀的東西裡，閉上眼睛，吸入一股薄荷味的蒸氣。經過這迷你三溫暖之後，我很享受額頭上的水珠瞬間冷卻下來的感覺。我將它們的清新視為療癒的徵兆。賽吉正在吸入高達。沒有人想逗他。相反地，若為了向他要一杯牛奶或柳橙汽水這類瑣事而打斷他，我們會責怪自己。越臨近活動，賽吉越陷入焦慮和不耐煩當中，整個人慌亂失措。他需要在現場發表一個簡短的介紹，並且主持討論。

終於這一天來臨了。早上十一點，加利亞皇宮（Gallia-Palace）戲院的廳堂已經擠滿了人，這廳堂給人一種進入童話故事城堡的感覺。觀眾大部分是學生，虔誠，等待，崇拜。燈光，紫色的牆壁，鑲著金邊的布簾，將我們帶到另一個時光。賽吉顫抖著雙手，最後一次重讀他的介紹文稿。他整晚都為此工作。到了中午，高達並沒有抵達，廳裡的寂靜只是更沉重了。賽吉結結巴巴說了一些話作為導演遲到的理由。這個集會的成員是一群堅信不疑的電影愛好者，他們可以無止境地等待下去。在賽吉蹩腳的發言之後，我鄰座的女孩移動了她的腿，更舒適地安坐著。「要有信心」，她沒有一絲擔憂。這是一種聲明，表示她有盼望的能力，而且她正在運

為碧姬 ‧ 芭鐸（Brigitte Bardot, 1934-），法國電影女明星，暱稱 BB。1956 年主演羅傑 ‧ 瓦迪姆（Roger Vadim）的《上帝創造女人》（Et Dieu... créa la femme），造成轟動。

用這能力。

　　高達遲到得非常嚴重。賽吉拿出他的文稿，準備閱讀他深思熟慮的介紹文稿，然而高達示意要播放電影。他把燈光關掉，摸索那張為他準備的座椅。奇蹟正在發生：我們跟尚-呂克‧高達正在同一個電影院裡同時看同一部電影。我一直相信所有創作者、藝術家、哲學家和作家都已經死了，因此我感到衝擊。跟賽吉看到偶像現身所受到的震驚不是同等級的，不過也很劇烈。最後高達起身了，完全不再一副沒睡醒的樣子，神色愉悅。他站上舞臺。針對跟觀眾進行討論，賽吉低聲說了幾個字。高達點燃一根煙。很遺憾，他沒有時間。他只朗讀了導演雷諾瓦拍攝《十字路口的夜晚》的說法給我們聽。

　　「這個十字路口距離巴黎不到四十公里，還是三十、三十五公里吧，在一條通往北方的路上：那裡有一座無人居住的農舍，我們就住在那裡。我們煮了點菜，喝了點熱咖啡，我們睡在稻草上：時不時地，當我們不太累的時候，我們會醒來，去拍幾場戲，對吧？，這不是工會法的問題：我們想工作的時候就可以工作：所以我們出門，在霧中工作，在雨中工作，鏡頭拍攝的東西取決於演員的即興發揮，也取決於我自己的意願；但這個主題仍然滲透我們所有人的心裡……很明顯，結果這是一部相當不連貫的電影；此外，因為缺錢所以也無法完成，不過最後，被人詬病的不連貫性，

主要還是出自拍攝的手法，也就是出自這種即興喜劇類型（commedia dell'arte）……」

一位年輕人以一種倉促、幾乎聽不清楚的方式提了一個很長的問題，事實上他在一個提問中問了兩個問題，或是相反，他把一個問題拆成兩個，簡而言之問題是這樣：您的評論工作如何影響您的電影工作？作為評論家和電影工作者，您如何看待好萊塢的電影？

「在霧裡工作：這就是關鍵。而且要考慮到，如果某事已經做了，就沒有必要再做一次」，高達如此回應。

賽吉聽到「他的」每週語錄被提出來，高興得快瘋了。高達穿上了他的風衣，抓起他的旅行袋，叫了一輛計程車前往車站。當賽吉反應過來的時候，高達已經消失了。他的座位扶手上的煙灰缸還留著幾根煙蒂。

我感覺充滿了確定。關於什麼？針對什麼東西？哪一項計畫？沒有針對什麼。一個絕對正面的沒有什麼。我很確定。我飄浮在一種由許諾所帶來的純然奔放中。賽吉也容光煥發，歷經這樣一種知性上的契合，空前少有。我們在一間咖啡館停了下來，和剛才參加放映會的朋友們聚首。所有人都很興奮，除了一個男孩。賽吉也有些遺憾：我想要高達和我們談談他電影拍攝的現況。可是在這方面你已經讀過了呀……那不會讓你得知任何東西。是不會，可是我想聽他直接說——但高達的聲音又不怎麼樣。他有點不滿意。男孩愁

眉不展，他說高達有一點輕率。他不在乎遲到超過一個小時，
而且在電影放映完畢後立刻閃人。至於討論，則縮減為烏有。
典型巴黎人對外省的蔑視。他不是巴黎人，他是瑞士人。兩
者沒有什麼不同，除了他的國家還是一間銀行、還有他把荷
包抓得很緊之外。這引起一片譁然。人們對這個小心眼的人
還以噓聲。彷彿我們評論像高達這樣的人的現身，和評論任
何其他人的方式並無二致，如一個水管工人、一位牙醫⋯⋯
可憐的傢伙！賽吉經歷這樣一個事件之後感到不爽，原本溫
和有禮的他變得冷嘲熱諷，我氣憤到想要馬上離開，我甚至
還沒有喝完飲料。露西兒，那位染著指甲花紅色頭髮的失序
社會學家和我們一起來。她穿著一件墨西哥斗蓬，下半身是
緊身牛仔褲，她向我承認這條褲子緊到必須躺著穿。而且要
穿濕的褲子？（我曾經聽過穿上濕的褲子讓它在你腿上晾乾
是使褲子完全貼身的最佳方法）。她用略帶沙啞的聲音笑了
起來，不，她沒有穿濕透的牛仔褲。她並非受虐狂。如果她
是被虐待狂，不僅是穿著浸濕的牛仔褲，她還會做出許多別
的事情。我對此感興趣，但是當我們進入聖米歇爾區的黑暗
小巷時，話題轉向了戲院的黑幫電影。此地是一個西班牙區，
一個不安全的區域，帶給我們生命遭逢危險的戰慄。天空開
始飄起毛毛雨。我們的聲音遮蓋了鞋底跟地面的碰撞聲音。
雷諾瓦－高達的狂喜顛峰無法永久維持。賽吉和露西兒抽著
一根又一根的煙。我們都疲累了。

「一切都可追溯至古早以前，什麼都沒有改變」，賽吉喃喃自語。

這是我第一次聽到他抱怨。我看到的他總是因著夢想而遠颺。

「在自己出生的城市度過一生，多麼欠缺想像力！在別的地方有這麼多事情可以發掘。巴黎，羅馬，紐約，上海，好萊塢……。看看佛朗哥、戴高樂，這裡的夏邦 - 戴爾馬[169]，他們一直在這裡，將永遠持續下去。

── 衰老會抗拒生命的考驗，但是你個人想要離開，隨時都可以。要趕上高達的火車是太遲了，但是你可以搭乘明早第一班火車去巴黎。究竟是什麼阻礙了你？

露西兒說，一切都阻礙了他。她具有社會學的朝氣和對現實的直接掌握，和高達擁有共同的語言，高達也和我們提及電影的朝氣，他想要表明：世界屬於你們，是你們來決定要在哪裡過活。賽吉反覆閱讀這些句子，他甚至將這些語錄複製並張貼出來。他從來沒有想過要把這些句子應用在自己身上。這些漂亮的語錄現在反過來施壓在他身上。它們責問他。與高達本尊的相遇戳破了他的夢幻氣泡，帶給他一記現實的打擊。這比《電影筆記》改變尺寸更加糟糕，但是對他的情緒而言同樣悲慘。

---

169. 如前註，夏邦 - 戴爾馬（Jacques Chaban-Delmas, 1915-2000），曾擔任近五十年的波爾多市長（1947-1995）。

——明天還是同樣的一天，只是我們比前一天擁有更少的機會改變命運。

　　——如果你相信命運的話，那就沒什麼好說的。露西兒潑辣地回應，我呢，想走就走。我想坐高達的火車就去坐，如我所願。你不是嗎？」

　　這個提問讓我驚訝。我剛到波爾多，全心地、專一地待在我的處身之地。我從來沒有花上十分鐘想像另一個我更喜歡的地方。發生在我身上的事情對我而言已經足夠。即使對我而言什麼事都沒發生。我就這樣成長了。這是我唯一的教育。是我從小在海邊學到的功課。我的海灘教導我。我們在某地感受到多久的喜悅，我們就會在那裡停留多久。之後，事情會自行發展，或是自行崩解。

　　——這有一點太過簡化了。露西兒說。

　　我們走向碼頭。倉庫周遭一切都很冷清。下了很多雨。在毀壞的建築之間，我瞥見了加倫河。河水在泥濘的河岸升高了。水流沖走大量的樹枝，幾乎是樹木，它們的樹枝直立在深暗的水面。

　　我想，就像我離開阿卡雄一樣，我也會離開波爾多，再離開下一個城市，以此類推。當我感到疲憊或無聊，我就會離開。我從此岸到彼岸。永無止境。雷諾瓦 - 高達的狂熱佔領了我。

　　——死去的港口。賽吉淒涼地說。

我聽成「死去的父親」[170]，一個影像突然在我的記憶裡重新浮現，是我的父親。有一天晚餐後，父親到我房間和我道晚安。我已經在床上了。我讀著一本書，《叢林女孩貝拉》（*Bela fille de la jungle*）[171] 或《丁丁》（*Tintin*）。甚至那天晚上，除了躺在床上於洋溢著幸福的溫暖中閱讀我心愛的書，也許因為我還穿上了我的紅色棉質睡衣，上面有五顏六色的方塊，讓我更加心滿意足。可以確定的是，我父親的到來扼殺了我的喜悅。他俯身向我走來，親吻了我的頭髮。他沒有立即離開我的房間，而是走到我的書桌前坐下。他坐在那裡一動也不動，擠在一張對他來說太小的椅子上，臉埋在手裡。他的手肘壓住桌上一本打開的教科書。

第二個學期心理學和精神病理學的課程，讓大學的視野變得更明亮一點了。有很多關於動物心理學的討論。這並沒有滿足我任何真正的期待，但是我發現運用在魚缸裡或是猴子行為的伎倆蠻有意思的。將自己的存在奉獻於觀察猴子，在我看來是很詩意的。猴子沒有拐彎抹角的智力。這個特徵尤其將牠們與人類區別。教授胖胖的，樂於傳授動物心理學。我很高興能夠跟動物智力打交道。被黑格爾的智力殲滅之

---

170. 「死去的港」、是 port mort，發音狀似 père mort，死去的父親。
171. 《叢林女孩貝拉》（*Bela fille de la jungle*），詹姆斯·蕭（James Shaw）1954 年的作品。

後，我重拾了一些力量。那些讓類人猿（anthropoïdes）學習口語的嘗試都失敗了。英國的海姆斯夫婦（Les Hymes）曾經在他們家裡養了一隻黑猩猩佐伊（Zoé）。幾年之後佐伊勉強掌握了三個信號：媽媽、貓、往上（up）。賽吉曾經在幽靈咖啡館張貼了電影《金剛》的海報。動物的智力顯然更可親近。不過我有一個新的疑問浮現：我真的想要瞭解動物智力嗎？在猴子的行為裡，什麼讓我反思？為何我的思考之室必須看起來像個動物園？也許動物們會想：「為什麼要強迫我們跟人類一樣說話：媽媽、貓、往上，再一次？」

「他們打手槍的技術一流」，一位棕髮女士說著，她剛從市場回來，過來幽靈咖啡館這裡喝一小杯基爾酒。賽吉臉紅了。另一個小混混唐基（Tanguy）捧腹大笑，我第一次注意到這號人物。他和這位棕髮女士的笑聲充滿了淫蕩。在這裡不曾出現過這個元素。

賽吉變了。我們還是會一起去看電影，但是比以前少，而且電影結束後，他毫不拖延立刻陪我回去。從前無窮無盡的討論時光，每個鏡頭逐一的分析，以及諾埃爾 · 伯奇（Noël Burch）[172] 的破譯，這些都結束了。

---

172. 諾埃爾 · 伯奇（Noël Burch, 1932-），美國的電影理論家，年輕時便移居法國。其著作《電影實踐理論》（*Theory of Film Practice*）、《無限的天窗》（*La lucarne de L'Infini*）等書的理論與詞彙常被引用。

而且他越來越難以捉摸，越來越形式主義。在小酒館裡，夥伴們互相斥責謾罵，互相鬥毆，並且在淚水縱橫當中和解。我覺得自己正在觀看一位嵌絲玻璃的藝術家於摔角場上製作著他的傑作。道別時，賽吉還是一樣會親吻我的臉頰，然而我不再感受到輕觸的曖昧，一種帶著不可能的輕觸曖昧，誘惑的尖端正是為了誘惑的騷動不安。一個平淡的親吻之後。賽吉立刻去找他的小混混。小說家馮斯瓦・莫希亞克（François Mauriac）[173] 曾在冬天寫下：「豐臀的西班牙女孩，在耳朵插著香石竹的纖弱小混混護送下，叫賣著：『阿卡雄的華洋（Royan）[174]！』以及『美麗的葛維特牡蠣！[175]』（波爾多人這麼稱呼這些來自阿卡雄海盆新鮮而帶點苦味的小牡蠣，然而我們再也嚐不到了，因為已經絕跡了）。」葛維特牡蠣消失了，牡蠣養殖業者用日本的牡蠣取而代之。葛維特牡蠣已絕種，然而小混混之輩混得很好。在賽吉的咖啡館裡，他就像那些豐臀的西班牙女孩一樣，總是由他纖弱的小混混護送。但是這朵花被放在吧臺上的花瓶裡，沒有戴在他的耳朵上。賽吉在吧臺後方的鏡子上寫下了高達的一句話：「自由，就是能夠做你想做的事，在你喜歡的時刻」。

---

173. 馮斯瓦・莫希亞克（François Mauriac, 1885-1970），法國小說家，出生於波爾多，1905 年波爾多大學文學系畢業。1952 年獲得諾貝爾文學獎。
174. 華洋（Royan），位於法國西南部的海濱市鎮，屬於新亞基坦納（Région Nouvelle-Aquitaine）大區的濱海夏宏特省（Charente-Maritime）。
175. 葛維特牡蠣（Gravette）是阿卡雄海灣的野生牡蠣。

現在，《電影筆記》旁邊是唐基少數會閱讀的報章雜誌《偵探》和《法國晚報》[176]。這位仁兄熱愛社會新聞，而對社會新聞有所厭惡的賽吉則克服了他的反感，他試著回想高達對社會新聞的辯護。這間曾經寧靜的咖啡館，被唐基的聒噪和他喜歡大聲朗讀和評論新聞的怪癖給干擾。今天我們有幸聆聽《法國晚報》。

──這是給你的，聽著：亞蘭 • 德倫[177]的弟弟──尚-馮斯瓦 • 德倫，十九歲，蒙馬特咖啡館的服務生──的採訪：「我在生活裡堅持自己解決問題。我想拍電影，然而是在鏡頭的另一邊，當導演。」我的老友，你看，我們可以當酒吧侍者同時想拍電影。

──我知道，我知道。沒有什麼工作是愚昧的。

──我可沒有這麼說。一切工作都是愚蠢的。這並不妨礙夢想。

──還有這個，比利時的故事，不過當然不是給你的。「比利時傷風敗俗的醜聞：一位童子軍團長被逮捕。法蘭蒙德區（flamands）天主教童軍聯合會失去了一位區長，鄰近布

---

176. 《偵探》（*Détective*）是 1928 年創刊的雜誌，主要報導犯罪、審訊報告及受害者的故事。《法國晚報》（*France-Soir*）於 1944 年創立，在 1950s 和 1960s 年代於法國流通量很廣。

177. 亞蘭 • 德倫（Alain Delon, 1935-），六〇、七〇年代最受歡迎的法國男演員，被譽為美男子的代名詞。

魯塞爾的小城佩爾克（Perk），則失去了他的市長。這兩位是同一個人：丹尼爾・德・西博庫爾伯爵（comte Daniel de Ribaucourt）。他的行政人員認為他非常虔誠。伯爵和一位工程師朋友被關在監牢裡，因為他們對年輕童子軍的關心超出了道德和善良風俗的範圍。伯爵在他的府邸舉辦了一場性質特殊的招待會。」

賽吉很憤怒。但沒有維持很久。為了轉移注意力，唐基把話題轉向我。

——這是要給小姐的時尚新聞：「外套很短的裙套裝，帶有縐褶的裙子，胸部和腰身纖細。香奈兒創造了女性周圍閃爍的詩意連身裙。是寬廣創造了春天。」

附近的常客比較少來了，一些粗魯的年輕人取代了他們。

看著唐基歪斜的眼神，病態的臉色，可疑的機靈，我發現他醜得難以置信。他對賽吉的控制激怒了我。

有一件事情我不理解。甚至在不久的將來，輪到我自己經歷愛情的支配，我會堅持不去理解它。因為這就是愛的瘋狂本身，無疑是所有瘋狂的特性，它不會以任何方式啟迪我們下一步是什麼。我們在瘋狂的柴火中獨自燃燒和掙扎。

我回到了學院酒吧。丹尼以他宏亮聲音的爽朗迎接我。哲學家妳好！該死，麗莎妳幾個世紀沒來了。這要慶祝一下。

電視正在轉播：溫斯頓・邱吉爾的葬禮，發射九十響

矧砲，一歲一響，成為送葬行列的節奏[178]。我看到戴高樂將軍的眼神，他那雙深陷於眼眶的黑眼睛，充滿遠見和神聖使命的眼睛，戰爭將領的雙眼。他隨著矧砲的聲響緩緩前進。

「清晨六點，砰！砰！開打了。我留下了什麼印象？為什麼不說呢？身體有兩秒鐘的激動：喉嚨揪緊。就這樣而已」，我的外祖父菲力認為以上幾個字精彩地說明了1914年八月戰爭壕溝裡的轟炸對他產生的影響。

我嚥下我的酒，喉嚨揪緊。

我們不在乎溫斯頓・邱吉爾爵士的葬禮。學生們向丹尼抱怨。難道沒有比葬禮更有趣的事情嗎？

這一晚我到費米納戲院（cinema Femina）觀看雅克・德米（Jacques Demy）執導的音樂電影《秋水伊人》[179]。走出戲院的時候，忍不住想跳舞。隔天，我愛上了西蒙。我剛下課，穿得跟凱薩琳・丹妮芙一樣，滿腦子都是這首歌：「不，我

---

178. 邱吉爾（Sir Winston Leonard Spencer Churchill, 1874-1965）。英國政治家與軍事家。1940年成為英國首相。領導英國及同盟國贏得第二次世界大戰。1965年1月24日逝世，享耆壽90歲。英國女王指示將邱吉爾的靈柩在西敏寺大堂停靈三日，以供民眾弔唁。之後在倫敦聖保羅大教堂舉行國葬儀式。自1914年以來，這是第一次有非王室成員舉行如此規格的葬禮。超過100個國家的政要出席了喪禮，當中包括了法國總統戴高樂。

179. 《秋水伊人》（Les Parapluies de Cherbourg）是一部由法國導演雅克・德米（Jacques Demy）執導，由凱薩琳・丹妮芙（Catherine Deneuve）和尼諾・卡斯德爾諾沃（Nino Castelnuovo）於1964年主演的浪漫愛情音樂電影。片中音樂由米歇爾・李格宏（Michel Legrand）作曲。

的生命永遠不能沒有你⋯⋯」。我在階梯上蹦蹦跳跳，就像我小時候在冬城裡房子的大樓梯上跳躍一樣。西蒙剛結束階梯教室裡激烈的辯論。他胳膊下夾著紅色旗子，也在階梯上跳躍。他穿得像愛森斯坦（Eisenstein）[180] 電影裡的工人，滿腦子都是《國際歌》。我倆的音樂並不和諧。然而此刻並不重要。當我看到他，我會讓自己的收音機不發出聲音。西蒙也讓跟著他威脅冬宮（Palais d'Hiver）[181] 的人群保持緘默。

我們去了藝術咖啡館。除了互相凝視對方以外，我們什麼事也沒做。我遨翔在心滿意足的高峰，不用移動便登上了雲端的金字塔；永恆的音樂伴隨著我們。他之前在吧臺上放了一疊宣傳單，某個人把手肘靠在上面，使得傳單掉下去了。就這樣，時間又開始重新流動。有一場互助會議（Mutualité），支持在西班牙被逮捕的共產主義者。我毫不猶豫陪他前往。我當然會陪他去。

在馬德里，卡拉班切爾（Carabanchel）監獄的八名囚犯繼續絕食，其中包括詩人卡洛斯 · 阿爾瓦雷斯（Carols

---

180. 愛森斯坦（Sergei Eisenstein, 1898-1948），蘇聯導演和電影理論家。電影學蒙太奇理論的奠基者之一，其影片《波坦金戰艦》（Battleship Potemkin, 1925）為這一理論的代表作。

181. 冬宮（Palais d'Hiver）是俄羅斯聖彼得堡的標誌性建築，始建於 1721-1762 年。愛森斯坦 1927 年執導的電影《十月》（Octobre）描繪了冬宮 1917 年 10 月（根據俄曆）被攻擊的景象，並成為俄羅斯革命的象徵。十月革命之後建立了布爾什維克派領導的蘇俄政府。

Alvarez)[182]。絕食是為了抗議十六名囚犯因為唱了國際歌而被關入監獄。為了宣告會議結束，一位女士朗誦了卡洛斯·阿爾瓦雷斯的詩歌，然後全場的人一起合唱。我站在後面，感動得熱淚盈眶。西蒙來到我身邊會合。歌唱和宣告讓他十分激動。他親吻了我。他的舌頭溫暖、敏捷、堅定。西蒙的親吻像是他在臺上講話。或者說他在臺上講話像是親吻。我感到窒息，卻又高興得快要暈厥。我的背後有一張紅黑相間的大海報。西蒙以親吻我來深情擁抱西班牙事件。

互助會的親吻為我開啟了新生活的門。一場愛戀的或西班牙式的生活。我沒有將兩者區別。西蒙為我發掘了另一個波爾多，西班牙難民的波爾多，聖米歇爾區的波爾多，還有餐廳和美酒的愉悅。在經歷了平淡乏味的家庭用餐、義務性的中學食堂，接續的大學餐廳之後，我此時發現了餐廳前所未有的愉悅感。有了菜單而我們可以選擇。即使每次都點一樣的食物，我們還是能夠選擇。我們去的是歡餐廳（Chez Juan）、荷賽餐廳（Chez José）。我總是點相同的菜餚：西班牙海鮮燉飯。我喜歡它的海洋風味，混合著淡菜、墨魚和香腸，還有黃色藏紅花粉，以及這種無窮無盡的感覺。酒也是一樣。我在這裡也不做選擇，隨著西班牙海鮮燉飯的小丘

---

182. 卡洛斯·阿爾瓦雷斯（Carlos Álvarez Cruz, 1933-），西班牙詩人，他來自一個共和黨家庭，父親在西班牙內戰期間被槍殺。詩人後來因為反對佛朗哥主義而入獄幾次，結識了流亡者。這些事件為他的詩歌創作留下了深刻的烙印。

逐漸被享用至平坦，我總是驚嘆酒瓶又被換了一瓶新的，彷彿再自然不過的事。這酒有點刺鼻，深色，猛烈，與歡、帕博羅、佩德羅，或荷賽 · 路易的共和情感是同一回事，他們都是酒吧老闆，皆為政治流亡者，西班牙內戰的倖存者。在其他顧客離開之後，這些人會過來跟我們坐在一起。從這時候起，晚會才真正開始。自此我們才開始真正喝酒。我們還會唱歌。酒在杯底是深色的。我總是讓自己一再被斟酒。不，我沒有選擇。我不再選擇。我把自己完全託付給西蒙了。這些年來我一直禁止自己戀愛，忍著不去妄想兩人的親密關係，我將一切的希望寄託在知識和智慧的征服，藐視戀愛中的女孩和順從的未婚妻，我一概把她們攆走。此刻我不再有任何的克制，沒有絲毫的批判精神。我投降了。西蒙不喜歡麗莎這個名字。他喜歡的是羅莎，如同羅莎 · 盧森堡（Rosa Luxemburg）[183]。很好，叫我羅莎吧。他也是，受洗的時候叫雷蒙（Raymond），但因為西蒙 · 玻利瓦（Simon Bolivar）[184] 而選擇了西蒙這名字。我戀棧自己的舊灰色粗呢

---

183. 羅莎 · 盧森堡（Rosa Luxemburg, 1871-1919），波蘭裔德國馬克思主義政治家、社會主義哲學家和革命家，德國共產黨創始人之一。1898 年移居德國柏林，並加入德國社會民主黨，是黨內重要的社會主義理論家。

184. 西蒙 · 玻利瓦（Simon Bolivar, 1783-1830），拉丁美洲革命家、軍事家、政治家、思想家。西蒙 · 玻利瓦在西班牙語美洲被公認為英雄、革命者與解放者。在他有生之年，他領導玻利維亞、哥倫比亞、厄瓜多、巴拿馬、秘魯和委內瑞拉取得獨立，並促進民主意識形態在這些國家的發展。玻利維亞就是因紀念西蒙 · 玻利瓦而得名。

外套和蘇格蘭裙或格子裙。他把我的住宿學校衣服扔進了垃圾桶。我把它們換成了紫紅色緊身衣、紅色裙子，和頭髮上的花朵。西蒙喜歡黃色襯衫、紅色圍巾和皮夾克。我們的心，我們的香水，和我們的顏色，都融合在一起了。

我們貼著對方並行，腰部緊密相依。踩著同樣步伐，好像合為一體。我們漫無止境地發現新的美麗，無窮的、完全的美麗，或是微小的細節。他令人喜愛的身影就像他的耳垂一樣，我倆瘋狂地相愛，越愛越深。他還沒說完一個句子，我便急切地補充：「我也是」。

我們遇到一位神父，一位修女。西蒙對著他們大叫：「烏鴉」[185]。我輕聲地嘟噥：「烏鴉，佛朗哥的走狗」。羅莎，大聲點。不要感到羞恥。他大聲叫喊，他有個大嗓門。去你的布爾喬亞，我操他媽的。我也跟著這麼喊。

多虧了西蒙，世界變得更寬廣了。在我當時佔據的有效表面[186]上，愛情允許我絕妙而瀟灑地自由來去。它似乎能讓我無所不入。以往我在黃昏時散步，會感到既興奮又隱隱恐懼，現在我繼續和西蒙散步，所有的恐懼都消失了。我不變的腳步帶領我到河邊，然而水邊的柵欄不再阻止我航行。

---

185. 烏鴉（corceaux）是口語上對身穿黑色袍子的教士的稱呼。
186. 有效表面積（surface effective）是粒子物理學的名詞，是描述探測器效率的一個數值，相應於一個完美探測器所具有的表面，也就是能以百分之百的效率探測粒子。有效表面積可以根據一個既定的流量而決定它能實際探測到的粒子數量。

總統選舉的競選活動開始了。極右派的候選人提克西埃 - 維尼揚古（Tixier-Vignancourt）[187] 二月份來到了波爾多。在他的演講中，他宣告：「相較於亨利四世和貝納多特（Bernadotte）[188]，我的優勢就是不會為了成為國家元首而改變自己的宗教。」西蒙並不打算投票。無政府主義者不投票。選舉是一場愚蠢的陷阱。不過話說回來，總統選舉的競選活動倒是粉碎法西斯份子的好機會。海報張貼者在夜晚的鬥爭是血腥的，西蒙早晨回來的時候整個人處在一些很糟的狀態中。他越跟人幹架，他就越耀眼。西蒙投身戰鬥的喜悅是動人的。當他聽到提克西埃 - 維尼揚古的支持者散播的蠢話時，他的憤怒令人振奮。當他聽到提克西埃 - 維尼揚古競選委員會的秘書長讓 - 馬利 · 勒朋（Jean-Marie Le Pen）高喊：「這是一張新的海報，我們的候選人名字的縮寫和電視 T.V. 是一樣的。T.V. 的臉本身出現在螢幕上，伴隨一句口號：『二十

---

187. 讓 - 路易 · 提克西埃 - 維尼揚古（Jean-Louis Tixier-Vignancou）是一位法國律師，極右派的政治家。1936 年被選為國民議員。維希（Vichy）政權成立後，他與維希政府合作了一段時間，1941 年逃亡突尼西亞。二次大戰後軍事法庭宣布，提克西埃因其在二戰早期的活動，在十年內喪失擔任公職的資格。

188. 貝納多特（Jean-Baptiste Bernadotte, 1763-1844），出生於法國波城（Pau）。曾經跟隨拿破崙征戰，1804 年成為法國元帥。1810 年被選為瑞典國王卡爾十三世的養子，並成為瑞典王儲。 1818 年被加冕為瑞典和挪威的國王，即瑞典的卡爾十四世 · 約翰（Karl XIV Johan）和挪威的卡爾三世 · 約翰（Karl III Johan），從此開創了貝爾納多特王朝。繼位時在瑞典宮廷改宗，放棄天主教信仰而改信路得教派，令人聯想到同樣改宗的亨利四世。

世紀的人』，也就是說，我們跟一些非常敏銳的深入民意脈動緊密連結」。西蒙笑歪了，也氣炸了。無論提克西埃 - 維尼揚古或是電視，一樣令人作嘔。

為了持續認定我本人仍忠於自由生活的英雌，忠於我的哲學模範，忠於那位給予女人不同定義的女性，我想到《端方淑女的回憶錄》裡的一個句子：「『從現在開始，我把妳握在我的手心裡』，當沙特宣布我被錄取的時候，他對我這麼說。」

西蒙把我握在他的手心裡。他一秒鐘都沒有放開我。他的手日日夜夜在我身上，胸部、頸背、腹部，大腿間。我不能說他的目的是屬於哲學性的。如果是，也是根據他反覆灌輸我的哲學定義：哲學家，就是把世界顛倒過來。我向來喜歡在床上讀書，跟西蒙一起，我體驗了一種更強烈的快感，在凌亂的床上讀書，滲透著性的氣味。我們各自閱讀，然而閱讀的時候我們總是彼此觸摸，輕撫，相吸，舔舐。

我們為愛情瘋狂，為革命瘋狂。

這是我們之間一段連續愛撫和零零落落閱讀的時期。

從一個愛撫到另一個愛撫，書的力量變得模模糊糊，理智線斷了……。我們其中一人屈服了。我閉上雙眼，獻上自己。他輕輕拿走我手上的書，把它放在地上、放在他的書上。然後他纏繞著我，擁抱我，撥弄我的頭髮，將他的手沿著我的背滑下，露出我的臀部。一連串的盪漾……。他遞給我書

中之書，一本帶來愉悅的書。這是他最早送我的禮物之一，就在銀色的長筒襪、馬上就能脫下來的麂皮裙子、桃色雙縐連身裙之後，就是讓 - 雅克 · 波維特（Jean-Jacques Pauvert）出版的薩德侯爵（marquis de Sade）撰寫的《茱麗葉的故事》（*L'Histoire de Juliette*），幾冊鑲著金色字體的黑色小書。

西蒙催促我唸：「喔，茱麗葉，如果妳願意像我一樣在犯罪裡活得幸福……我犯了許多罪，我親愛的……如果妳想要從中找到和我同樣的幸福，那麼就努力讓自己隨著時間的推移養成如此甜美的習慣，屆時只要妳存活就不可能不犯罪；你會發現所有人類的禮儀都如此荒謬，妳那靈活並儘管如此卻緊張的靈魂，會不知不覺習慣於把一切人類的美德變成罪惡，將所有的犯罪變成美德：於是一個新的宇宙在妳的注目下彷彿被創造出來了；貪婪而美味的火焰將會竄入妳的神經，點燃生命法則徜徉其中的電流……」

光是念這些句子足以讓我迷醉。

叫我茱麗葉，我懇求著。

西蒙雖然被侯爵引入歧途，卻仍保有革命警惕的影子。他親吻我，低聲地說：

——羅莎，妳是屬於我的，我叫妳做什麼妳就做什麼。

我跪在地上，吸吮他。他朝著我的上顎硬了起來。我含淚默許。

從前在阿卡雄，我和索妮雅於沙灘度過夏日，在海浪泡沫裡玩耍。海底盆地的浴池有柔細的泡沫，幾乎是微溫的，也有寒冷急速的廣大泡沫，來自海洋浴池和浪潮的力量。泡沫是我們的神奇物質。如今在西蒙的床上，我研究精液之美。是不同種類的神奇。當然不像海浪泡沫如此顯露，可是同樣令人陶醉。西蒙在我身上打手槍，我接納他的精液，在我的乳溝形成溪流，在我的肚臍形成湖泊，在我的臉頰形成淚水，我張開了嘴唇，它們閃閃發亮，塗著精液，西蒙用舌頭輕輕一舔，就收回了。我拼命吻他，嘴唇都乾裂了。精液可不比護唇膏。

　　──叫我茱麗葉，拜託。

　　──不行，不行，晚一點。我必須去上課了。我有精神病理學的課。放開我。

　　我頭髮凌亂地去上課，衣服亂穿一通，性慾浮躁。我變得對於細微的觸摸極其敏感。我做筆記，卻心不在焉，我的心思在西蒙的床上，依偎在他的身體，在他的大腿間，我的心思被甜美地灌溉。靠著木椅的邊緣，我以一種難以察覺的小動作撫慰著自己。

　　傍晚，西蒙找了一間小酒館與我會合，他選的酒館向來不會在偉人市場、圖爾尼巷、大戲院、總督大道（cours de

l'Intendance）、紅帽大道（cours du Chapeau rouge），梅花廣
場（esplanade des Quinconces）、路易十八堤岸大道附近，遑
論夏赫通（Chartrons）一帶。這些地方令人討厭。它們代表
了貴族和布爾喬亞傳統的顛峰，是奢侈資本家的縮影。那麼
四姊妹酒吧呢？要禁止自己去那裡是很悲傷的，酒吧裡挑高
的天花板，從鏡廳延伸出來的鏡子，如此親切的姊妹，讓你
凝結於享受當中的葡萄酒……西蒙不認得這間酒吧，也不想
聽到對它的談論，他建議我不要再跟酒吧的姊妹們來往。光
是聽到凡爾賽就令他沮喪[189]。我也是，但是原因不同，也不
會妨礙我欣賞四姊妹酒吧的美麗。西蒙倒是願意成為幽靈咖
啡館的常客。然而我拒絕。

我們會面的地點在薩里尼葉赫（Salinière）、葛哈維
（Grave）、金錢（Monnaie）這幾處河堤大道一帶的地點，
到處都是黑暗，悲慘，破舊，而且確定的是，沒有任何一
艘船會從那裡來接我們。我們停留在互助會和西班牙餐廳
附近，消磨整個夜晚。西蒙不會空手而來，也不會獨自前
來。他總是帶來一堆傳單和報紙。並且與他的同伴阿爾諾
（Arnold）熱烈討論，阿爾諾是一位 UEC 共產主義學生聯
盟的鬥士，我從第一天抵達學院便認識他，我彷彿總是看到

---

189. 四姊妹酒吧裡的水晶吊燈和鏡子，令人聯想到凡爾賽宮的鏡廳。

他在樓梯口販賣《明報》（*Clarté*）[190]。西蒙與阿爾諾形影不離，因為阿爾諾正經歷他生命最糟糕的存在危機。一場讓西蒙開心的危機，因為它以政治的方式證明他有道理，雖然私底下說，他並不真的開心，因為他太牽掛他的同伴了。危機與下述的事情有關：共產主義學生聯盟的學生們與法國共產黨（PCF）[191] 起了衝突。他們想要將自由和批判的權利引進共產黨的運作中。阿爾諾態度樂觀，相信這項權利天經地義，也因此不懷疑他們這項要求會獲得成功。帕爾米羅 · 陶里亞蒂（Palmiro Togliatti）[192] 領導的義大利共產黨，就曾在對話的方向上指出了這種發展的道路。為什麼法國共產黨不能像義大利共產黨一樣開放？阿爾諾，你想要我告訴你原因嗎？你聽我說，法國共產黨無法開放，是因為它是一個史達林政黨，而且無論如何共產主義都只是極權主義。你正在為一個獨裁而戰。

　　——你呢？你為何而戰？

　　——我是無政府主義者，我不屑那些鬥士。

---

190. 共產主義學生聯盟（EUC, L'Union des étudiants communistes）是法國的學生政治組織，屬於法國青年共產主義者運動的一部分。1939 年組織首次成立，第二次世界大戰爆發後解散。1956 年該組織重建，隸屬法國青年共產主義者運動。共產主義學生聯盟獨立於法國共產黨，但與之保持密切關係。《明報》（*Clarté*）是 1956 年共產主義學生聯盟重建時發行的月報。

191. PCF，Le Parti communiste français，法國共產黨。成立於 1920 年。

192. 帕爾米羅 · 陶里亞蒂（Palmiro Togliatti, 1893-1964），前義大利共產黨總書記，從 1927 年起直到他去世為止擔任義大利共產黨領導人。

糟糕的日子，阿爾諾重提無政府主義在西班牙共和國的失敗當中所扮演的角色，西蒙則怒不可抑。

融洽的日子，他倆不約而同地跳到西班牙共和國被佛朗哥納粹主義坦克車鎮壓的動機上，無視該分擔的罪惡感。他們看重的是現在的局勢。而雙方皆同意：西班牙共和主義者在法國的待遇，就像德國人對待猶太人的方式一樣。儘管他們勇敢參與了反抗運動，然而在 1945 年解放時[193]，他們被排除在政府和所有的代表形式中。一旦你被打敗，你就任人宰割。不可能再回到正軌。

一時陷入失敗主義的感覺裡，不過他們隨即振作起來：西蒙再次準備好要毀掉一切。阿爾諾則期待共產黨的秘書長瓦爾德克 · 何歇（Waldeck Rochet）[194]能夠支持對話。我們要求的不過是辯論的自由。

在這個四月的夜晚，有點颳風，但是晚間藍色的柔和使得海灘道路如夢似幻。阿爾諾和他的同志收到回應了。官腔的消息毫無含糊之處。

「瓦爾德克 · 何歇先生向共產主義學生保證，他們得

---

193. 1944 年的 8 月 25 日，法國勒克萊爾克將軍（général Leclerc, 1902-1947）指揮的第二裝甲師開進巴黎，在反抗德軍的巴黎市民，以及盟軍西班牙共和軍分隊的配合下，解放了巴黎。1945 年 4 月 2 日，戴高樂將軍授予巴黎市政府自由十字勳章。

194. 瓦爾德克 · 何歇（Waldeck Rochet, 1905-1983），於 1964-1972 年期間擔任法國共產黨秘書長。

到了共產黨兄弟般的信任。1963年馬克思主義思想週開幕時，莫西斯・托赫（Maurice Thorez）先生[195]曾說過，所有的學生無論其歸屬或社會出身為何，在意識形態上和在道德上都有嚴肅的理由歸附民主陣營：這是絕對正確的。」親義大利、被指控邪魔歪道、被歸入人民之敵的陣營裡，阿爾諾感到絕望。更何況，他還出身於一個布爾喬亞家庭。

如果我們去你父母在皮拉（Pyla）的房子過夜如何，既然他們不在那裡。

這不是一個好主意，兩個男孩都瞪著我。

不能去皮拉真可惜。

當我們離開波爾多時，我喜歡這些在上了鎖的房屋裡的探險，一樣有出奇不意的方式。就像我們舉行派對的一些隱匿房子一樣：松林之下，荒野，或是阿卡雄灣的皮拉沙丘（dune du Pyla）底下，都是些無名房子。我們不知道屋主是誰。它們隨著我們的歌聲短暫活躍起來。接著我們會再度關上木窗。

甚至在冬季，也很不錯。寒冷讓我們不停地跳舞，睡覺的時候我們窩在同一張床上的感覺挺好的。

然而在這個起風的四月夜晚，由於受到法國共產黨書記回應的影響，我們沒有沿著地平線漫步。因為只要是思考政

---

195. 莫西斯・托赫（Maurice Thorez, 1900-1964），1930年至1964年去世時，長期擔任法國共產黨領導人。

治，地平線必定讓人聯想到共產黨，無論你是支持或反對。

　　我們去天使餐廳吃晚餐。我按照慣例點了西班牙海鮮燉飯。我的兩位同伴復活了。我們像無底洞一般狂飲。牆上的鬥牛海報提醒了我們最重要的事。阿爾諾打算自我流放到義大利。我們將與他同行。我們互望著對方碰杯。醉到一定程度時，以更為熱烈的方式重新唱起革命歌曲。這是發聲的力量和精神混亂的偉大時刻，在此他們正直接與歷史接觸。我們繼續在堤岸上歌唱。

　　此刻波爾多已經幾乎沒有什麼地方還在營業了。除了車站附近。我們在那裡遇到了運氣不好的旅客，他們沒有觀光導遊，也沒有看到任何歷史遺跡。特別是有一些等待下一班火車的軍人。歌唱和叫喊聲再度揚起。「革命原地踏步，退伍萬萬歲。」通常是叫喊這個，但並非總是如此。時而會出現有趣的融合。他們響亮的吼叫聲很難清楚分辨其中的訊息。接近黎明破曉時，我口渴難耐，點了一杯又一杯的飲料，我感覺自己越來越遠離人類的環境，被一種跟世界完美契合的內在了然所擄獲。天光漸明，我在對街的車站門口駐足。第一批乘客出現了。彷彿一場遠方的表演。一場迷人的移動，然而我與之全然斷絕。在我眼中它不尋常的屬性讓我緊抓著酒吧不放，拒絕離去。車站門口紅色的霓虹燈閃爍。這光線和行色匆匆的幽暗身影……我不想再移動，我想永久觀察這道光彩。我觸及了難以言喻的美麗。

我想到一些不會懷孕的預防措施，但是我不想去思考這個問題。愛情的喜悅讓我相信自己的好運。「預防措施」這個概念與瘋狂的愛情不符，我們以同樣的衝勁縱身躍入狂愛。我天真地、愚昧地將母性和圓胖、豐腴的身材聯想在一起。我相信母性與削瘦的稜角不合，與突出的臀骨和平坦的胸部矛盾。關於母性：我不僅想像著一個不同的身體，也想像著一種不同的生活模式。溫暖舒適的室內，嬰兒用品，坐墊，水果籃，對於未來的夢想，粉紅色或藍色搖籃上柔軟的花環，人們渴望的永恆締結。一種犧牲和奉獻的意義，一份透過嬰兒來慰藉自身存在希望的空缺，或者更幸福的是，一個將自身投射在另一個人的未來的可能性。我沒有想像我的未來，我樂觀於想望生活，但同時無法具體描繪自己的未來。假如我真的強迫自己想像未來的話，我會看到自己成為一個孤獨的流浪者。海灘，風，枯草。可憐的景象，然而其中喚起的追憶，悄悄地讓我內心激昂。在我內心深處，這些景象喚起的回憶，是我唯一的秘密。

　　我隸屬於一片沒有持久建築的土地。一個由沙堡、海藻和貝殼的娃娃所組成的世界，很快就被漲潮掩蓋。我和海沙如此契合，我不應該說自己隸屬於它。

　　在阿卡雄的哲學老師有一次對我說，您是易碎的。

　　他說得有道理。我是易碎的；然而奇怪的是，這份脆弱

能夠和某種堅固的形式相容，甚至與堅定的抵抗資源並存。皮拉沙丘不斷倒塌，然而它依然存在。

　　我花了幾個星期才向自己承認，我月經的延遲是令人擔心的。即使如此，我還是不願意告訴任何人。最後，有一天我回家睡覺，我把這件事跟艾雷特說。我無法再等候內褲棉布上的血滴來拯救我了。自從我們第一次相遇以來，艾雷特改變很多。她變得沮喪，開始經常生病。她的生活非常倚賴家人的來信，尤其是她父親，曾是她學業成功的重大支持。然而現在艾雷特已經沒有令父親驕傲的具體成就了（她女兒不再是班上的第一名），他不回覆她的信，不再向她示意。她因著孤獨和心寒而憔悴，因而向醫生諮詢。學院生涯的前幾個月曾經讓她充滿希望，但是她逐漸變得自閉。在皮特爾角城（Pointe-à-Pitre）[196]，在她的兄弟姐妹當中，在學校，她曾是最聰明的。但是在波爾多醫學院的人群裡，她什麼都不是。她感到自己的身份在灰暗和雨中溶解了。「南特下雨了」[197] 讓她想要流淚。起初是她鼓勵我不要投降。她認為我們學生的冒險如同英雄。她想像我們在女性主義的歷史裡扮演重要的角色。

　　我沉浸在自己和西蒙瘋狂的愛情故事裡，幾乎不再返回

---

196. 皮特爾角城（Pointe-à-Pitre）是法國在加勒比海的海外省 —— 瓜地洛普（Guadeloupe）的最大城市和經濟中心。

197. 「南特下雨了」是法國女歌手芭芭拉（Barbara）創作的歌曲《南特》（Nantes）的第一句歌詞。

位於聖凱薩琳街的家，除了回家換衣服之外，隨著春天的進展，我拿的衣服越來越輕。西蒙不喜歡我睡在那裡。事實上這是我們起初幾次爭吵的主題。這些爭執很快被安撫。我們沒有小題大作。我和他在所有事情上達成共識，這是被接受的，重新質疑這個前提，等於是重新質疑我們身體的和諧與心靈的明澈。瘋狂的愛情省去了摸索。學習是缺乏詩意的。瘋狂的愛情則是立即且絕對充滿詩意。對方必須讓我們知道的一切會在剎那間顯明，或是永遠不可得知。

當我回到自己的套房，我感到惶惶不安，毫無詩意可言。我立刻去敲艾雷特的門。這天下午她沒課，也沒有去圖書館。她躺在毯子底下，說自己感冒了。我不應該經常接觸她……我怕自己的狀況比感冒更悲慘。艾雷特確實同情我，對於我的焦慮感同身受。她當然知道婦產科醫師的地址。她甚至認識兩位。我選擇能夠最快問診的那一間。

我誇大其詞。從前的我並非完全無憂無慮。在我的家庭裡，我的外祖母很早就把「懷孕」說成絕對的災難，那是一個年輕女孩（唉，還有她所有的親屬）永遠無法被赦免的恥辱。這種關於非婚懷孕的恐怖警告，並沒有夾帶任何實用的建議，或任何基本的資訊。我的外祖母曾說過「未婚媽媽」（fille-mère）這個窮凶惡極的詞：意指一個女孩在沒有男人承認她是妻子的情況下成為母親。平心而論，未婚媽媽只能

消失得無影無蹤。為了避免這種惡名，一個出生良好的年輕人，若不是渣男就必須做出補償，也就是結婚。如此，一個家世好的年輕人會嚇死，如果他想到自己可能在某個夏天把女友的肚子搞大了而他應當娶她終身為妻。女友這一方則極度承受更嚴重的風險⋯⋯。我曾經試過荻野避孕法（méthode Ogino）[198]。女性要在每天早上同一時刻測量體溫，以便預測排卵的日子。除了方法本身的不可靠之外，我無法規律地善盡這項義務。「藉由體溫曲線圖，妳可以精準確定妳的受孕期」，圖書館裡的一位女同學解釋給我聽。我在桌上擺的是《精神現象學》，她則放了一張西伯利亞的地圖。她是地理系的學生，相信所有的曲線、圖表以及統計。她垂直立起她的地圖集，我們就在地圖的屏障下竊竊私語。她向我解釋，我洗耳恭聽。那時我剛邂逅西蒙，我想要歡愉，而非後果，對我而言，後果似乎和歡愉無關。我的邏輯不好，儘管如此，因果之間的關連畢竟存在著最起碼的因由。

　　——所以，妳告訴我，我該怎麼做？在我體溫最高的兩、三天裡我要節制。

　　——對，理論上是如此。事實上，妳要一直很小心。即使在排卵期之外。

---

198. 由日本婦產科醫師荻野久作（Kyusaku Ogino, 1882-1975）博士於西元 1924 年發現的推算方法：從下個月的月經的前一天，往前推算十二至十六天，這五天就是女性的排卵期，受孕機會高。

——妳是在開玩笑還是怎樣？（我的提問是有所修辭的，鑑於這項困擾的嚴重性，我準確地精心選擇了不會開玩笑的地理學家）。

——可能阻絕精子的一切方法，在性交結束後，幾乎就不可能了。

噓！請你們安靜一點。坐在我們對面的人低聲抱怨。

我倆在地圖集後面把聲音壓得更低了。

——不要拖拖拉拉。妳要馬上起身去盥洗。

噓！噓！

——我跟妳說個秘密：最理想的方法，是在發生關係的時候打噴嚏。

——除了荻野避孕法，妳還有沒有什麼其他方法可以建議我的？

這令人沮喪。我離開了地理系的學生和對面脾氣暴躁的憤怒讀者。我領會了韓波（Rimbaud）[199]的詩：

「再次坐下，拳頭埋在骯髒的袖口，

他們想到讓自己站起來的那些人

而且，從黎明到夜晚，成簇的扁桃體

在他們貧弱的下巴底下躁動出裂痕

---

199. 韓波（Arthur Rimbaud, 1854-1891），十九世紀法國著名詩人。此片段節錄自其詩作〈端坐者〉（Les Assis, The Sitting Ones）。

當刻苦的睡眠壓低其帽簷

他們在受孕的椅臂上夢眠

真正心愛的椅子位於邊緣

它們將為高傲的桌子鑲邊……」

　　我回到街上，思索著，深受荻野曲線困擾。這一切都很怪異。我進入一家戲院。稍晚，我去西蒙的小屋子敲門。

　　和他享受性愛時，我想到我應該要打噴嚏，害我差點兒笑出聲來，以致於沒有達到高潮。

　　我問西蒙是否聽過荻野。他說：「是西班牙人嗎？」我原諒他了，畢竟我們正在聽佛朗明哥的音樂。

　　一塊閃亮的銅製門牌，並沒有讓我安心。候診室只有我一個人。我試著讀《世界報》樂畢鐸（Le Bidois）的專欄「捍衛法語」[200]。想到法語也遭逢困難，我的感覺還不錯，也因此在這個比西蒙的家還寬大的候診室裡獨處，我變得不那麼孤單。

　　我讀到：「在……之後（Après que）的句子不要求使用

---

200. 樂畢鐸（Robert Le Bidois, 1897-1971），法國語言學家及外交官。自 1956 年起擔任《世界報》（Le Monde）每週的「捍衛法語」（Défense de la langue française）專欄之共同執筆。

虛擬式（subjonctif）[201]。

我已經談論過此一句法問題，可是這個當時被我稱為「具侵略性的句法錯誤」（solécisme envahissant）在我們當代人的使用裡似乎已根深蒂固，以致於令人懷疑現在才要根除這個錯誤會不會太晚了……。眾數法則並不會取消句法錯誤，就像由於一種疾病非常普遍地存在，它便不斷地是一種疾病。

在……之後的句子不要求虛擬式。不用嗎？真奇怪。樂畢鐸並沒有讓我減輕痛苦。我錯了，他反而在我的問題上添加困擾。我需要的是娛樂，而不是被一種文法焦慮給戳中。我改為翻閱攤在茶几上《巴黎 - 競賽》（*Paris-Match*）[202]。由於無所事事，我隔著自己紫色和綠色條紋的連衣裙輕輕愛撫自己，布料柔軟得不可抗拒。這件連身裙好似我的第二層皮膚。這樣很好，我開始忘卻我的煩惱。我坐在沙發上靠著椅背，感覺舒適多了。這樣子真的很好……。一位助手突然粗

---

201. 虛擬式（subjonctif）是一種法語動詞變化型態，通常表示主觀的態度和不確定的行為，不一定符合現實或必須與現實相關，例如表達願望、期待、偏好，意見等等，通常銜接於 que 之後的子句裡。但也有例外，像文中舉的例子 après que（在 ... 之後），後面接的子句動詞就無須使用虛擬式，因為「在 ... 之後」的 ... 所指涉的事件通常是可確定的事實，要被完成的行動，因此不是不確定的虛擬式。
202. 《巴黎 - 競賽》（*Paris-Match*）是一份法語的新聞雜誌週刊，涵蓋了主要的國內和國際新聞，以及名人的生活軼事。該週刊的前身自二〇年代的運動性質雜誌創刊起，之後歷經多次演變，1949 年正式改為 Paris Match 的新名稱。

暴地打開門，差點害我這個誘拐自己的現行犯被活逮。

這位女士具有剝奪別人自由的天分。她是即將檢查我的科學家的完美助手。一對令人不寒而慄的二人組。

男人彎向我，我半裸著身子，張開雙腿，腳指緊緊扣著手術椅的擱腳架。男人把他的工具伸進來。鐵鉗的冰冷令我難以忍受。我缺乏比較的對象，但此刻我感受到一種特別充滿敵意的陰道觸覺。

——您懷孕了。

——怎麼可能？

——是由我來向您解釋這件事嗎？

我感到如此沮喪，以致於對下一步要做的事情腦筋一片空白：拾起扔在地上的閃亮連身裙，付錢，閃人。我一動也不動，敞開，呆滯，腳踩在椅子的擱腳架。男人告訴我懷孕幾週了，這讓我回到了現實。

我準備離去，他為我打開皮革軟墊門，在門檻上，他問我是做什麼的。「大學生」，我低聲說，沉重至極。他追問：什麼科系？他不是出於好奇，而是出自一種反射性的禮貌。

「哲學」

那就試著從中實踐重要的美德，如您所知，也就是鼓起勇氣甘心承擔這行為的後果。

——我該怎麼做？我不想要這個孩子。您可以幫我嗎？喔！求求您幫助我！

我真的跌到谷底了。

——小姐，這與我無關。如果您可以不要再回來我這裡諮詢，或是不要透過任何方式聯繫我，我將會非常感激您。永別了小姐。

他再問了一個問題。剛才他忘了問。

——您今年幾歲？

——十九歲。因為〈端坐者〉[203] 重現在我的腦海中（關於詩人，尤其是韓波，不是我們召喚了詩人，而是詩人佔據了我們），我補充說，除非我的體質出現嚴重的機能障礙，否則我不會生下一張凳子。

醫師收回了原本要對我伸出的手。

在……之後。演繹推理。亞里斯多德定義的三段論（syllogisme）強調邏輯的必然性，據此，一旦前項（antécédent）被提出，按照同一性原理並且無須訴諸任何外來憑據，對於結論的肯定也在理智上確立無疑。前項已經提出了。它並沒有放過我。我墜入地獄。我的條紋裙底下一絲不掛。診斷很明確。也無庸置疑。像我外祖母所說，這沒有什麼好拐彎抹角的（此刻我想起她這句表達，以免心裡浮現她對愛情險境的警告）。就像所有人一樣，我大可否認事實。

---

203. 即稍早作者所引用韓波的詩，〈端坐者〉（Les Assis）。

然而這一天，在這已經變得溫暖的春日午後，我知道醫生是對的。當他一說出口，我就承認了。我懷孕了。我成了自己疏忽的生理過程之獵物。除非打破自然的進程，否則就像時間的流逝一樣，我一定會到達分娩的時刻。

我已經按照字母順序，在筆記本上寫下難以打斷之事：在冰雪上摔跤，母親的憤怒，在大學演講廳的大堂課，一陣狂笑。我接著寫上：懷孕。這跟狂笑一點無關。

西蒙的門關著。他出去了。我到附近一間小咖啡館等他。然而當我透過窗戶看到一群革命同志伴隨著他回來時，我沒有移動，我躲在窗簾後面。他們踏著充滿活力的步伐。我徹底看見西蒙的美，他的吉普賽魅力不只對女性起作用，對男性亦然。然而此時此刻，我與此隔了一層。或者毋寧說，由於發生在自己身體內的這件事將我與此隔開了。它是在我不知情的狀況下發生的，日子每過一天，我的情況就會變得更嚴重，直到它很快達到不可逆轉的程度。

我想到自己在閱讀哲學時的緩慢，好似我欠缺某個環節，好像我有一個空箱子，總是有某個關鍵概念、某段推理墜入其中。我的理解時間跟我的生命時間不相吻合。

一週以來瓦倫西亞（Valence）罷工的冶金工人超過六千

名。在薩貢托（Sagunto）[204] 的高爐鍊鐵廠。這是前所未有的。西蒙只有這個話題。

我選擇墮胎讓他難以承受。他很受苦。對於他的痛苦我可以表示同情，然而我心想：同情是一片濕滑之地，就像加倫河岸一樣。同情心，不是全有就是全無。

我保留所有的同情心給自己使用。

《法國晚報》有一則可憐的社會新聞：一個被稱為「亞眠女惡魔」[205] 的女人在一間旅館裡獨居，她的寶寶死在旅館。她的辯解無法說服控告者：「我的孩子死於意外。他是在我睡覺的時候死去的，我把他藏在我的枕頭底下。」我已經讀過好幾個像這樣關於恐慌和孤獨的恐怖故事。我的腦海裡再次浮現未婚媽媽這個腐臭的名詞，帶著家庭迫害、折磨與暗殺的惡臭。未婚媽媽：被家庭的律法活生生用牆圍堵監禁起來。巴爾貝 · 德 · 奧赫維利（Barbey d'Aurevilly）[206] 在他的《無名歷史》裡講述一位受虐女孩的苦難，她懷孕並受到母親的懲罰。這部小說帶著一種齷齪的悲慘，寫於十九世紀末。然而這個時代和 1964 年詛咒未婚媽媽所引起的共鳴方式，並

---

204. 薩貢托（Sagunto）位於西班牙東部，隸屬於瓦倫西亞省（province of Valencia）。
205. 亞眠（Amiens），位於法國北部的城市。
206. 巴爾貝 · 德 · 奧赫維利（Jules Barbey d'Aurevilly, 1808-1889），法國小說家。擅長撰寫神秘故事，這些故事探索隱藏的動機並暗示了邪惡，而沒有明指涉任何超自然現象。《無名歷史》（Une histoire sans nom）這部小說書寫於 1882 年。

不存在什麼區別。每年大約有超過八十萬次秘密的墮胎，其中至少⋯⋯件致死案例。八十萬名女性？然而我卻以從未有過的孤單方式走上自己的解脫之路。

起初，我和所有其他人一樣，相信我可以用別的方式解決問題。我希望能夠用最簡單且成本最低的方法擺脫胎兒。我盡可能地在樓梯間全速地跳上衝下。很可惜我沒有辦法騎馬。一匹馬的價格可能會高於墮胎的費用。此外，在大城市裡我如何安頓這匹馬？

我吞了藥物，接受一系列注射。我做好一切準備。「我不想殺死妳」，這位住院實習醫生說，他是西蒙求助的一位友人。他嘗試自己能力所及之事，對於我的健康和他的安全，他不願意冒著嚴重風險。最後一次注射的時候，他幾乎確定這方法是無效的，他帶著極大的善意對我說：「妳自己要小心。不要堅持。西蒙愛你。妳的決定讓他崩潰。有時候必須要知道如何變得簡單。接受共同命運。我們可能會驚訝於它所包含的幸福。」他使用了「共同命運」這個詞，正好對準我的恐懼。除了對未來保持開放態度之外，我對自己的未來毫無想法。就像司湯達（Stendhal）[207] 所說的，「你相信，在

207. 司湯達（Stendhal, 1783-1842）十九世紀法國作家，本名為馬利 - 亨利 · 貝爾（Marie-Henri Beyle）。他以精確的角色心理分析，和凝練的筆法聞名。司湯達被視為現實主義的早期重要的實踐者之一。最有名的作品為《紅與黑》（*Le Rouge et le noir*, 1830）和《帕爾馬修道院》（*La Chartreuse de Parme*, 1839）。

既定觀念之外，幸福並不存在嗎？」

「我什麼都不相信，我只是想幫助妳」。我感覺被刺傷，他居然敢向我提出共同的幸福。如果他更徹底追問我的話，我會承認，我等待的是某件特別的事情。然而要我精確說出那是什麼事，我沒有辦法。他扔掉注射器，洗了手。他為西蒙想留住這個孩子的理由辯護，尤其是基於生命的理由，這是他選擇醫學的原因。離開的時候他再次請求我小心照顧自己。我已經超越了這種擔心。我對於死亡毫不懼怕，我追求自由之路的歷史不能這麼早就結束。然而無庸置疑的是，在此期間，我必須找到幫我墮胎的女人 [208]。

還有其他更為手工的方法能達到同樣的結果。但這些方法讓我感到畏懼。

西蒙湊足了所需的錢，並且最終獲得一個可靠的地址。我們約在梅西亞德克區見面。我因著自己的急迫狀態而緊張，已事先將自己隔絕於他的痛苦之外。

一場分手的會面，必須帶著一把槍而不是一顆心前往。腦袋裡只有一個念頭：這個人會永遠消失在你的視線。如果不幸地，我們之間還殘存著溫柔的情感，那必須將它們一掃而空。

我處在那種情緒中。

---

208. 幫人墮胎的女人，法文的俗稱之一是 faiseuse d'anges，天使製造者，意指願意替孕婦墮胎的女性（通常不是醫生），也有男性的天使製造者。

我們在附近的一家咖啡館見面，這是一間破舊的房屋，門面上咖啡館的字樣幾乎已經模糊不清。一扇通向黑暗的門後，錯落著陰影。成堆砍伐的木材阻塞了窗戶。我們進門的時候有十幾隻貓逃開。老舊的木桌，大部分是圓桌，上面堆滿了花盆。我和他在植物中間坐下。貓回來了。牠們在我們四周打轉。

西蒙給了我一本阿波里奈爾（Apollinaire）[209] 的詩集。裡面夾著錢。

——妳要我陪妳去嗎？

我說不用。

——喔，羅莎，這是對一切的絕望。

他將我擁入懷裡。

鈔票被塞在兩頁之間。我讀到：「路（Lou），如果我在那裡死去，我們忘記的回憶，

——有時候你會在瘋狂時刻想起，

青春，愛情和耀眼的熱情，

我的血是幸福熾熱的泉源！

但願最快樂的就是最美麗的，

喔！我唯一的愛和我偉大的瘋狂！」

我強忍住淚水。如果我沒有被自己唯一的煩惱糾纏，處

---

209. 紀堯姆‧阿波里奈爾（Guillaume Apollinaire, 1880-1918），法國詩人、劇作家、藝術評論者。

在困獸之鬥的皮囊裡，我會認可人們確實為愛情而死，即使有一天我們將重生，死亡仍是實在的。

　　我不想回到自己的住處。現在去電影院太晚了。我找了一家咖啡館，只是為了激勵一下自己。它並不是真正歡樂的場所，然而有時候為了讓自己感覺好一些，只需找一個明亮之地，在那裡偶然、孤獨與失眠聚集了一群人。失落的人們突然彼此形成默契。我在吧臺飲酒，倚靠一扇玻璃門站著。我轉身面向廣場。我覺得自己看見了一個高大的身影，穿著長斗篷，戴著一頂羽毛帽。他向我示意。咖啡館老闆對我說：「去吧！他是梅西亞德克親王。他人很好，需要人陪伴。我寧願妳去找他，而不是讓他來這裡。他不壞，不，一點也不，然而他會讓人不自在。這只是相處的問題。我們不是同一個世界的人。」

　　斐迪南・馬克西米利安・梅西亞德克・德・歐昂（Maximilien Mériadec de Rohan），居耶梅奈（Guéméné）親王[210]。他回到了自己擔任波爾多大主教期間的地盤。他記得他的花園，在廢墟裡慢慢走著。慢慢地，非常優雅。他用圓

---

210. 斐迪南・馬克西米利安・梅西亞德克・德・歐昂（Ferdinand Maximilien Mériadec de Rohan, 1738-1813），從 1769 年開始擔任波爾多大主教。所隸屬的德・歐昂家族是當時高層貴族中最有影響力的家族之一。1771 年他開始建造歐昂宮（Palais de Rohan，1883 年起成為波爾多市政廳），自此該區域以他的名字改名為梅西亞德克。

頭手杖玩弄著一塊輪胎，一隻鞋，一片果皮。他那討人喜愛幽靈的名號果然名不虛傳。是我自己此刻的性情非常不適合交談。但是既然他已踏出第一步，並且多次鞠躬行禮，如果我還把親王攆走，那就是可恥的粗魯了。我們坐在粉紅色柱子前的臺階上，嗅著所有可能遊蕩者的多種族尿騷味，聊起各式各樣的話題。在歷經了與西蒙的那一場戲之後，我很高興自己的想法改變了。聽到我提及霍格教授的哲學課，他向我更靠近了些（他身上奇怪的香味，實在令人窒息，介於腐爛的屍臭味和花香精華之間，這氣味向我證明他跨越世紀之態的真實性，並將周遭嗆人的霉味化成古龍水的雲霧）：「我希望您意識到榮幸。

——什麼榮幸？

——您在聆聽霍格教授的課程時，並沒有特別的體會。他對您而言似乎並不刻板、老派。

——沒有比其他課更刻板……但我確實聽不太懂他在講什麼。

——霍格就是黑格爾本身，柏林哲學教席的教授。

——什麼！他在 1831 年沒有死於霍亂？

——沒錯。就像我一樣，1813 年我因為燉蝸牛的消化不良而死。與永恆之間存在著一些和解。這是一個變化莫測的通行體制。

——是否要有些條件才能特別獲准？

——只有一個條件：在生存的某個時刻裡，要盡一切可能全力以赴生存。也必須相應地採取行動。這是必要條件，不是充分條件。

我覺得很怪。如此，我直接從黑格爾那裡聽了有關黑格爾的課程。我明白那些少數理解霍格教授的人因著他所引起的激昂。「尊敬的先生們」。原來我錯過了黑格爾並失去了瘋狂的愛情。

——但是你遇見我這個朋友。親王低聲地對我說。他似乎能讀懂我的心思。

而且他知道如何獲得好心情。

是的，霍格教授不是別人，他正是偉大的黑格爾，而在他兩腳之間奔跑的老鼠是德國人！這個地方究竟處於什麼狀態？為什麼要用我的名字梅西亞德克（Mériadec）命名？還多加了一個 K（Mériadeck）！這個 K 是您的時代、它具有的嚴酷型態的象徵。斐迪南 · 馬克西米利安 · 梅西亞德克。梅西亞德克是布列塔尼亞地區常見的名字，也是一個姓氏。這要歸功於我的教父。梅西亞德克 · 艾赫克勒 · 吉爾伯（Meriadec Hercule Gilbert），歐昂的親王，法國帝王的犬獵隊隊長。艾赫克勒也是一個家族的名字。而您，您叫什麼名字？

——麗莎、愛洛蒂、路易絲。愛洛蒂是我教母的名字，她是一個棄嬰，一個淒慘的女人。路易則是我教父的名字，

他曾是一名工人神父。

——工人神父？這位大主教感到驚訝。我自己也曾被1789 年的革命所吸引過，不像我那可恥的兄弟歐昂 - 克利耶（Rohan-Collier）。他成功地把自己同時弄成女王的敵人及保皇黨的捍衛者，總之那又是另一個故事了，改天我再說給您聽 ⋯⋯我的花園很棒，有噴泉、玫瑰園、雕像，尤其最讓我高興的是：夏天。一個戴著草帽的小女孩，正在澆花，一個可愛的孩子，一位天使⋯⋯

這一切在我腦袋裡變得混亂，花園，時代，黑格爾以及澆花的小女孩。親王非常友善地用他的斗蓬清掃一個臺階。我在上面躺了下來。

幾天過後，我想要跟賽吉喝杯咖啡。當我抵達幽靈咖啡館門口時，鐵門已經拉下。上面用巨大、流淌的紅字寫著：雞姦者[211]。同一個月，我們在加倫河發現他的屍體。警方研判為溺斃，意外落水，或自殺，沒有暴力痕跡。

我去問診的那個女人帶給我完全的信任感，我相信她有善盡職責的判斷力。但我很快察覺到驅使她的動機是仇恨。個子矮，身材粗壯，穿著灰色背心，褲管垂到腳跟，在我寬

---

211. Pédé.，pédéraste 的縮寫，雞姦者，男同性戀，一種貶抑、具攻擊性的負面說法。

衣的時候，她專注看著我。我本來要像在婦產科那裡一樣把衣服丟在地上，不過我改變主意了。她還是盯著我看，我想，她的眼睛在「探測我」，我無意玩文字遊戲。她想要評估我對於把自己搞成這樣的人，男人，懷恨的程度。「放輕鬆」，女人冷酷無情地對我說，她觀察到我並沒有懷恨在心。

我已經不記得我們是如何付費找錢，也不記得是在何時結的帳。

我得救了。

隔天是春季第一次考試的日子。「通過考試我萬分歡喜」，西蒙・波娃寫道。我無法像她一樣這麼說，然而我沒有擔憂地接受了道德的考試，除了我在階梯教室裡失血之外。

考題是：「如果智慧是一種過時的理想，我們如何定義哲學？」我成功地忽略了自己應考時的噁心感及不適的焦慮。我專注於這個主題。最後，我是第一批完成作答並交出答案卷（copie）的人之一。我拼湊某種具連貫性的東西。最重要的是，切記不要前後不一致。在這種精選出幾則引文再全部銜接起來的遊戲中，我受過完美的訓練。我以拼湊的方式完成了我的那些論文。我已學會避免最嚴重的缺陷，例如：偏離主題的答案卷，過於一般的答案卷，過於特殊的答案卷，建構不良的答案卷，沒有真正引文的答案卷（比方說，你不能以「這個主題帶來了各種問題……」開場），還有欠缺結

論的答案卷。然而「拼湊式的答案卷」或說「馬賽克式的答案卷」本身也是一種缺陷。這是真的，而在這部分，我也不過是個凡夫俗子，同樣被這種缺陷拖累，我盡了最大的努力。我交出答案卷，然後走出去嘔吐。

學院酒吧裡非常興奮躁動。學生之間在比較他們的考試。「還順利嗎？你選擇了什麼？」有人提議要去海邊。我們遂於晚間前往。「麗莎，妳要跟我們一起去嗎？我們會在沙灘上生火。」我說好，沒問題，後來快要天亮的時候，我自覺正在死去，我殘餘的力氣只夠讓我慶幸自己躺在沙灘上。

一座碉堡為我擋風。

七月，我的母親來到波爾多。我趁著她的來訪帶她去家庭生育計畫中心，我讓她簽署一份同意書，這樣我就可以拿到避孕藥，成年年齡是二十一歲。母親很願意這麼做，沒有概念這一切意味著什麼。我們眼前有一張「幸福家庭」的海報，計畫生育的第一個名字，一個讓人安心的名字。我看著母親，很明顯在我父親過世以後，她變得更美了。她剪短了頭髮，從前是灰色、齊平、中長髮。現在是棕色捲髮。看她的樣子就可以知道：她對於慾望是有天分的。她若要開創舞蹈事業可能已經太遲了，不過作為一個魅力四射的女人，所有的機會都為她開放。她向來喜歡綠色，即使在婚後的那幾

年，她什麼都穿，尤其是她自己和別人都不喜歡的衣物。然而此刻她穿著短裙，鮮綠色襯衫，戴著大珍珠項鏈，她很迷人。我心想：好一隻棕色的狐狸精，她準備在森林裡奔馳了。

幸虧母親的許可，我取得了處方。我可以購買避孕藥。生物學偉大的喧囂被我永遠擱置一旁，我將藥丸放進一個銀盒子，中間鑿刻了一個圓型的圖案，有時看來像是太陽，有時候像是金龜子。我可能會迷迷糊糊地完全忘記時間安排的概念，但是對於服用避孕藥，我絕對準時。就好像我的身體裡有一種聲音，一種反對繁殖的聲音，告誡我每晚不要忘記這神奇的藥物。即使陷入昏迷，我也會按時醒來服用我的藥丸。

仲夏時節，我協助媽媽永遠關上了阿卡雄的房子。她把它賣掉，也賣掉了最大的船和小艇，這小艇曾經是我的神奇玩具。媽媽想搬去蔚藍海岸住。我陪伴她一直到坎城（Cannes），她在那裡有個約會。最後她選擇了蒙東（Menton）這個城市，和她的母親還有我的弟弟定居下來，從銀色海岸（côte d'Argent）[212] 過渡到蔚藍海岸，讓人感到耀眼，在父親去世的幽暗過後，一躍跳入陽光之中。我從那裡收到的第一批明信片，其中一張是馬丁角（Cap Martin），

---

212. 銀色海岸（côte d'Argent）是指法國西南部亞基坦納大區的大西洋海岸線。

媽媽跟我描述這個老城鎮、她的雪鐵龍 2CV 車子 [213]，還有檸檬節。她突然想起計畫生育中心的造訪，因而在附言裡補充：「至少妳沒有生病吧？」

我過得很好。我住在加倫河畔一座石頭蓋成的大房子，距離波爾多大約十五公里左右。花園延伸到葡萄園裡。我曾被一個男孩在此招待留宿一晚，他和一群音樂家及演員住在這兒。我後來住在這房子裡好幾年。如此的音樂和柔美，如此的華樹和星夜，離開此地是殘忍的。

科倫布（Les Colombes）在我的記憶裡像個夢幻般的括弧，這段長期的居留脫離了日曆的標定。它跟考試的檢核及認可無關。我討厭「重新對時調整鐘錶」這種說法，這在我們的穀倉裡是禁止的，此外，我們既沒有手錶也沒有鬧鐘。有一個時鐘，但它的功能是裝飾性的。那是一座高大的古董鐘，放在門口的鋼琴旁邊。

詩人艾倫·金斯堡（Allen Ginsberg）[214] 敘述了他年輕

---

213. 雪鐵龍 2CV（Citröen deux chevaux-vapeur），1948 年在巴黎車展首度亮相的車款，它的設計符合當時的農務需要，其獨特的外觀、經濟性和多功能性，且 2CV 意指這款車是專為迎合法國二戰後所實施的馬力稅而產生，僅兩個蒸氣馬力。戰後的資源匱乏，法國政府遂推動以車輛馬力大小計稅制度，鼓勵消費者購買小引擎的汽車。雪鐵龍這款 2CV 車型已成為 20 世紀小型車經典的代表。

214. 艾倫·金斯堡（Allen Ginsberg, 1926-1997），美國詩人及作家，其姓氏也譯作金斯伯格。四〇年代就讀紐約哥倫比亞大學的時候，與友人威廉‧伯格茲（William S. Burroughs）和傑克‧凱魯亞克（Jack Kerouac）發起「垮掉的世代」（Beat Generation），或譯「精疲力竭的世代」。beat 一詞有「疲憊」或「潦倒

時期的一段插曲。他當時住在紐約上西城，哥倫比亞大學一帶。他的生活混亂而荒謬。他自問尋找什麼，自己應該走向何方？有一天他在房間裡無所事事，打開威廉・布萊克（William Blake）[215]的書來看。「啊！向日葵」，甚至在他注視這些字之前，布萊克的聲音已經從書頁之間湧現。死去的詩人正對他朗誦這首詩。

在媽媽的另一封信裡，她把外祖父一件非常老舊的信轉交給我，這封信是她從阿卡雄搬家時發現的。我的外祖父在1946年1月1日從凡爾賽寫給我此信，他在那裡因病而臥床，因此無法來里昂參加我的洗禮。信紙很破舊，也很脆弱。我正準備解讀褪色的藍色墨水書寫的字母，然而他的聲音完好無損地在房間裡響起。「我親愛的外孫女，很可惜我沒有參加妳的洗禮，至少我是隱形的，但是我在場，喔，我真的在場！……我所有的思緒時時刻刻陪著妳，幾乎可說是分分秒秒陪伴妳走向高舉聖體（Elévation）的儀式。我和所有在場的人一起祈禱，祈求此刻起把妳當作祂孩子的那一位，保護妳、賜給妳仁慈，讓妳的生活擁有源源不絕的喜悅。而現在，

埏掉」之意，而傑克・凱魯亞克賦予這個字「歡騰」或「幸福」的新意涵，如同音樂裡「節拍」的概念。埏掉的世代意在探索和影響二戰後的美國文化和政治，他們發表諸多文章，嚴厲反對軍國主義、經濟唯物主義與性壓抑，投入精神和宗教的探索、拒絕標準的價值觀、試驗迷幻藥物和性解放。其作品被視為美國後現代主義文學的重要分支。

215. 威廉・布萊克（William Blake, 1757-1827），出身英格蘭倫敦的詩人、畫家和版畫家。被認為是浪漫主義詩歌和藝術史的開創人物。

由於這一天正巧也是為天上三位王（des Rois）的典禮所預定的，我懷著極大的熱誠，將妳擺在我的王后之列，當然，因為耶穌深愛小孩子，我確定將如妳所願，甚至妳無須要求便能獲得我們所需要的支持和慰藉……」

　　從此以後，這第一個觸動你明瞭自己被深愛的啟示之聲，永遠不再離開我。是菲力的聲音，他的笑和惡作劇、對於天意及其神秘道路充滿信心的聲音。

3.
藝術家咖啡館（Cafés des Artistes）

「醉酒的詩人斥責宇宙」

——韓波（Rimbaud）

　　我從聖約翰車站搭火車前往巴黎。單程車票。肩膀上輕輕揹著一只花布袋，裡面放著一些衣服，帆布鞋，橡膠鞋，同樣是花布料的長裙，外祖母編織的九重葛淡紫色披肩，波維爾（Pauvert）出版社的薩德書籍，黑金色的小冊子、思考遨翔的課本，和指尖一碰到就很快樂的教科書，還有我的自由精神聖經。西蒙給了我一份對他而言是有毒的禮物；對我來講則是純粹的喜悅。「茱麗葉，您喜愛聖豐（Saint-Fond）嗎？我一點也不喜歡他，我只是一時興起」。聖豐，聖安傑（Saint-Ange），聖艾摩（Saint-Elme）……，聖約翰（Saint-Jean），聖查理（Saint-Charles），聖拉札（Saint-Lazare），帕迪歐（la Part-Dieu）……。我暗自思量，車站常常以聖者命名，就像那些放蕩子（libertins），也像教堂和醫院一樣。這是要提醒我們，車站、教堂及醫院的建造是為了我們的益處，讓我們在人間的長途跋涉裡獲得幫助嗎？我們停下來，祈禱，接受治療，洗頭，換上乾淨的衣物，整理包袱，然後無論如何我們盡力再次踏上路程，一拐一拐地也得上路。咖啡館呢？不是比教堂、車站和醫院更值得聖徒之名嗎？因為如果有一個地方能讓我們呼吸和恢復精神，自我激勵，確認他的行李，查閱地圖，那就是咖啡館……。我提早抵達火車

站，略過候車室走向車站食堂的酒吧。在我身旁有一位瘦小的男士筆直站著，他以一種含糊的嗓音點酒，與他的軍人氣質形成鮮明對比：「請給我一杯隆河谷（côte du Rhône）。白天，喝蘇維農（sauvignon）。晚上，喝隆河谷」。「好的」，服務生回答他，不是很認真。但這份許可對於喝酒的人來講已經足夠。男士重新挺直削瘦的身材，對著我微笑。我留意到即使他的袖口和衣領磨破了，衣著上堪稱端正得體。他指著我的背包：

——您要去旅行？

——對，我要去巴黎。

——來回還是久留？

——我不曉得。我要離開這裡，我只知道這一點。

——我去過一次巴黎。我忍受了四十八小時。啊！我並不羨慕您。他們的首都是恐怖的。我冷得要死，而且迷路。我快要不記得自己的名字了。從來沒有看過這麼神經質的人們，而且脾氣暴躁。抱歉！你們不斷地道歉！抱歉！抱歉！幾乎不會克制自己撞到人！有一個解決辦法，就是在巴黎周圍建造一座巨大的牆，超極巨大的牆，這樣一來他們就可以窩在一起把所有的事情都變得越來越快速，並且互相謾罵。法國其他的地區從此得到安寧。尤其在夏天，巴黎人的神經質激怒了全世界。有些國家甚至無法復原。他們正在摧毀希臘，一個島接著一個島毀滅。希臘人看過這些裸露的外國女

性之後，就很難面對自己的女人全身包裹著黑衣裳了。

——什麼事讓他們感到困難？

——很難再感到興奮了，當然。

——我知道希臘。連水底下都有偷窺者……然而應該這麼說，也許他們一飽眼福之後，就會趕緊和自己的妻子會合了。

——也許吧。無論如何，我堅持應該要把巴黎人監禁起來。

一位酒客抑揚頓挫地朗誦：巴黎仔，牛頭也，巴黎佬，狗頭也[216]。我同意，應該把小牛頭圈起來。

——這不是一個好主意嗎？我身旁的客人問服務生。

——白天喝蘇維農，晚上喝隆河谷？服務生回答。顯然他現在已經從談話線索裡脫鉤了。

——順道一提，來一杯隆河谷？既然現在是晚上。小姐，為了您的旅程，我能請您喝一杯嗎？

我們舉杯敬酒。在他眼中，我將前往不幸。不過，他覺得所有人都往同樣的方向迅速前進。

——我喜歡車站食堂的酒吧。沒有其他地方比這裡更能慢慢品嚐待在自家的幸福了。

他是僵直的，帶著尊嚴的束腰。唯有他眼神裡的某種

---

216. 原文為 Parigots, têtes de veaux, Parisiens, têtes de chiens，這是從外省的角度對於巴黎人押韻的嘲諷。

含糊，以及措辭裡的一絲絲放任，指明他留意自己飲食的嚴格程度。早上……蘇維農，晚上……隆河谷？吧臺周圍關於監禁巴黎人的主意開始升溫。有一位反對者憂心於這樣的交談，他的孩子住在巴黎。

——所以您要離開了？您真的下定決心了嗎？

——真的，真的。

——您在此地欠缺什麼？留在波爾多不好嗎？

我沒有時間回答，我丟下一句「再見」，然後衝向火車。

——永別了。

他嚴肅的語氣讓我驚訝。我轉過身。他在那兒喝醉了，身體挺直，手裡緊握著他的紅酒杯。類似車站食堂的小圖騰保護者，更廣泛地說，是保護那些留在這裡的人，那些經常去車站而不想離開的人，他們喜愛靜止不動的出發。我愉快向他揮手。然而他並沒有回應。

我預訂了一個臥鋪，但是幾乎沒有使用。空氣暖和，我和同車的女乘客一起靠在車窗，玩得很高興，閉上眼睛，讓勁風吹拂我們的臉。她懷有身孕，很難鑽進下鋪。風兒陣陣拂面之際，我倆談起等待我們的城市，巴黎。明日早晨我們抵達的終點站，也許會是我們整個人生的終點站。他的愛人應該會來接她。她帶著自信和愉悅，我也是。當她去躺下時，我留在列車走廊上，和其他乘客一起站著，以不同間距的排

成一列。在一連串起伏的村莊景色和濕潤田園風景之後，這些失眠者將會是第一批看到告示牌的人：「巴黎，二十一公里」。

　　巴黎的里昂車站讓我驚愕。有廣播，有人在奔跑，有令人目瞪口呆的喧囂，還有鴿子在高聳的窗戶底下亂竄尋找出口。一個黑白的世界，有數百個用鉛筆描繪的小身影。我穿著鑲邊的裙子，微微戰慄。在 1968 年八月這個下雨的早晨，我立刻明白了，為什麼巴黎人要到其他地方去尋訪夏天，這件事整個八月都會重複發生。他們會翻越無論哪一座高牆……我的內心非常歡愉，然而從天空的顏色看來，我感覺亡靈節（le jour des Morts）[217] 已經到來。

　　由於我不知道地鐵路線的方向可以從終點站看出來，因此我漂流了很久，在車上一直被擠壓，觸碰，捏弄，亂摸：面對壓迫我胸部的傢伙，我使用我的袋子當作擋箭牌，但同時我的臀部被抓著。茱斯汀娜（Justine）[218] 成為巴黎人淫蕩的題材，她秘密地向首都的聖母院祈禱，我仔細察看地鐵站的名稱，就像人們考察救贖的公式，也像我過去察看拉

---

217. 亡靈節是一種紀念亡者的特殊節日。11 月 2 日是天主教徒紀念死者的日子。在墨西哥的亡靈節的活動則通常從 10 月 31 日開始，一直持續到 11 月的前兩天。

218. Justine 這個名字出自薩德侯爵 1791 年出版的情色小說《茱斯汀娜，或喻美德的不幸》（Justine ou les Malheurs de la vertu），與先前提到的《茱麗葉的故事，或喻邪惡的繁榮》（L'Histoire de Juliette, ou les Prospérités du vice, 1797）是姊妹作。

丁文多變的字詞，最後，經過一再犯錯，一再詢問，我還是成功地在正確的車站下車：田園聖母院（Notre-dame des champs），一個讓人心跳加速的名稱。我的地址以藍色簽字筆寫在一張折成四面的大紙上：聖迪維夫人（madame de Saint-Dyver），十七號之一。這是我的救星，是我的四瓣幸運草[219]。我深信自己的好運，抬起頭來；我就在這裡！在自認為是我的房間的招牌底下，霓虹燈寫著：聖迪維。我進入屋內。一個男孩正使用吸塵器打掃陰暗而烏煙瘴氣的空間。我毫不遲疑地向他宣告這是我要居住的地方。他花了一些時間才弄明白（很少見到一位年輕女孩願意住在一間夜店裡），然後友善地對我解釋，是我搞錯了。他和我一起把對折的紙打開。我住的地方距離這裡幾公尺。女房東的名字跟這間夜店一模一樣，奇怪的巧合。

我住的地方還要再走過幾個門牌號碼，而且樓層比較高。位於六樓的傭人房。門房把鑰匙交給我，我遵循一面白底黑字的指示牌走去，沒有感到不滿：一個通往側梯（Escalier de service）[220] 的指示。我感覺到門房在我背後投以審訊的目光。他們不放過我。彷彿我可能會突然轉身，衝向正廳樓梯

---

219. trèfle à quatre feuilles，有四瓣葉子的三葉草。通常葉子只有三片，因此有四片葉子被認為是吉祥幸運物。因為寫著地址的紙張被對折成四面，所以作者以幸運草喻之。

220. 側梯或服務梯（Escalier de service）通常在建築裡是供傭人或服務人員使用，其狹窄的入口和正廳樓梯（Escalier des Maître）主要入口的寬敞不同。

（Escalier des Maître），接著呢，——誰知道？也許我會扯掉紅毯，然後駐紮在樓梯的平臺。門房的丈夫也來了，他是一個強壯的男人，平頂的頭髮猶如刷子。我盡可能以最快的速度爬上樓。

房間很完美。它不超過十五平方公尺。這個面積已足夠讓我漂浮其中，隔絕底下世界的煩惱。我將袋子放在紅色的地磚上，整個人躺在床上。一個可以看天空的房間，除了狹窄的床之外，這個天堂般的房間還有一張小桌子，一把椅子，以及門邊唯一真正的傢俱，一個質樸的紅木衣櫃。古樸的衣櫃裡隱藏著一處供水點，一個圓形的水槽，很適合醒來時用來濕潤你的臉。儘管我討厭波爾多女房東的五斗櫥，但我對偽裝成衣櫃的水源產生了立即的好感。我的房東住在院子對面的那棟樓裡。我從來沒有見過她。門房指給我看她臥室的窗戶。夜裡，可以透過一盞恆常亮著的燈光辨識出她。

住在如此的高處，我覺得自己可以無限品味旅行者的輕盈，逍遙法外。我遙不可及：我的名字沒有在任何地方登記，沒有電話，我也沒有想過要申請電話。要做到這一點，你必須意圖賴在一個地方不走。申請要花費好幾年。實際上，官方的等待時間是「超過一年」。過了很久以後，我終於決定向郵電部門申請電話，等我申請到電話，我早就出發去紐約了，在紐約幾個小時以內我就可以接上線……，我在一個

介於庇護所和游牧生活之間的傭人房區域生存。有時，我會收到一個氣壓傳送信（pneumatique）[221]，為了一頓晚餐，一場約會。由於我的門從來不關，我不必從床上移動，我說了聲「進來」，然後走廊的陰影裡便會出現送信人員的身軀。通常他對於爬六層樓感到不悅。如果氣壓傳送信確實在強大的勁風速度裡穿越複雜管道而循環，那麼這些相較於密斯特拉風[222]更強也定向更好的風力驅動者，在我的側梯樓下將徹底止步。沒有任何送信人員會通過窗戶來到我面前，輕鬆自在地帶著微笑，遞給我藍色的紙條或一束鮮花。不過，最常發生的情況是，送信人員的惡劣心情沒有持續下去。他會接受一杯飲料，開啟一段對話，聽一張唱片。我從不厭倦留聲機的神奇：馬塞爾‧普魯斯特（Marcel Proust）的非凡特權，藉此能夠召集一支室內管弦樂團來演奏他喜歡的曲目，這項特權我在任何時刻觸手可及。按照一般人的性情，在美麗的五月過後的寒冷夏日，沒有人想要工作。巴黎看起來並不像波爾多車站食堂裡的人向我預言的一般。焦躁不安和神

---

221. 氣壓傳送信（pneumatique）是一種在下水道鋪設氣動運輸管道、利用氣壓原理快速輸送的信件，信件被放在運輸罐裡運送。巴黎是國際上第一批使用氣壓傳送信的城市，1866 年即建設第一條氣動運輸管道，當時是連接證券交易所和電報局。之後郵局才在此基礎之上擴建「巴黎氣送郵務」系統（La Poste pneumatique de Paris）。1933 年，巴黎的氣動運輸管道已長達 427 公里。後來由於傳真和快遞等其他快速服務的逐漸發展，氣動傳送系統於 1984 年三月底正式停運。
222. 密斯特拉風（Le mistral），法國南部及地中海上乾寒而強烈的西北風或北風。

經勺勺的人並沒有出現。地鐵，工作，睡覺（Métro, boulot, dodo），令人厭惡的行程，地鐵牆壁上憤怒的塗鴉不是為了任何人而展示。首先，我想到現在是八月，人人都在度假。

也許不是在度假，但肯定是銷聲匿跡。日復一日，都下著冰冷的雨。在塞納河畔，稀少的外國遊客看著透明包裝的書籍，就像看待其他物品一樣[223]。沒有義大利人，西班牙人更少，有幾個英國人，沒有美國人。他們沒有冒險進入歐洲。五月的事件已經足以讓他們害怕[224]，八月十五日之後，隨著蘇聯坦克的闖入，布拉格之春被暴力終結[225]，美國人確信我們再次進入冷戰。一個被遊客拋棄的巴黎，一個只屬於我的巴黎……

我沿著河堤散步，走到了水邊。塞納河暗綠色的水面上，雨滴被微小漣漪的同心圓暈染。日本人全神貫注盯著這個現象。他們把它拍了下來，像是異國情調的好奇心，若不把這影像帶回家，放在巴黎聖母院、艾菲爾鐵塔和洋蔥湯照片旁邊的話，那會產生罪惡感。我想起阿卡雄時期經歷的快樂，在雨水底下，在雨中游泳，那些淡水的水滴與鹽水混合在一

---

223. 這裡透明包裝的書應是位於塞納河畔的舊書攤上。
224. 指 1968 年五月在法國發生的學生運動。
225. 布拉格之春是 1968 年 1 月 5 日於捷克開始的一場政治民主化運動。這場運動直到該年 8 月 21 日蘇聯與其他華沙公約組織的成員國武裝入侵捷克，才初步告終。

起。我覺得自己只是一個小小的點，準備溶解在無邊無際。甚至是藉著這一點，藉著把自己完全交付於溶解，我得以最大限度地存在。巴黎對我產生了同樣的影響：無垠無涯，沉淪遇險，生命豐饒。

日本女性的雨傘有紅色、粉色、天藍色。它們擁有陽傘的精緻。我感到寒冷。我去買了一件長版翻領毛衣，長到可以變成連身裙。也買了一把彩色的雨傘。

聖日爾曼大道上，一個女孩以細緻的近距離視角繪製了蒙娜麗莎，身旁一個留長髮的男孩則用粉筆寫下異議：鋪石底下的沙灘，把你的慾望當成現實，佔領艾菲爾鐵塔，無政府狀態即秩序，不是機器人，也不是奴隸，消費社會必須死於非命……這傢伙索求一法郎：「團結的法郎」。

雨水將這些字沖刷殆盡，他重新開始寫。

佔領艾菲爾鐵塔，勝利在街頭，社會是一朵肉食性的花，學會唱國際歌，如果所有老人攜手共進，那就太荒謬了，……

隨著開學的到來，讓秩序擁護者安心的跡象增多了。學生表態要重新開啟學院，他們想參加考試。在焦慮之下，他們要求必須收到個人書面通知。與「激忿派」（Les Enragés）對抗的溫和派「南特爾學生運動」（Le Movement des Eudiant

Nanterre）取得了上風，他們決心按照戴高樂將軍所言，戰勝「混亂之蛇」。然而不可否認的是，有些事情已經產生裂痕；舊秩序出了問題。學生的起義並沒有導致一場革命，然而它已經播種另一套思維模式、肆無忌憚的精神，以及對慾望說「是」的想望。它宣戰的敵人是：無聊。不過如果我們開始不知道如何感到無聊，世界將會崩塌，成為行屍走肉的世界。當然它會持續下去，而如果它顯得不畏打擊，那是因為它早已是行屍走肉。然而，禁令的重複以及對它們的屈從忍受，不會再是同樣平靜的明顯事實了。內政部長雷蒙・馬塞蘭（Raymond Marcellin）[226] 重述：「有些人不放棄他們失去理智的希望，想要重燃火災」。他慎重警告那些「具破壞性的威脅」。

由於憂慮新的叛亂發生，巴黎索邦大學廣場的鋪石被移除了，就像今日對抗貧窮的戰爭手法一樣，地鐵站裡的長椅都被移走了。我坐在學生咖啡館裡面，因為室外正在進行移除廣場鋪石的工程，揚起大量的灰塵。我心想，這是多麼無謂的浪費力氣。六八年五月學運成功了。六八年五月學運改變了生活。就這麼簡單。

---

226. 雷蒙・馬塞蘭（Raymond Marcellin, 1914-2004），1966-1967 年曾為法國工業部長。1968 年五月學運之後，於 5 月 30 日內閣改組時替代克里斯提安・弗歇（Christian Fouchet, 1911-1974）成為內政部長。

我度過了漫長的讀書之夜，其他讀者審慎的照明燈光陪伴著我，燈罩下微小的光線，是持久的清醒目光，也是夢想家的默契。彼此沒有見面的社會成員，卻各自為政地共享著對人說話的活躍文字之曼妙。我重讀《歲月的力量》：「我可以在黎明時刻回到家，或整晚在床上看書，在中午睡覺，連續二十四小時閉門幽居，心血來潮上街。我在多明尼克餐廳喝一碗羅宋湯當作午餐，在圓頂餐廳喝一杯巧克力作為晚餐。」我已經脫離考試與知識成就很久了。西蒙・波娃對我而言是一個遙不可及的理想。她為了讓自己不會閒下來，在準備學士證書考試之餘，還同時著手進行小說的書寫，她超越我太多了（遑論年少的沙特的文學英勇戰蹟，他在 1914 年十一歲時寫了一本戰爭小說，並且把手稿埋在阿卡雄的沙灘裡！）。不過，重讀這幾行文字時，我認為或許透過自由，透過這種簡單而基本的自由，隨心所欲地來去，整日漫步於巴黎，在破曉時手裡拿著一本書入睡，我的哲學探索可以重新開始……

　　我發現一間絕妙的賈斯汀咖啡廳 - 小酒館，位於一條名叫獨輪推車的死巷裡（impassse de La Brouette），我本來以為那不過是一間雜貨店。小酒館裡總是擠滿一群學生常客，一心只想和人民同一陣線，還有一個偽侯爵夫人，這女人臉頰上塗了白色粉撲，頭髮捲曲，髮型高聳，她小丑般的臉，剛好在髮髻頂端與細腰之間形成等距。侯爵夫人抱怨說她傷心

欲絕，學生們友善地陪她喝酒，也帶點嘲笑的意味，不太相信她說的話，試圖要對她說教。這位受挫的戀人要求：「你們對我發誓，人民會知道如何愛我嗎？」學生說：「人民是至高無上的，我們無法代替它向您擔保。」侯爵夫人笑了。她沒有那麼悲傷了，特別是因為其中一位男孩請她喝酒，另一位則祝賀她，並且把一朵花別在她又濃又密的頭髮上。和侯爵夫人玩得過火是有些輕浮，也頗為令人瞧不起。然而那不過是順口說說，前提是，只要回到普羅階級掌權這個重要的主題上，就能得到原諒。這間咖啡酒吧成了我在田園聖母院街和聖日耳曼大道之間散步的必經休息站。我不敢進去花神咖啡館（Flore）或是雙叟咖啡館（Deux Magots），它們的歷史如此久遠，對我而言和法蘭西研究院的圖書館一樣高不可攀（此外，我也不知道兩者區別何在）；不過聖日耳曼的 Drugstore[227] 也嚇著我了，它閃爍著令人暈厥的現代性。這幾個地點讓我著迷，那些經常光顧的人們亦然。我坐在賈斯汀咖啡館喝著咖啡，漫不經心地琢磨這些人時髦與自然的揉合。我很熟悉賈斯汀這個地方優雅或不優雅的風格。這批學生我已經認識；至於侯爵夫人，雖然我因為陰沉的父母和參觀城堡的儀式而厭惡凡爾賽宮，然而侯爵夫人過時的優美引

---

227. 1958 年第一家 Drugstore 在巴黎香榭麗舍大道開幕，因其奢華的裝潢，集合餐廳、藥房、商店的複合式經營，立即成為名流最愛的時尚地標。聖日耳曼的 Drugstore 為其第二家，於 1965 年開始營業。

發我的同情。我早已透過我的娃娃與她相遇，她塗抹唇膏的嘴和紅色的指甲，她的眨眼，她的花邊腰帶，以及她的假髮。

某天下午，那是我在巴黎居留之初，當我進入賈斯汀咖啡館，侯爵夫人還沒有起床，除了一個披著斗篷的老先生以外，只有幾個年輕人。兩個男孩，一個身穿藍色工作服，另一個穿著黑色木匠服，正在吧檯前交談。他們對一個戰略問題意見不合。「無產階級」是他們論述的關鍵字。我聆聽他們說話，看見了愛森斯坦電影中的影像。一股征服的力量。水手肌肉發達的身體或金髮的農婦坐在拖拉機的高處。我聽見一場不會停下來的賽跑飛奔的聲音。我在俄羅斯平原的麥田裡勞動，在古巴的甘蔗園裡栽種，在墨西哥的仙人掌裡工作……當我聽得更清楚的時候，我得知這部電影的背景發生在中國。男孩們一再重複「無產階級」、「革命」的字眼，就像我在波爾多聽到的那樣，不過他們想到的是毛澤東。兩人面前的咖啡杯旁擺著一份《人民事業報》（*La Cause du Peuple*）[228]，一法郎，標題寫著：「全世界的無產階級，被壓迫的國家和人民，團結起來」；還有一本安德烈・格魯

---

228. 《人民事業報》（*La Cause du Peuple*）是一份左翼無產階級的機關報，創立於 1968 年五月，由羅蘭・卡斯楚（Roland Castro, 1940-）創辦，1972 年發行最後一期。現行的《解放報》（*Liberation*）於 1973 年的創立與《人民事業報》有著直系關連。

克斯曼（André Glucksmann）[229] 剛出版的《1968 年法國的戰略與革命》（*Stratégie et révolution en France 1968*），他解釋法國社會如何透過其內部飽和的緊張，使得馬克思所描繪的社會革命得以臻於成熟；當然，桌上還有《小紅書，毛主席語錄》。我翻閱這本語錄：「如果沒有對立面，每個方面甚至會失去存在的條件」，「一切戰略的本質在於保存自己，消滅敵人」，「要尋找真正的偉人，我們應該要看的是現在」。說得好！我同意，完全同意。只有現在是值得關注的。當我們歌詠革命之時，正是當下的氣息驅使著我們。在我們多疑的眼前矗立的現在，是無法重來的。我全然支持現代的英雄。我與紅衛兵一起行進。「喜見千浪黃金穗／英雄夜裡薄霧歸」，我行進，看到群眾歡騰揮舞小紅書，我眼前彷彿不斷有紅色的蝴蝶飛舞，我行進，經過湍流，懸崖，攀登山頂，扎營河岸。文化大革命的廣袤美麗在於它不僅是行進，也泅泳。聽聽毛澤東怎麼說：「不管風吹浪打，勝似閒庭信步，今日得寬餘！」這是他在 1956 年時寫的詩[230]。十年之後，毛澤東於 1966 年游泳橫渡長江十五公里。彼時他七十三歲，在

---

229. 安德烈 · 格魯克斯曼（André Glucksmann, 1937-2015），法國哲學家與評論家。早期投入毛澤東思想研究。

230. 1956 年 6 月毛澤東在中國南方巡視時於武漢遊長江，寫下《水調歌頭 · 游泳》這首反映社會主義建設的詩詞：「才飲長江水，又食武昌魚。萬裡長江橫渡，極目楚天舒。不管風吹浪打，勝似閒庭信步，今日得寬餘。子在川上曰：逝者如斯夫！風檣動，龜蛇靜，起宏圖。一橋飛架南北，天塹變通途。更立西江石壁，截斷巫山雲雨，高峽出平湖。神女應無恙，當驚世界殊。」

老子的教導之下，他明白天下莫柔弱於水，而攻堅強者莫之能勝。我們怎麼會不想加入壯游？怎麼會不想得到寬餘？現在我游泳，現在人們游泳，所有人，像瘋子一樣，被巨大的紅太陽吸引至天際線。

——五月的時候你做了什麼？

——什麼？

我沉浸在長江水域，沒能清楚察覺這個提問。穿著黑色西裝的男生重複了他的問題。他們更想知道在五月我投入了什麼事，和誰一起在革命時並肩作戰。

——我在南部。

——妳應該要在巴黎。所有的革命都在那裡發生。妳沒有想過要北上巴黎嗎？妳還是可以搭便車啊。

——你忘了已經沒有汽車了，因為已經沒有汽油了。另一個男生糾正他。

——我那時候生病了。我去馬賽，為了參加瓊·貝茲（Joan Baez）[231] 的演唱會，然後我病倒了。

這是事實，而且我很高興能夠糾正一下剛才隱隱針對我的苛刻批評。我的回答毫無光榮可言。至少，我有一個缺席的理由。

---

231. 瓊·貝茲（Joan Baez, 1941-），美國鄉村民謠歌手與作曲家。她的作品很多都與社會議題相關，1960 年代活躍於反戰運動。

是的，我生病了。在科倫布（Les Colombes）[232]的馮撒克路（chemin de Fronsac），那裡總是有訪客、藝術家、音樂，但沒什麼錢，也沒有組織原則。我們經常生病。心絞痛、支氣管炎、肝炎……我們盡可能用酒精和藥草茶治癒自己。我長期抵抗疾病入侵，不過後來還是輪到我。搭車前往音樂會的時候我已經生病了。瓊・貝茲的白晝之夜給了我致命的一擊。我再也無法忍受咳嗽和發燒的顫抖，所以我去了馬賽的恩主醫院（Hôtel-Dieu）。醫生不讓我走。我沒有力氣爭辯，更不用說起身走人了。我不記得我是如何躺在窗邊的床上，渾身發抖，穿著懲罰性的睡袍。我請求護士的第一件事，就是我想把這件懲戒的睡衣脫掉。

　　護士背對著我。幾乎整個醫院都在罷工，除了她之外。她的注射留下了醜陋的烏青痕跡。「你看」，我鄰床的病人說。一個身材矮小、骨瘦如柴的棕髮女孩，儘管年輕，牙齒卻已脫落。「你看到了嗎，費爾南（Fernand）？」

　　——您在對誰說話？

　　——我們用「妳」稱呼彼此吧。你我在同一條船上。我跟我的男人說話，在上方，他正在守護聖母院（Notre-Dame de la Garde）[233]重建鐘樓。處在這種狀態讓我很嘔。如果他不

---

232. 意指作者從前在加倫河畔一起生活的藝術家所居住之地。
233. 守護聖母院（Notre-Dame de la Garde）是位於法國馬賽的一座羅馬天主教宗座聖殿，位於馬賽的最高點。

要我了怎麼辦？喔！費爾南，你聽見我說話了嗎？但是你在哪裡？他消失了，我再也看不到他了。啊，有，我看見他了。他打赤膊。他唱著「啊，我家鄉的女孩多麼美麗！」

瑪嘉麗（Magali）興奮過度，帶著節奏扭動身軀。床上傳來咯咯的笑聲。

發發慈悲吧，我揣想著，被困在硬梆梆睡衣裡的我，是否很快就能再次上路？

我手上有一卷七星系列出版的普魯斯特[234]。一旦我重新獲得一點力氣，我便讀個幾頁。瑪嘉麗很驚愕。妳怎麼能讀那麼小的字？我真的太驚訝了。

——妳成功看到妳的愛人了，他在港口另一邊的守護聖母院屋頂上工作！

——這有什麼關連？又沒人寫到我的愛人。嗯，費爾南，小心！注意不要滑倒。他嚇著我了。費爾南昨天沒來，前天也沒來，今天他還是沒來，因為太晚了，無法探病。也許實際上我的愛人內心深處寫了些什麼，可是我無法讀懂。

——或許這對妳而言太深奧了。

瑪嘉麗低聲說了最後那幾個字，我愚蠢的評語，自作聰明的說法，讓她突然陷入悲傷。她嚎啕大哭，尖叫，喘不過

---

234. 七星（Pléiade）得名於得名於古希臘神話中阿特拉斯（Atlas）的七個女兒。七星圖書館（Bibliothèquede la Pléiade）系列文集是法國獨立編輯雅克・西弗林（Jacques Schiffrin）於 1931 年所創建。西弗林希望以袖珍版格式提供公眾經典作者的全集，七星出版部門於 1933 年附屬於迦利馬（Gallimard）出版社。

氣來，並且開始頭痛。隔天實習醫生和護理師過來的時候，他們詢問瑪嘉麗是否「持續頭疼」（céphalées），瑪嘉麗呻吟地說：完全沒有，

我糾正她：

——說「有」，妳明明就頭痛。

——對，我頭痛，但不是那種「持續頭疼」，是頭骨痛得要命。

她也記不得「肺科」這個詞，也記不得「婦科」這個字，所以她不知道自己位在哪一科，也不清楚發生了什麼事。

有一天我跟她提起普魯斯特，她對我說，所有的事都寫在這本袖珍書裡真是瘋狂。

在我們的病房裡病人來來去去，有些很快痊癒，迅速悄然離去。他們的訪客一併消失，照護人員也跟著消失。隨著罷工的進行，照護人員越來越少。河堤上的垃圾堆積如山，沒有卸船。魚腐爛了。空氣令人作嘔。有幾天我聽到示威者的尖叫聲、歌聲和口號，在擴音器裡迴響。透過打開的窗戶，我試圖瞧見一面紅旗，一些橫幅標語。

——這也寫在妳的書裡嗎？瑪嘉麗問我。

——什麼？

——示威，憤怒的學生，街道上的人民。

——完全沒有。普魯斯特書寫的是愛情。

——啊，不過這個我有興趣。

——他說愛情讓人受苦，愛情在傷痛裡定居。

——不要跟我說他預告了費爾南將會讓我忍受些什麼。

——正是如此，鉅細靡遺。

——就算如此！還有什麼其他的？

——根據普魯斯特，愛情只有一種形式：對自己同性的愛。男人對男人的愛，女人對女人的愛。

——這太荒謬了，可是妳前面說的那些倒是沒錯。

她和其他人一樣觀察到，我因著這本書的緣故特別受人尊重，因為我能夠破譯這些小字。現在，她不再視普魯斯特為一本字典，而是一件聖物。

朋友們為我帶來粉紅色睡衣，檸檬水，杏仁小蛋糕，榲桲泥，還有電晶體收音機。我盡可能把收音機放低，花好幾個小時把耳朵貼在上面。當我聽到震驚的消息時，我就會轉達給瑪嘉麗聽。這些消息都相當令人錯愕。

街壘的夜晚，催淚彈，被燒毀的汽車，傷患，拉丁區成了戰場，還有佔領巴黎索邦大學，加入學生的工人……。一位佔領索邦大學的女孩以廣播發言，她用沙啞的嗓音解釋：「我們在這裡的生活很美好，我們在這裡睡，在這裡吃，我們沒有碰到一分錢，在這裡沒有人想到這件事。這已經是我們想要創造的社會。」有一位暴躁的女病患說：「這就是我們在這裡度過的生活。恩主醫院或索邦大學，都在戰鬥！」我什麼也沒有回應，轉身朝向窗戶，深深呼吸著腐爛的魚腥

味。

　　瑪嘉麗很激動：「在另外一科，婦產科或不知道是哪一科，她們摘掉了我某些東西。如果我沒有好好康復，跟妳預告，我一定破口大罵。我會讓他們吃不完兜著走。他們會知道醫院的革命是什麼意思。那些學生們，學生！學生！學生！（les étudiants, diants, diants）[235]，他們在巴黎的哪裡革命？在底下，河堤上，我說他們一定在一堆爛魚上開幹。能夠加入他們應該不錯吧，不是嗎？像他們那樣搞砸一切。可是我告訴妳，革命要在這裡開始了，相信我。如果被我發現他們弄得一團糟，那麼我就讓他們的一切被摧毀，我從手術室開始，一場殺戮……不過妳想像一下，人家說我身體恢復得很好，要讓我出去，第一次嘗試的時候，簡直是災難，根本行不通。直到我當場試驗成功之前，我絕不會走出去……」

　　五月二十四日戴高樂將軍演講，整個病房裡的人都把握機會聆聽。「這就是為什麼大學的危機，會在其他的領域掀起混亂或放棄的狂潮，以及掀起罷工潮，大學危機的起因在於這龐大的組織無法適應國家現代的需求，也無法適應年輕

---

235. 對應於法國六八年五月革命時，學生們對峙於鎮壓的法蘭西共和國保安部隊 CRS（Compagnie Républicaine de Sécurité），示威者製作了 CRS-SS 的大字報，以及拿著標示 SS 字樣盾牌的警察高舉警棍施暴的海報，以 SS 簡稱 CRS，並形成 CRS-SS 這句押韻口號，抗議警方對學生運動的壓制。Etudiants, diants, diants 則是相應的對句口號：CRS-SS vs. Étudiants, diants-diants!

人的角色和職位，使得我們的國家處於癱瘓的邊緣。在我們自身及世界面前，吾等法國人必須解決我們時代提出的重要問題，除非我們想要透過內戰，捲入最惡劣與最具毀滅性的冒險與佔領。」病床上的婦女被內戰的前景給嚇著了。「讓戴高樂成為歷史吧」，「戴高樂可以去養老了」，這無法再讓她們感到高興。她們突然間放開了學生。曾經是她們最喜歡的孔本迪（Cohn-Bendit）[236]變成一個不負責任的人，一個應該被遣送回國的德國猶太人。所有病人皆如此，唯獨瑪嘉麗急於要拿起武器。恢復秩序在她看來完全沒好處。然而，即使費爾南沒來探望她，瑪嘉麗已下定決心要痊癒。（當她太痛苦時，她會說：「混蛋！」）；不像對面的病人，丈夫每晚都來看她。他吐露三言兩語：「妳還好嗎？吃得好嗎？」，然後離去。有時候長子會陪他過來。這孩子坐在床尾，一臉狡黠地看著我們。他很不自在，就像所有冒險進入病房的訪客一樣。不過，真正不想痊癒，甚至想要死去、無法殺人的，是阿米娜（Amina）。她不超過十六歲，沉默寡言。不露聲色，目光黯淡，週日婆婆會來看她，「老太婆」，她總是這麼稱呼婆婆。她會殺了這個老太婆。我們問阿米娜，為何要設想如此恐怖之事？妳太誇張了，老太婆看起來沒有

---

236. 孔本迪（Daniel Cohn-Bendit, 1945-）。法國六八年五月學運領袖，法國出生的德國猶太政治家，2004 年至 2019 年任職歐洲綠黨－歐洲自由聯盟在歐洲議會之黨團共同主席，活躍於德、法兩國及歐洲綠黨。

要傷害妳的樣子。這個老太婆很卑鄙，很卑鄙，她強迫阿米娜跟自己的兒子做愛。她打阿米娜，把她壓在彈簧床上，讓兒子強暴阿米娜。

病房的其他女性承受著較為一般的不幸。她們沒有意識到自身極度的悲慘。她們仍躺在床上受苦，咳嗽，發高燒和盜汗，接下來日子注定不好過。這是一段緩衝時期，也是她們為數不多能獲得照顧的時間。對日後之事，這些女性絲毫不覺迫切。此外，她們瞭解因著不懂醫學語言，自己被禁止甚至完全不可能發問。人們褪除她們的衣物，當眾受人擺佈。人們展示她們的身體，彷彿身體與她們分離。她們沒有抗議，當教授來巡房，伴隨一群手中拿著筆記本，口袋裡放著聽診器的學生，以第三人稱談論她們，她們也沒有進一步的反應。有時候，她們獲知自己痊癒了，便會拿著小行李箱離開。她們的體溫表被移除，床位很快就被佔用。

或者有人無法痊癒了，也被允許返家，因為她們不久於人世。某些人瞭解狀況，其他人則否。她們歡樂的臉龐，讓我們這些知情者想要把自己藏在棉被底下。

六八年五月，我沒有在巴黎。我沒有焚燒汽車，沒有把鋪路石丟向法蘭西共和國保安部隊，沒有佔領巴黎大學，沒有飛快奔跑，驚恐至極，按門鈴讓人為我開門，我沒有喊叫至聲嘶力竭，六八年五月，我生病了，我臥病在馬賽的恩主

醫院。向晚，粉灰色的雲彩在清朗的天空裡飄散成絲縷，海鷗在滿是垃圾的船隻上發出異常嘈雜的聲音。海鷗以鳥語喊叫著，革命，是好的，革命，是窩囊廢。我想到外面去，但我想要又不想要。我和這群女人，我的女伴們生活在一起，對她們毫無保留。我自由地待在這裡，告訴自己這段居留時光是真實的，因為我並沒有受到死亡的威脅。當我望向窗外，嗅到總罷工的瘴氣。我可以想像翌日，我可以想像自己站起來，準備出發迎向未知。港灣的水面上，太陽閃爍出粼粼波光。我聽到孩童於簍筐區（quartier du Panier）[237] 玩耍的嗓音。

在我離開醫院的前一晚，我告訴瑪嘉麗，詩人韓波死於不遠的聖母無原罪醫院（l'hôpital de la Conception）[238]。

她沒有向我提問，只是神情嚴肅。她有一種直覺，知道什麼是重要的，什麼是不重要的。我原本可以背誦韓波的最後一封信給她聽，這封信我倒背如流，我可以對她說：「主管先生，我來請問您，我是否在您的帳目上還留下任何東西。今日我想改變這項服務，我甚至不知道服務的名稱，但無論如何它是阿菲奈爾（Aphinar）的服務。這些服務到處都有，而我，殘廢，不幸，找不到任何事物，街上的第一隻狗會告

---

237. 簍筐區（quartier du Panier）是馬賽第二區的一個老城區，三面環海，是馬賽最古老的城區，也是古希臘殖民地的遺蹟。街道狹窄，建築立面鮮豔多彩。具地中海風格。

238. 詩人韓波（Arthur Rimbaud）於 1891 年 11 月 10 日於馬賽這間聖母無原罪醫院辭世，去世前醫生在此診斷出他罹患了滑膜炎，入院一週後就截除右腿。

訴您這一點。所以請把阿菲奈爾在蘇伊士的服務價格發送給我。我已經完全癱瘓了：因此我想早點上船。請告訴我，我應該在什麼時間被運送到船上」[239]。我可以向瑪嘉麗敘述，韓波被截除一條腿之後受盡的無名痛苦，他向醫生們流著淚訴說，然而他們再也沒有來探望韓波，只為了避免面對他的苦痛。我本來還可以告訴她韓波對他的姊妹伊莎貝爾說的話：「我將到地底下去，而妳會行走在陽光裡」，然而我寧可沉默不語，只是把瑪嘉麗的手緊緊握在我的手裡。

出院時，我沒有走右邊的聖靈斜坡路，要走那些階梯我還太虛弱。我乖乖地走左邊的平地，到達康復中心街（rue des Convalescents），與通往車站的大道垂直。從這裡開始，一切都很單純。

我在賈斯汀咖啡館的聽眾認為我的經驗很有價值。畢竟我們在醫院裡也可以戰鬥。當然，在能力範圍之內。在墓地裡也行，詩人冷笑著。在那裡你可以慢慢來，做一份真正基礎性的工作。其中一個年輕人堅定地說，「這不是理由，妳太晚到達了。妳在事件結束以後才抵達」。這番話突然激發一個反對他的聯盟。他的同學認為這種說詞就是斷言革命已

---

239. 韓波在逝世前晚，對他的姊妹伊莎貝爾（Isabelle）口述，讓她寫下這封給郵船公司主管的信件。

經發生了，或說革命已經失敗了，所以我是在革命的嘗試失敗以後才現身。「你是個浪漫主義者，也是個失敗主義者。」我想起在波爾多的夜晚，我們在米居耶或荷賽餐廳討論西班牙戰爭，西蒙常常引用高達關於《小士兵》（Petit Soldat）[240]的這句話：

「我的電影是這樣一個世代的電影：他們對於自己在西班牙戰爭期間還沒滿二十歲深感遺憾」，每一回，甚至在我們戀情的初期，當我和西蒙融合的愛達到高峰的時刻，我都會自忖，這個句子其實是男人的說法。對於一場戰爭而言，你來得太遲了……「我們總是來得太遲，從前的一切是更好的」，一位老先生嘆息著說，他一副詩人的模樣。兩位年輕人則確信能夠掃除舊日，以公正的社會取而代之，兩人再次發現他們反對沒落者的態度是一致的，這些過時的人隨時準備哀悼露天跳舞小酒館的消逝。老詩人用誇張的語調朗誦：「比起我的金融家鄰舍／我更健康，更開朗／我是一個補鞋匠。這是我的秘密／我喝的是荷歇（Rocher）的好酒」。「胡言亂語！」其中一位這麼說。「喔！女神，莫要煩惱！妳將會讚嘆於看見另一個世界！」另一位背誦著。「去吧，孩子，跑去看看另一個世界，我留在我的角落捲一支煙。不要忘記我，當你旅行歸來，過來向我訴說，」「革命，不是一趟旅

---

240. 《小士兵》（Le petit soldat）是高達於 1960 年撰寫和執導的法國電影，但是直到 1963 年才上映。內容與阿爾及利亞戰爭有關。

行，老爹，你弄錯了」，男人不在乎，一邊捲著煙，一邊唱著名曲「櫻桃時節 Temps des cerises」，卡波拉爾煙草（Tabac Caporal）[241] 的一張海報張貼在他眼前：「這個被行家所鑑賞的灰色『精選』煙草，同時讓捲菸者和煙斗族滿意。卡波拉爾煙草從第一撮到最後一撮都是新鮮的，因為最後一撮才是真正的問題所在」「老爺爺，我們不把最後一撮放在眼裡，我們並不迷戀死亡。」「我知道你們對於革命情有獨鍾。妳呢，小姑娘，妳認為如何？妳也相信革命嗎？想要在新世界的彼岸登陸嗎？」我仍然感動於中國的神遊，以及自己和瑪嘉麗如此親近卻沒有明天的回憶：「我相信革命，但是，……我必須說……同時，我承認，我喜歡的是……

——是什麼？

——我喜歡的是，這個世界。

這樣說讓我自己不太自在。

「她喜歡這個世界！」老詩人和兩個紅衛兵驚呼。他們現在聯合起來抵制我。我想要引用狄德羅的《哈摩的姪兒》（*Le Neveu de Rameau*）[242]，我在河堤買了這本對話體的小說，並且坐在皇家宮殿（Palais-Royal）長椅上閱讀，這裡也是哈摩的姪兒與哲學家相遇的同一地點：「我必須存在的世界就

---

241. Tabac Caporal 是品質中等的一種深色煙草，Caporal 也有軍隊裡「中士」之意。
242. 《哈摩的姪兒》（*Le Neveu de Rameau*）狄德羅創作於 1762 年的長篇小說，是一部對話形式的哲理小說，至 1799 年定稿。但在作者生前並未發表。哈摩的姪兒是個無賴，書中的對話極其諷刺上流社會。

是最好的世界」，無賴的姪兒這麼說。我周遭的人感到憤慨：
「嗯，她沒有原則。她喜歡這個腐爛的世界，喜歡這坨屎！」
老人拍了拍額頭：「你的女朋友，她瘋了」，「我們才剛遇
見她，我們不認識她」，年輕的衛兵替自己辯護。

「例如，有一種東西已經消失了，只有在賈斯汀咖啡
館這裡才找得到，那就是苦艾酒（absinthe）[243]」。我們品
嚐它，酒很烈。「它會迅速吞食你的腦部，這本身是一種祝
福」。年輕人再度斥責這位過時的老叟。他具有天分，應該
讓人從中受益。老先生斟滿我們的杯子。喝一輪，這能接受。
喝兩輪，就是花天酒地了。酒精正在進行它快樂的毀滅。
男孩們是毛澤東虔誠的仰慕者，也是鮑希斯 · 維昂（Boris
Vian）[244] 的信徒。我們唱了我假掰（J' suis snob），逃兵者（Le
déserteur），女孩不要結婚（Vous mariez pas les filles）。侯爵
夫人出現了。她全心地與我們一起合唱。她有一副完美的馬
丁男中音（baryton Martin）[245] 嗓子。因為她穿了一條開衩裙，
我注意到她的小腿肌肉發達。

---

243. 苦艾酒因為又烈又價廉，在 20 世紀初成為巴黎貧窮藝術家最愛。因飲者常常酒
　　後鬧事，傳言苦艾酒會製造幻覺而遭到禁止販售。
244. 鮑希斯 · 維昂（Boris Vian, 1920-1959），法國作家，音樂家，歌手和演員，博
　　學多才，對於法國爵士樂具有重要影響力。
245. 男中音分很多種，baryton Martin 是男中音裡最高的，這種男中音很少見，僅
　　出現在少數幾位法語作曲家的某些歌劇中。因此這種用法語作為名稱。Baryton
　　即 baritone，男中音，Martin 則是指這種男中音的代表人物 Jean-Blaise Martin。
　　baryton Martin 就是像法國歌劇歌手 Jean-Blaise Martin（1768-1837）那樣的男中
　　音。

不要結婚，女孩們，不要結婚

穿上妳的晚禮服

去奧林匹亞跳舞

一個月換四次情人

帶走金錢並保留它

不要結婚，女孩，不要結婚

把新鮮藏在床墊下

五十歲時用得到

付給妳可愛的小鮮肉

腦袋裡什麼都沒有，手臂裡什麼都有

啊，這將是多麼美好的生活

如果妳們不結婚，女孩們，

如果妳們不結婚

　　我的新朋友們建議我去看《被偷走的吻》（Baisers volés）[246]，我拒絕了，輕輕地吻了他們的嘴唇。回到我的小房間之前，我在不敢涉足的咖啡館旁邊逛了一下，如同在阿卡雄一樣，但是在阿卡雄，它們一律絕對禁止我進入。而現在，只是時間的問題。我當下的羞怯包含了期待中預留的幸福。還有所有的書店，它們向每個人敞開，賞心悅目的電影

246.《被偷走的吻》（*Baisers volés*）是法國導演楚浮（François Truffaut, 1932-1984）於 1968 年執導的愛情喜劇片。

與超現實主義 Minotaure 書店 [247]，波拿巴街上的戲劇書店，le Divan 書店, la Hune 書店, La Joie de lire 書店, Le Terrain Vague 書店……。我經過 Drugstore，觀察來來去去的紳士風采，與身材纖細的男孩擦身而過，他們長腿上方的胸膛瘦弱得不可思議。男孩們身穿緊身牛仔褲，或是穿喇叭褲，寬鬆的褲管讓他們看起來很像倒立的海芋。另一側，距離聖日爾曼德佩（Saint-Germain-des-Prés）教堂一箭之遙的花神和雙叟咖啡館裡，正在擠檸檬的知識份子熱鬧非凡。麗普（Lipp）咖啡館也是，裡面都是知識份子。我有一次在午餐時間進去，品嚐了一種帶來啟示效果的粗短香腸（cervelas）。一位打扮成交響樂團指揮的男士為我上了這道菜，非常美妙。可以確定的是，一場盛大的音樂會正在聖日爾曼區進行，一個咖啡館和書店林立的區域。一場靈巧的音樂會即興演出。能夠過來親耳聆聽真好，甚至令人興奮。此刻，只要幾個音符，一段旋律的輪廓，對我已是足夠。

我從聖日爾曼教堂從容回到田園聖母院街。賈斯汀咖啡館的老先生說得有道理，曾經自教堂延伸到我的街道和更遠之處的那片青蔥翠綠，我永遠沒有機會認識了。關於巴黎的

---

247. 米諾陶洛（Minotaure）是希臘神話中半人半牛的怪獸。米諾陶洛圖書館是 1848 年由藝術家科奈爾（Roger Cornaille, 1919-2000）創立，他經營超現實主義的書店，發行《米諾陶洛》雜誌，在 1950-1980 年代的知識份子生活中發揮影響力。

鄉村，我的到來已經太晚，我錯過葡萄園和果園、鋪石路上的山羊群、塞納河畔的牛群，到處都是家禽，院子裡，客棧裡。我應該會喜歡看著火雞在羅浮宮拱廊底下咯咯叫。中世紀覆蓋這一區的樹叢和草地，僅剩下名稱作為見證。當時，人們到克呂尼修道院（abbaye de Cluny）附近摘採罌粟花。不過，我有盧森堡公園，每個清晨我穿越它，晚間，我沿著柵欄步行。從公園外面看到的幽暗小徑與樹葉，和早晨的景象一樣，都是一幅華麗的畫面。這份懸浮的完美氣息……。我想起那片花叢和噴泉，以及沿著草坪周遭的拱門。菊花剛種好，我想像它們被昏暗和露臺高大樹幹遮掩的顏色深淺：鏽黃、橘黃、蜜黃、毛茛花黃……。菊花種植在高處的石盆裡，燦爛地垂下。我面向金屬柵欄停留片刻，然後走到花街（rue de Fleurus），在心裡默默向葛楚 · 史坦（Gertrude Stein）和她的朋友愛麗斯 · 托克拉斯（Alice Toklas）[248] 的回憶敬禮。如果我經過聖敘勒比斯（Saint-Sulpice）廣場和區政廳咖啡館（café de la Mairie），我會向朱娜 · 巴恩斯（Djuna Barnes）[249] 致意。不僅是一種默默的敬意，而是一種深深的

---

248. 葛楚 · 史坦（Gertrude Stein, 1874-1946），美國女作家、詩人與藝術收藏家，1903 年移居法國，在花街（rue de Fleurus）27 號的地址，先是與兄長里奧 · 史坦（Leo Stain, 1872-1947）同住此地，兩人成為現代主義文學與術的重要支持者，購買了高更、塞尚、雷諾瓦、畢卡索和馬諦斯的作品，花街 27 號成為當時文學藝術的知名沙龍。後與女伴愛麗斯 · 托克拉斯（Alice Toklas, 1877-1967）長住於此。

249. 朱娜 · 巴恩斯（Djuna Barnes, 1892-1982），美國作家和藝術家。

崇敬。朱娜‧巴恩斯，美國人，1930 年代巴黎人可以在莎士比亞書店或拉丁區的聖米歇爾大道看到她。戴著貝雷帽或頭巾，手裡拿著一本書，也許是她的朋友詹姆斯‧喬伊斯（James Joyce）[250] 寫的書。朱娜‧巴恩斯對沉淪的題材孜孜不倦，是一個偉大的陰暗者，《沒有丈夫我永遠不會孤獨》（*I Could Never Be Lonely Without a Husband*）[251] 的作者。我剛剛發現了《夜林》（*Nightwood*）[252]，夜晚的樹林：「醫生翻起大衣領子，走進了巴黎在第六區政廳咖啡館。他站在吧臺前點了一杯酒；看著煙霧瀰漫而呈現藍色的密閉空間裡的顧客，……醫生說：『霧中的男人！』。他把雨傘掛在吧臺邊上。『思考就是生病，』他如此告訴服務生。男孩點頭表示同意。顧客等著醫生接下來要說的話，知道他是喝醉了，會打開話匣子；他的開示來自於具貶低性的偉大句子；無人知曉什麼是真的，什麼是假的。

他環顧四週說：如果你真的想知道一個拳擊冠軍是怎麼打贏的，你必須進入他的憤怒圈……」我讀了又讀這些句子，有感於它們混合了力量和婉轉，我夢想見到這些夜晚的

---

250. 詹姆斯‧喬伊斯（James Joyce, 1882-1941），愛爾蘭作家與詩人。代表作包括短篇小說集《都柏林人》、長篇小說《一個青年藝術家的畫像》、《尤利西斯》以及《芬尼根的守靈夜》。

251. 《沒有丈夫我永遠不會孤獨》（*I Could Never Be Lonely Without a Husband*）是朱娜‧巴恩斯於 1985 年出版的作品。

252. 《夜林》（*Nightwood*）是朱娜‧巴恩斯 1936 年出版的女同志小說，美國女同志文學的經典，也是現代主義文學的重要作品。

人物，這些談論他們生活的人。我完全不知道侵蝕他們話語的深淵為何，我無法想像折磨他們的憂慮。朱娜‧巴恩斯非常美麗，也許正是因著這份美麗，使她的生活變得如此複雜，以至於讓人無法忍受。醜得可怕是一種不幸，然而在不令人窒息的範圍裡，若只是相對地美麗，那是一種運氣。當妳的美貌是其他人感興趣的唯一理由時，他們對妳的這份癡迷，對妳目不轉睛的迷戀，也同時凌駕了妳，侵入了妳，把妳會趕出了自己。小時候，我曾讀過安徒生的《紅鞋子》。這個故事講述一個年輕女孩一旦穿上舞鞋，就被一個無止盡的機制帶走。或許瘋狂的美麗也是同一類的詛咒。

我抵達田園聖母院街十七號之一，推開巨大的門溜進去，沒有在門房前發出聲響，我可不要被裡面的莽夫給斃了，想都不敢想地避開主廳樓梯，從側梯上樓。每一樓層，通往廚房的門後都沒有任何噪音。但是到了六樓，一切都有可能。房間的狹窄並不妨礙我們舉辦宴會。客人分散於走廊、其他人的房間，還有臺階。他們坐在樓梯上，地板放一只酒瓶，手上拿一杯酒。他們總是找得到地方跳舞，在一個隱蔽的角落相愛。由於我的房間沒有鎖上門，所以我會在那裡遇到陌生人，這對我是一種互惠，我有時候在男性朋友的陪伴下，會隨意爬到一棟建築物的六樓，尋找做愛的地方……。不過今晚的樓層是安靜的。是女傭的疲憊而不是學生的放蕩不羈

調節了樓層的動態 [253]。

這是一個寧靜的夜晚，正好，隔天星期日，我必須到凡爾賽探望我的舅舅和舅媽。「不要忘了去凡爾賽」，我的母親以隨心所欲的字跡潦草寫下，使用的簽字筆因為沒有合上筆蓋，經常沒水。我寧可相信那是地中海的陽光。我調了鬧鐘，事先準備好最樸素的衣服，如果我隨性打扮的話，我可能會再次穿上印度裙，黑色天鵝絨外套，淡紫色披肩，這些衣物從來沒有離開我身上。根據寒冷的程度，我會改變褲襪的厚度。當我走出房間時，一位先生從正廳樓梯走上來，向他的西班牙小女僕們叩門。他來確認她們是否已經為彌撒做好準備。他在每個人的門上敲了兩下。

「德洛麗絲！」「是的，先生」，「梅賽德斯！」「是的，先生」。

舅媽愛洛蒂身體不好，我的母親寫下這點附註，和她信裡的親吻問候混在一起。

母親不知道我在巴黎確切的地址，出於善意，她將一張給我的郵政支票寄到我舅舅家。舅舅對我說，我有一樣東西要給妳。是錢嗎？對。他把信封遞給我，我感受到他的厭惡。對一個吝嗇鬼來說，還有什麼比作為金錢的中介者更悲慘的

---

253. 作者住的頂樓房間是傭人房。

事？他從自己收到的信件裡把這張錢抽出來給別人。這對他來講是一種暴力。他成功做到這件事。他的手指知道如何鬆手。我說：「太好了。這支票可以說來得正是時候。我的錢花光了」。我的舅舅和舅媽垂下了眼睛。此刻就算我瞎說剛才在新橋上被一群聰明過度想要跨物種淫樂的黑猩猩給猥褻了，我舅舅他們也不會覺得更淫穢。我的舅舅一開始就把錢拿給我，為了讓自己擺脫痛苦。我原本期望接下來能夠進行稍微正常一點的對話，也就是完全撐不久的對談。但是我錯了。在這棟磨石打造、花園裡沒有花的屋子裡，有些事情不太對勁。對於只依靠習慣度日的夫妻而言，這是嚴重的。當愛洛蒂在廚房裡結束備餐時，舅舅終於讓我知道，按照慣例，愛洛蒂會採購；而舅舅，按照慣例，會要求她讓他檢查開銷。但是舅媽沒有仔細保存收據，好讓她的丈夫計較錙銖，她聲稱不知道把收據放在哪裡了。舅媽備妥餐桌。我們坐在餐廳裡。寬敞的餐廳被兩扇落地窗照明，卻讓我們食物的寒酸更加顯明：透明的湯，讓我可以出神地凝視餐盤凹陷底部的農村圖像。

我聽見母親的聲音：「當妳到舅舅和舅媽凡爾賽的家裡吃飯，要像我一樣，帶一塊牛排去。妳就說妳剛好經過一家肉品店，就這樣：然後妳從手提袋裡拿出牛排，就像世界上最自然的事情一樣。在他們家，請人來吃飯就是請人來挨餓。」

愛洛蒂忘了拿出麵包。

——妳舅媽頭腦已經不清楚了。舅舅說，一邊用大量的水淹沒他微量的酒，這是屋裡唯一豐盛的舉動。

——請不要再說這件事了。

——沒有任何生菜和奶油的痕跡，不過咖啡有，因為妳保留了收據：一包咖啡一法郎四十五分。一法郎四十五分！但是我們不喝咖啡。雀巢即溶咖啡對健康更好。

為了改變，愛洛蒂以慣常溫馴的口氣說，我想要喝真正的咖啡。不過，在這間死寂的餐廳裡，她表明的決心讓我們無言以對。

馮西斯克舅舅氣得無法下嚥。他必須在心裡一再地把市場的花費總加起來。

我試著轉移話題。談一談阿卡雄和蒙東（Menton）。他悼念阿卡雄。至於蒙東，蔚藍海岸……百萬富翁的國度。「我不是那一類的人」，舅舅帶著怪罪的眼神望著妻子，咬字清楚地說。

愛洛蒂的鼻子垂到盤子上，雙手顫抖。

——妳的哲學呢？能獲得利潤嗎？

他剛才轉交給我的支票應該足以回答他的問題。我加入愛洛蒂的沉默。她端來了雀巢咖啡。

為了下午微不足道的樂趣，我們分道揚鑣了。舅舅打算專心去做他最喜歡的活動之一：站在高速公路旁邊，試著記

下經過的車輛註冊省分的號碼。舅媽和我，行進方向完全被劃定：凡爾賽宮。這是從小就建立的一種儀式。年度儀式，尤其在聖誕節，卻不只在聖誕節進行。季節是次要的元素，重要的是遵循順序的秩序。

舅媽拉了拉房子的柵欄，搖了幾下，確定門有關好（雖然這一天是星期日，但她還是檢查了一下信箱）。這是參訪城堡的起點。我們從房子的柵欄走到皇家的柵欄。途中會經過聖阿黛拉懿德街（rue Sainte-Adélaïde）母親出生的建築。愛洛蒂指出百葉窗應該要重新粉刷了。

── 我的外祖父母很久以前就從這裡搬走了。我說道。

── 妳說得沒錯。

我們繼續沉默走在沉默的街道，來到了金色的柵欄門。這裡沒有掉漆的問題。我已經感到疲憊，步行至路易十四的雕像旁邊，我沒有瞧他一眼。我在大理石庭院裡腳步踉蹌，走到廣場上。在那裡面對大運河和開闊的地平線，我感到一陣顫抖。天空比其他地方寬闊。愛洛蒂緊握著她的黑色皮包，正在休息。崇高的羽翼輕拂舅媽，她的身子縮了起來。我整個人快要激昂起來了，想要和天空無與倫比的優雅形成一致，向著雲朵虛無縹緲的形狀躍然而升，城堡和樹梢成了雲層的支柱。「看，這很美」，舅媽的口吻摧毀了我的衝勁。我們繼續走到特亞儂宮、小特亞儂宮，最後來到皇后的村

莊 [254]。在村莊裡，我的心情跌到谷底。簡陋的小屋，未完工的馬爾堡塔（le tour de Malborough），再也沒有比這裡更荒涼的氣息了，也許除了大清早那些露天市集的木棚以外。

通常的情況下，舅媽在抵達皇后村莊時，會簡短評論瑪麗·安東尼特。「可憐的人！」舅媽嘆息著。我藉機抱怨自己的腳痛。這一日，十月的溫和星期天，讓人想要在愛神殿（Temple de l'Amour）[255] 的臺階上休息。愛洛蒂還是幽禁在緘默裡，如此固執，以致於我努力想為她做些什麼。我懷疑她受苦的原因。

——為什麼不給他收據？舅舅很在乎。

——我不給他購物的收據，是為了懲罰他。

——懲罰？為了什麼？

——馮西斯克讓婊子進來。只要我一轉身，他就變得很放蕩。妳知道這些事情嗎？此刻他和一位非洲女人在一起。馮西斯克在睡夢中大聲說夢話：「妳的陰毛是一片苔蘚草地」。請妳相信他說的不是我。我的丈夫和他的野女人在戶外交歡。他們像狗一樣在花園裡嬉戲。我收到鄰居的匿名信，

---

254. 皇后的村莊（Hameaude la reine）位於小特亞儂宮（Petit Trianon）附近，為瑪麗·安東妮特皇后（Marie Antoinette）修建的一個鄉村度假勝地。女王在此和她最親密的朋友進行私人聚會。

255. 愛神殿（Temple de l'Amour）建造於 1777-1778 年，新古典主義建築，在小特亞儂宮西側的英式花園裡。擁有小特亞儂宮的瑪麗·安東尼特皇后，希望能從窗外看到她心目中理想的風景，除了花園景色，更在園中增添了這一座中間有愛神雕像的新古典主義典雅小宮殿。

埋怨他們的噪音和醜聞。

　　我想爭辯，勸阻她。我瞥見她的雙眼閃爍著充滿殺氣的決心。瘋狂躲在眼睛裡嗎？我不知道。無論如何，舅媽的眼裡全是地獄般的景象，再也看不到外面的世界，她對丈夫的固定想法奴役了雙眼，丈夫不斷向她呈現荒誕的場面，他變得無限淫蕩。「妳舅舅正在櫻桃樹枝上和他的女黑鬼通姦，」愛洛蒂嘶吼著。她還踢了愛神殿的柱子。

　　我已經接受愛洛蒂將會慢慢枯萎的事實，就像接受一個自然的訊息一樣，就像她一直以來所經歷的生活。她會繼續去市場，在做完彌撒後，在桌子上攤開購物的帳目。晚上，對孩子的渴望侵蝕著悲苦的愛洛蒂，她會一直彎著腰織毛衣，在他們餐廳微弱的燈光下蠕動針頭（她不得不重新開燈，因為當她離開一個房間時，舅舅會規律地在她身後把燈關掉）。我從沒想過舅媽因著受壓制會失去平衡，慌亂不已，一頭栽進譫妄裡。

　　我們手挽著手回去了。經過皇后莊園的柵欄時，草地上的羊兒讓我的心變得柔軟，我高聲自問，牠們是不是瑪麗・安東尼特的羊群的後代？舅媽眨了眨眼。她站在聖阿黛拉懿德街十五號剝落的灰色百葉窗面前，沒有任何批評。她幻覺衍生，繼續說：「妳知道，這不是新鮮事了，他和女服務生、幫忙作家務的年輕女孩，還有鄰居們搞外遇，對我不忠，還

不算那位固定的情婦，那女人從我們結婚之前就存在了。」

──我把那件白色羊毛上衣帶到巴黎了。妳來阿卡雄時送我的禮物，妳記得嗎？它很完美。溫暖，舒適。

──羊毛上衣？

傷風敗俗的事端擾亂她的理智，在這片混亂裡，幾乎沒有空間可容納一件上衣。馮西斯克舅舅那些言行卑鄙的女主角們，不怕寒冷。

──真是下流胚子！啊，下流胚子……她以收容所孤兒的步態，每踏出一個碎步就講一次。

後來在我的幫助之下，她找回了毛線的紋理。正面一針，反面一針。她從放棄之處重新開始編織存在的苦役，一排接著一排。一件堅固的女用短上衣，無懈可擊地以長擺加以美化。

──我很高興這件衣服對妳有用，我使用新的羊毛編織它。舅媽用蒼白的嘴唇低聲說道。

她莞爾一笑，這對她而言是個愉快的回憶，因為通常她只是把同樣的毛線拆除再重織。

我的舅舅在家裡。他恢復了好心情。「妳們散步得好嗎？」他則是對自己的收穫感到滿意。他翻閱筆記。今天下午沒有一輛布列塔尼亞的車，一輛也沒有。相反地，有七個33號車牌，波爾多來的……。誰知道為什麼。他搖了搖頭，

擺出已經變成習慣動作的姿勢。我只做簡單的回應，和愛洛蒂一致：「凡爾賽宮很華麗」。

我遲繳了兩個月的房租，給自己買了冬裝、絨面毛皮內襯的靴子，讓我冬天不再受寒的神奇靴子。在那之後，我已阮囊羞澀，當然沒有錢了，而佔有財產是一件可憎之事，是資產階級的污點。我不打算改變主意。不過問題是不可否認的。我必須尋找錢。怎麼辦呢？參訪凡爾賽宮不久之後，我到盧森堡公園喝咖啡。我徵詢公園裡皇后們的意見[256]。她們在這個課題上卻沒有什麼可以告訴我的。大部分的皇后甚至忽略問題的存在。我靠近她們。優雅而高傲的皇后們對我不屑一顧。這是她們受教育的原則之一。她們不應該將眼光投射於正在工作的人，甚至不能注視正在考慮工作的人。漸漸地，她們已經習慣遠離整個世界。在她們死寂的目光底下隱藏著什麼？我想起愛洛蒂的幻覺，她變成愛神殿穹頂之下人面鷹身的女怪哈比（harpie）。

盧森堡的皇后們沒有瞧我一眼。我的請求對她們而言如同耳邊風。在鑲著石質珠寶的辮子交錯底下，她們似乎伸長了小耳朵，在亭子後方貌似專注聆聽；然而實際上，她們充

---

256. 盧森堡公園裡有二十尊法國皇后和女性的雕像放置在長廊上，她們俯瞰著中央的花壇和盧森堡宮前面的水池。這些雕像由國王路易・菲利普（Louis-Philippe, 1773-1850）挑選，從 1843 年起委託不同的藝術家製作。

耳不聞。

　　無庸置疑，我必須尋找財源……看著玫瑰那紅色的花瓣
與被我當桌巾的法國航空毯子的顏色相得益彰，我做起白日
夢。檯燈的罩子也是紅色的。我像個藝術家冥想著，此時有
人敲了我的門。一位銷售員現身了。百科全書的推銷員。鑑
於我房間的坪數，這份推銷顯得很滑稽。我可以增加細微差
別的不同紅色，但是如果要添購一套百科全書，那是另一回
事。推銷員表示同意，並且開始不顧一切向我吹噓他的工作。
這能獲得利潤嗎？我彷彿聽到吝嗇的舅舅在我心裡盤問。銷
售百科全書，抱歉，是銷售《世界百科全書》，成為他迅速
輕鬆的謀生方法。就像樓梯，終究要爬上這些樓層，不是嗎？
您可以自行判斷。請妳不要用「您」稱呼我，我不知道自己
發生了什麼事，我不明白為何我爬上樓層，因為愛，因為妳，
一股超然的力量引導我迎向妳。（他跳上床來到我身旁，以
一種熾熱的親暱向我解釋其餘的部分。）隨著他一點一滴遊
說我推銷《世界百科全書》的好處，我被愛融化了。讓我向
妳解釋。通常我們不會挨家挨戶銷售，而是透過電話預約。
然後妳才會去拜訪客戶，對方感到好奇，開心，妳便低價售
出。他很有說服力。我們一起度過了當天餘下的時光、晚上，
以及隔天整日。我下定了決心，並且註冊百科全書的銷售實
習。我的一夜情人說的是實話。原則上，這完全不難。現在

最當紅的條目是〈中國〉。我們學習如何從中摘要，以便能對潛在客戶發揮影響力。

　　關鍵在於觸及潛在的客戶。我必須能夠與他們約定會面。不過，我在接觸顧客的初期階段便出師不利。單純打個電話於我已是窒礙難行。我畢生幾乎沒有打過電話。此外，我們並肩排成一列，對我來講這項練習是一場私密的壯舉。最後，我心生沮喪。光是聽到我推薦《世界百科全書》的語調，就足以讓人發誓絕對不要被這樣一套書給纏住。不，不用了，謝謝。不，我跟您保證，不用了，我告訴您，不要堅持，現在買這樣一套百科全書是不理性的。是空間還是預算的問題？因為如果您採用分期付款的話，花費並沒有多少，我不需要，為了您的孩子，您的父母，您的前輩，相信我，我已經考慮過了……我說，是……電話那一頭的男士對我說：不。我開始嚴重惹火他了，然而我是如此努力克服我對電話的恐懼，現在沒有什麼能夠阻擋我了。我沒有放棄，彷彿這位不幸的人就是我唯一的機會。就像那些災難一般的搭訕者一樣，他們越頑固，我們就越反感。我想要促成一次會面，至少一次，就是和這位電話裡的男士。

　　我搬出〈中國〉條目裡的論點，知道這些會讓您有知識、現代性、與歷史接軌。然後他就生氣了。為什麼是〈中國〉這篇文章？你能告訴我法國和中國有什麼關係嗎？哎喲，我遇到了一個共產黨員。為什麼是〈中國〉這篇？我才是那個

完全有理由生氣的人。為什麼是中國？因為中國是像他這樣懦弱的傢伙唯一的救贖可能。因為中國是這樣子的國家：當工廠的生產力水準下降時，工人花在哲學上的時間就會增加。為什麼是中國？因為中國很近，我吼叫著。在我們這個尋求與顧客會面的群體裡出現了情緒激動的顫抖。我不再有勇氣嘗試另一個新的號碼。今天不行，明天也不行。我的預約簿一片空白，並且將繼續空白下去。我甚至不需要辭職。裡面也有篇〈奇蹟〉條目，為什麼我偏要自找麻煩為中國辯護？關於奇蹟我應該更為擅長才是。這是一篇值得注重的文章，因為從中可以學到一些令人驚訝的事情。例如，奇蹟痊癒的曲線是上升的：十七世紀之前：48。 十七世紀：129。十八世紀：213。十九世紀：164。二十世紀：546。人們可能會認為這些痊癒的受益者，在年齡和性別的分佈上和普通人一樣。但這只適用於年齡變項。所有年齡層的人都能從醫治中受益。反之，奇蹟痊癒的性別比與一般人口的性別比例不一致。奇蹟痊癒的女性比例高出男性許多：65% 的女性對比於 35% 的男性。文章作者的結論是，大概是因為女性更常懇求奇蹟。我想，這是一個略嫌簡單的結論，但，都要擁抱辭職的幸福了，我何必理會這種瑣事。

　　辭職的一刻是快樂的。你能感覺到整個人負擔減輕了，一種宇宙級的解脫。我轉身背離百科全書，走出去呼吸奇蹟

的空氣。這是一個吞食飛行聖體餅[257]的時刻，如同人們所知，它們四處飛翔，難以捉摸，眼不可見，突然間其中一塊聖體餅落在舌尖上，那就是恩典。

我去河堤散步。我站在漫遊者這一邊，而不是推銷員。書本鑽進我們口袋裡，這些書沒有重量，我們帶在身上，坐在水邊，翻閱它們，我們高聲朗讀幾行，你在字裡行間走得更遠，在巴黎的街道上，走進你自己。

我只能打打零工。不管做什麼，只要不用推銷任何東西。如果「工作」的形式如此邊緣，如此被動，不值得被稱為勞動的話，那更好不過。心理實驗的對象、畫家、攝影師和美髮師的模特兒，發廣告傳單，背廣告看板的三明治女郎，臨時演員（我剛才整晚置身於一群襲擊監獄的人當中，稍早則是在牆角下待了幾個小時，然後我在街道清潔人員擦身而過的時候要進入一間小酒館喝咖啡，我聽到有人嘆息著：「藝術家的生活真可悲，尤其當你是臨時演員！」）接近無所事事的工作，且幾乎從零開始賺錢。毫無個人投資。工資水平相應對等。平衡得真好。我夢想成為幻術表演中被鋸開的女人。

有人提議我去做問卷調查訪員。非常好，極好，只要無

---

257. 聖體餅，象徵基督身體的聖體，由神父在彌撒儀式中祝聖後發給信徒。

須販賣任何物品，我都能接受。而且在那幾個月當中，我覺得自己找到了志業所在。當然，意見調查並非我的興趣，尤其我向受訪者提問的那些主題，我興趣缺缺，但我喜歡滲透進入陌生的公寓，揣測人們如何生活。而且我很適合訪員的工作模式，訪員要在早上報到，我們拿到問卷，被告知該去哪裡，該調查哪些大樓。不能只坐在一間咖啡館，等待老主顧上門。但我就是這麼做。然而不是在問卷分發點附近的咖啡館，而是另一間，稍微遠一點。日子無精打彩地伸懶腰。我讀報，問幾個問題。要從晚上六點才開始有生產力。下班後，人們都回家了。所以一切進行得很快。我選擇一間大樓。跑遍一層又一層，按所有的門鈴，就像是緊急狀況一樣。我好奇心大發。我勢必獲得回應。你們尤其不能、絕對不能讓我吃閉門羹。清潔劑、度假勝地、別墅、照相機、礦泉水、藥膏、嬰兒尿布、雜貨店／大賣場、阿斯匹林、防曬乳液、退休計畫、保險、郵購、冬季運動……您可以借我五分鐘的時間嗎？五分鐘他們有。我坐下來，把問卷放在桌子的尾端，跟我們喝一杯開胃酒吧？好，您有洗衣機嗎？洗碗機呢？您打算在下個月或以後購買嗎？一杯馬丁尼？還是多寶力甜酒（Dubonnet）？畢爾酒（Byrrh）[258]？自製的開胃酒好了，桃子口味。我喜歡家裡自製的開胃酒，嗯，謝謝！很美味，真

---

258. Byrrh 是一種由紅酒，蜜餞和奎寧製成的葡萄酒開胃酒。

是罪過。您是搭乘什麼交通工具去上班的。這位男士說，我盡量少去。他棕色頭髮，三十來歲，笑容瀟灑。妻子同意他的說法。問題不在於他如何去上班，而是在於他如何可以不去上班。妻子說，丈夫不喜歡工作。男人明確指出，他從小就是這樣。妻子在他的肩膀上親了一下。他有著尚・加邦（Jean Gabin）[259] 那種嚴厲、謹慎、誘騙的表情。當您必須勉強自己去上班時，您怎麼去？我坐小艇去。他的妻子說：我會跟他一起去。我說：「上班的人在不上班的時候很無聊。從不上班的人從不感到無聊」。這兩位不會感到無聊。我覺得他們的小公寓很舒適。當這對夫妻邀請我共進晚餐時，我不得不強迫自己從這種慵懶和愛戀的氛圍裡起身……。他們的床上坐著一個大玩偶。我很想躺在這個洋娃娃旁邊，玩一會兒永遠不無聊的遊戲。約莫晚上九點的時候，一疊問卷完成了。我被接連不斷的開胃酒和一張張新面孔弄得有些昏頭轉向，我走到外面，來到一條我不認識的路，位在一個行銷官僚所決定的地區。

我頭暈目眩，不只是因為酒精的緣故，也因為我迅速從一棟公寓移動到另一棟。讓對方願意接受訪談的成功關鍵，在於維持良好的節奏。片刻遲疑就會被拒絕。公寓的穿梭，對話的片段，隱私的瞥見，把這些放在一起時，好似成了我

---

259. 尚・加邦（Jean Gabin, 1904-1976），法國演員，主演過許多知名電影，如《悲慘世界》（1958）。

腦海裡的旋轉木馬。是我今日的華爾茲。

我搭乘地鐵回家。他說得有道理，搭乘小艇有趣多了。

我把帽子掛起來，我只有在進行調查的日子才會戴上這頂黑色氈帽。我躺在狹窄的床上，這張床是專門設計給睡得像天使一樣的人。

有時我會被拒絕。多疑的人微微打開門，然後將我和我的問題拒於門外。不過這很罕見。例如這對夫婦。他們住在東站（gare de l'Est）旁邊的一棟骯髒建築裡。這是我第一回來到這個區域，是按照地址進行的訪談。因此我必須獲得他們的回應。我敲門，無人回應。我隔天再次嘗試，還是一片沉寂。可是，門後有人在，我聽到抑制的噪音，感受到一份恐懼。我堅持敲打那扇可憐的門。最後他們終於決定開門。我進入屋內，是兩位年邁的老人，懸著雙腿在床上坐著。男人的腳浸在水盆裡。房間裡除了一張床以外幾乎空無一物。他們以為我是社工人員，區政府派來的。他們不知道是否該對我感到恐懼並且把我趕出門，或者，是否有那麼一點點小事值得期待。心懷期待的是老太太。老先生不再懷抱希望。「您想做什麼？」我結結巴巴地說，我來做調查，我只是要詢問他們幾個問題。我從他的眼裡可以看出，老先生立刻想把我趕出去。他是為了妻子而按耐住自己。但是當我開始提問，第一組問題是關於他們的退休計畫；要留在巴黎，還是

鄉下房子，住海邊，山上，想住在法國的哪個地區，為何選擇這個區域等等，老先生大發雷霆。

我聽到自己的心跳聲，感到慚愧。我重新關上門。他的怒罵伴隨我走下樓梯，我全速衝下樓。

也有些應允者會讓你懷念拒絕你的人。他們不住在東站，而是住在蒙巴納斯、皮加勒（Pigalle）、蒙馬特的藝術家區。這些人有時熱情友善，也不乏冷漠狡猾。他們披著睡袍，陽具外露。他們假裝是導演，製片人，演員。帶著保護性的語氣，扮演細心而富有同情心的男人。您這麼年輕，這麼迷人……他們想要捏我的臉，撫摸我的頭，搔搔我的頸背，想要遞給我一塊糖……這些人熱切地想要發掘我的才華。相信我，這樣的工作您不會持續太久，我使用工作這個字，是為了不傷害您，但是我坦白告訴您，這是一種浪擲。生活僅值得按照您的野心來度過，按照您野心的高度，應該要把難度訂得很高，我感覺您活得不快樂，並沒有，有，您不快樂，您不滿意自己的命運，最糟糕的是您甚至沒有意識到這一點。我坐在他身旁，他引導我的手。我叫喊著，我很快樂。當我的手碰觸到他的陽具，我跑開了，忘了我的問題。

在富人區裡，情況會好些嗎？不一定。一切都不可預知。就像搭便車一樣，和問卷調查的順序一樣的實作：想獲得對方的善意，要釋出等量的善意才行：是的，人們必須願意回答你的問題；是的，人們必須願意用他的車子載你一程。但

是他的善意不能轉成侵犯的慾望。這需要極度小心對話，留意所有的姿勢。快速進行並且保持警惕，喝幾杯小酒，不要讓自己陷入任何機密當中。簡而言之，這是一場濃縮的生存課程。

我按下了沃許大道（avenue Hoche）[260]一棟漂亮建築的門鈴。我本以為會被拒絕，一個女性嗓音叫我上樓，我很驚訝。這個女人非常漂亮，與她的聲音相稱。她穿著白色衣服，在這個寬大的客廳裡，所有東西都是白色的，從牆壁到地毯，燈，沙發，蘭花。這次調查是關於運動，如何維護你的身體。我來得不是時候，這個女人正處於危機當中，而且會延續很長一段時間。我幾乎還沒說出慢跑這個來自美國的運動時尚，她就開始講述一個關於繼承遺產的黑暗故事，講述她的姐姐嘗試竊取遺產的方法，她採取的方法讓人無法忍受，事情本身是痛苦的，但方法是決定性的。對於詩歌，她也是這麼想：不是內容構成了書，而是形式？這位失竊者眼光掃過我，並繼續談論她的訴訟費用。她也像那些亟欲帶我走出平庸的性愛熱衷者一樣，讓我坐在她身旁，坐在白色的皮沙發上，這個沙發比起我的房間應該有兩倍大，她繼續解說她的地獄，一位又一位的律師如何讓她受苦，我開始感到厭膩了。慢跑，慢跑。她聽不到我說話。她被仇恨纏繞。她的餘生就

---

260. Avenue Hoche 是法國巴黎第八區的一條大道，也是通往凱旋門的十二條大道之一。

是這樣了。慢跑，慢跑，慢跑，我向出口跑去。一個女僕衝向我。她還來不及幫我開門，我已經在樓梯間了。托卡德侯廣場（Place du Trocadéro）[261]，天空是柔和的金色。巴黎沐浴在薄霧之中。如此的美麗讓我流下眼淚。在廣場上，溜冰者在我周圍劃出一系列交錯的路徑。讓我在這一夜參與了他們的芭蕾舞團……

　　——您穿長筒襪還是褲襪？

　　我花了一整天站在白色廣場（place Blanche）的一家Prisunic 超市[262] 前面。說穿了，我只是一隻鸚鵡。我已經變成一臺自動裝置，不知道自己在說什麼，也不知道我在和誰說話。

　　——您穿長筒襪還是褲襪？

　　——長筒襪。褲襪是情慾主義的終結。一個名副其實的女人應該選擇自殺而不是接受褲襪。無論如何，這就是我的作法。

　　我看著他。他很高大，清瘦，身穿黑色天鵝絨夾克和同樣布料的長褲。一條紫色的絲質領巾為他的優雅增添了一絲

---

261. 托卡德侯廣場（Place du Trocadéro）位於巴黎十六區，與艾菲爾鐵塔相對。

262. 巴黎的白色廣場（Place Blanche）是沿著巴黎十八區克里西大道（Boulevard de Clichy）延伸的小廣場之一，該廣場在第九區和第十八區之間，一直通向蒙馬特。在 Pigalle 附近。一價店（Prisunic）屬於連鎖店的多功能中型商店，提供日常用品和消費品。

花俏。他彎下腰，用一個快速的動作露出黑色靴子上的淡紫色長筒襪。

── 我有主教的腿肚，希望這不會影響您的信念。

我們一起在勒皮克街上（rue Lepic）走了一會兒，往修道院的方向。我突然覺得不想離開他，想要和他留在這一區，留在這個城鎮。我們在前進咖啡館（Café du Progrès）坐了下來。這是一個黑暗而陳舊的地方，僅僅看到它就足以讓你明白，什麼都起不了作用，與其像個瘋子一樣全世界奔跑，夢想改變世界，不如保持安靜，手裡拿著一個杯子，茫然盯著一面因歲月而斑駁的鏡子。我聽到「來，我要喝一杯來躲躲雨」，咖啡館的一位常客這麼說。老闆和顧客年齡相當。他穿著一條藍色帆布長圍裙。

我的新朋友像個王子一樣被接待。您好，艾西克（Eric），都好嗎？您好，尚（Jean），還不錯。過去幾天您都沒有出現。我去諾曼第探望我的父親。

我感覺他在這一區就像在自己家裡一樣，他向我解釋，就像在威尼斯，當地居民深諳一種藝術：置身於駱繹不絕的觀光客裡，仍保有屬於他們自己的路線和地點。

例如這裡的前進咖啡館，一個停滯不動的巢穴。

艾西克十分健談而耀眼。有時候他會從外套裡的口袋拿出筆記本，記下有趣的兩、三個字或一句話。我立刻想到他是個作家。

當我在各種可能性的層次思考時，艾西克問我是做什麼的。我說，哲學。我希望他不會在這個主題上進一步問下去。

——對一個將柏拉圖的對話銘刻在心裡的人，被化約到關於襪子的問卷裡，一定很痛苦。

他的評論刺痛了我。我保持沉默，情何以堪。

稍晚，我們走回他家，位於勒皮克街和東方街（rue de l'Orient）交會的一間工作室，我衝向道路旁邊第一個陰溝的集水孔，把所有問卷扔進去。只消一個動作。噗通！丟到馬克西姆水道裡（cloaca maxima）[263]，這是我在學拉丁文的時候很喜歡的一句表達。關於褲襪的問卷，我把它獻給馬克西姆水道。對我而言，這就是最大的滿足。

當我抬起頭來，卸下這些該死的問卷負擔，艾西克給了我一記微笑，他牽起我的手帶我去他家。這間工作室大而明亮。在一張我看來具有中世紀質樸特徵的木桌上，放了一大把向日葵，當艾西克把我放在這張木桌上和我做愛的時候，動作迅速到幾乎沒有時間褪下我的內褲，沒有向我明確提出，然而我沉浸於自身存在激越的翻騰當中，將艾西克的愛情之道視為一種絕妙的靈感。快速寬衣解帶之後，接續的是

---

263. 馬克西姆下水道（cloaca maxima）是古羅馬時期羅馬的下水道系統。羅馬位於濕地地帶，馬克西姆下水道將羅馬的污水排放至臺伯河。該下水道修建於西元前600 年時期。

令人讚嘆的徐緩。他穿透我，發掘我。在向日葵的保護下，他將我抱在懷裡，把我放在一間深藍色的凹室，一個黑暗裡夜的壁龕。它位於夾層的高處。這也是個天才之舉。我告訴自己，這傢伙真是不可思議，我變得潮濕、溶解，渴望下一幕的到來。

接近半夜的時候，艾西克開了一瓶香檳；他給自己倒了一杯威士忌，又喝了好幾杯。我已經得到滿足，不想再要多樣變化的愛撫和親吻，靈巧溫柔的進入。「我要回家了，」這一刻我小心翼翼避免傷害我的伴侶。我以前被說過是神經病，甚至更糟。但艾西克似乎覺得這很正常。他主動提出要陪我回家，他叫了一輛計程車，在路上讓車子停在哈利酒吧（Harry's Bar）前面。夜晚對他來說是一條有彈性的軌跡。他說，事實上我們可以利用整個晚上做任何想做的事。我想要他，同時也相信他所說的話。

在哈利酒吧，我想喝杯雞尾酒。他們的名字都像詩的名字一樣美。我選擇了藍色珊瑚礁（Blue lagoon）[264]，這是用加了苦橙皮的柑香酒為底的調酒發明，太平洋島嶼的樣品，甜蜜的海市蜃樓，土耳其藍的池水。我閉上雙眼，沉浸在清澈的水裡。坐在我身旁的男人正在對我發表關於高更的論述，講述某些偉大的藝術家生命中斷裂的重要性。我仍然浸

---

264. 藍色珊瑚礁（Blue lagoon），或譯藍色潟湖。

淫在盈滿的藍色當中，含糊地想，他是否想用編碼加密的語言向我表明，他覺得有必要以藝術之名遠離，他的繆斯敦促他和所有的社會決裂，將自身只奉獻給繆斯。他繼續提及高更、史蒂文森（Stevenson）[265] 以及韓波。但艾西克似乎沒有把自己列入天才遠離塵囂這全球現象之列。我告訴自己，這樣最好不過。當我在一杯新的藍色珊瑚礁寶石酒水裡嬉戲的時候，艾西克的話冒出水面。「有在聽我說嗎，」靠在我身上的男人詢問，他的手放在我私處的海葵上，表現出對於海洋元素的真實敏銳。紙做的洋傘插在邊邊，迷你獨木舟等待我的歡愉，如果我再來第三杯的話……。艾西克以略微緩慢的語調咬字清楚地說，夜未央。這種才智的顫動，讓他狂熱揭露異國情調對藝術家感受性的影響，在這陣顫動之後，他似乎走向一種愉快的沉默。他再度以義大利文說，La notte è giovane，夜未央。我的情人除了有數不盡的優點之外，他還精通雙語，並且慷慨大方。他熱情地灑錢，我還沒有啜飲完我的藍色珊瑚礁，他的揮霍已經足以把我的舅舅馮西斯克送進墳墓裡。

是的，夜未央。即使天色揭露一日之初的蒼白，未央之夜瀟灑的青春依然持續著。在這嘲笑徒勞白日的未央之夜，

---

265. 史蒂文森（Robert Lewis Balfour Stevenson, 1850-1854），英國蘇格蘭小說家、詩人與旅遊作家，也是英國文學新浪漫主義的代表之一。史蒂文森常常到處旅行，有一部分的原因是為了尋找適合治療結核病的氣候。

艾西克送我到大樓前。我已搬到聖安街（rue Sainte-Anne），現在，回到新住處睡覺以前，我觀察的不再是盧森堡公園裡的皇后石雕，而是杜樂麗花園（Tuileries）和它的浪漫夜色。傭人房的流動性很大。我注意到如果在較低的樓層，那些號稱「貴族」的住戶都鑲嵌在此，不會像更換襯衫一樣不斷更換住所，也許是因為世世代代累積的百科全書重量所致。而在傭人的樓層，人們只是過客。我們毫無理由地搬家，在意料之外。當一個房間空出來了，我們立即可以在裡面撿取一些書本，冬季外套，印度裙子，以及各種顏色的 T 恤，我們撕下牆上的海報，切‧格瓦拉（Che）[266] 的肖像照，莫迪里亞尼（Modigliani）[267] 的裸體畫複製品，移民即將踏上曼哈頓的照片，這些都會被移走，這些裝飾轉眼就會被重新建構，被放在同樣的高度，卻是在另一條街上。這是一個讓我夢想的念頭：當我在不同建築的樓面之間漫步時，一般樓層的穩定生活持續的時間長短差距，是以幾十年、幾世紀來衡量的。然而在閣樓，屋頂底下，人們居住的時間只有幾個月。脆弱生活和安穩生活之間的落差。我喜歡我的生活，但我也喜歡在聖路易島或堤岸散步時，透過窗戶看那些亮著的燈，盛開

---

266. 切‧格瓦拉（Che Guevara, 1928-1967），暱稱 Che，出生於阿根廷。是古巴革命的核心人物，領導社會主義古巴、古巴革命武裝力量和古巴共產黨，是著名的國際共產主義革命家。

267. 莫迪里亞尼（Amedeo Modigliani, 1884-1920），義大利畫家與雕塑家，大膽創作裸女畫，曾受到當代保守風氣嚴厲批評，到後世才獲得認可。

的花瓶，閃亮的畫框裡模糊不清的畫作。它們帶給我的情感，是邀請我逗留。將來吧，有一天……。

我離開田園聖母院街的住所是由於門房的迫害，一個可怕的女人，天生的告密者。她不是說話，而是咆哮，她沒收我的信件，每次我有朋友來訪走側梯的時候，她就威脅說要叫警察。特別是發生了阿拉伯房客的事件。一位阿爾及利亞人住在我隔壁的房間。事件發生前幾天，我度過了一個失眠之夜；奇怪的噪音讓我睡不著。我的門另一面有某人在那裡。我很害怕，不敢移動。我鼓勵自己冷靜下來，後來走廊上不再發出任何聲響，中場休息……然後喧鬧又開始了。到了早上，我終於膽敢打開我的門；有一隻母雞，兩腳綁著被放在我鄰居的門前。牠應該比我度過更糟糕的一夜。牠看來已經無力亂動和掙扎，靜止不動。這隻母雞和接下來發生的事情無關，除了時間上間隔不久之外。有一晚，打了一整天徒勞無功的電話之後，我在接近六點時回到家，跟那位阿爾及利亞人一起抵達。在門房的管理室，我敲門要拿我的信件，門房帶著敵意回應我，不過就是開啟她慣有的壞脾氣模式。阿爾及利亞人無疑受到我的鼓舞，因此做了同樣的事；他也微笑詢問是否有他的信件。這麼做啟動了辱罵的機器，門房和她的丈夫同心協力，高聲喊叫，再度搬出叫警察的臺詞，他們咒罵這個阿爾及利亞人是寄生蟲，阿拉伯黑鬼，他們要獨立，就去自生自滅，不要來偷法國人的麵包，弄髒法國人的

國家，到處拖著他們的母雞亂丟。阿爾及利亞人努力忍耐，但是他最後還是暴跳如雷衝向門房的丈夫。門房驚動了整棟樓的人，讓每個人都來見證阿拉伯人的恐怖罪行。不到五分鐘，警察來了，彷彿他們早就等在門前，彷彿門房夫婦有一臺警車供他們使用。當我想要居間協調，一位警察命令我不准出聲。他們已經受夠了我這一類人。受夠了騷動者，五月革命的混亂已經結束了。

我在聖安街的房間跟田園聖母院街的一樣小。我找到了同樣的紅色地磚，同樣的窄床。我在桌上鋪了我那條法國航空的毯子，跟帶有紅色燈罩的檯燈。唯一顯著的區別在於：水源是在走廊上。我不再擁有衣櫥裡的水源，不過我得到了一扇尖拱形狀的窗戶。這份美學上的精緻值得損失便利。而且這位門房滿面笑容，很迷人。她以前專門製作女性帽子，還保留各種豐富的創造力。光是看到她的捲髮和口紅便令人心情愉快。我稱讚她：夫人，您的口紅很漂亮。女孩，這是火紅的玫瑰色。我可以給您一條一模一樣的。她嘗試將她創作的帽子戴在我頭上，有時會把其中一頂送給我當禮物。我帶著感恩之情接受她餽贈的帽子，並且得意地戴著。她很高興看到我戴上圓帽以及帶朵花的窄邊軟帽。我唯一抵制的是帽子上的短面紗。萬一我想要接吻怎麼辦？傻孩子。您把面紗掀開就好了，或是由他來為您掀開。如果您的未婚夫是一位體貼的男士，我相信他會喜歡的。因為有了面紗，親吻變

成了一齣戲劇。

　　艾西克很富有。更精確地說，我在他生命中一個非常好的時刻遇到了他。吃中餐時他對我說，「絨球花的時代」，如同這間位在他家附近的餐廳名字一樣。要前往這間餐廳，他只需溜過去即可。艾西克在那裡有一張專用桌子，老闆娘對他呵護有加。每隔一段時間，她的笑臉就會出現在厚重的繡球花上方。「一切都好嗎？都順心如意嗎？」艾西克趁此順便示意酒瓶是空的，然後繼續談話，但因為注意到他顯然都沒吃什麼東西，我對談話的興趣也分散了。

　　根據我對金錢的清規戒律，以及對於任何被稱為資產階級的事物之憎惡，我的情人目前的富裕應該會讓我感到不悅：「什麼！？先生，你很有錢？這樣的話，我走了，顯然我們不是同一類人。」但我什麼也沒說，沒有移動，甚至當我看到他從口袋裡拿出大把鈔票，有時還顯得搞不清楚鈔票的面額，我也是如此。他把鈔票掉落在地上，絨球花女士會彎下腰幫他撿起來，說：「唉！可惜這在地上種不出來！」。以這種方式撒錢，右眼斜視著，是他喝醉酒的少數跡象之一。他喝得越多，越是瞇著眼睛，越是亂灑錢。這使我震驚得恰到好處，讓我在貧窮的道德觀裡感到欣慰，但又還不到禁止我自己從中受惠的地步。首先，因為我對金錢現實的否認，在我還是一個領取獎學金的學生之際，而後在科倫布（Les

Colombes）的烏托邦裡[268]，這種對金錢的否定很容易維持，然而由於我不得不嘗試去打工，我的否定已經產生動搖。打工的暫時性，實踐帶有的超然性，它們詩意的一面，這些都不會妨礙我意識到，人們打工不是因為一時興起，或是純粹為了體驗的樂趣、作為探索巴黎的另一種方式。不，我們打工是因為我們需要錢。我繼續肯定金錢的無效性與資本主義的恐怖，我呼應了雅克・布雷爾（Jacques Brel）[269] 的歌〈資產階級，就像豬一樣〉，雖然沒有走上與資產家和解的羞恥地步，但我的一部分已經放棄並承認金錢的存在。為此，我「原諒」了艾西克的富有。更因為這財富是一時的，一時的機會，也就是繼承。艾西克不是一個真正的富翁，一個永遠的有錢人，不是那些有錢得要死，並且也為錢斷氣的人，正如另一首雷奧・費赫（Léo Ferré）[270] 演唱的歌詞所言。在絨球花和皺巴巴的鈔票時代之前，艾西克曾經歷朝不保夕的階段。從他兩個最好的朋友的風格裡可以猜到：米洛（Milo），是蒙馬特山丘群眾裡的一號人物；馬克（Mark），金髮碧眼，穿著白色西裝，模仿美國作家湯姆・沃爾夫（Tom

---

268. 意指作者從前在加倫河畔一起生活的藝術家所居住的石造房子。

269. 雅克・布雷爾（Jacques Brel, 1929-1978）是比利時歌手，作曲家，演員和導演。布雷爾的音樂作品大多以法語寫成和演唱，但有小部分是荷蘭語作品。

270. 雷奧・費赫（Léo Ferré, 1916-1993），是摩納哥詩人和作曲家，活躍且具爭議性的現場表演者，在第二次世界大戰後直至去世，以法國為主開展他的音樂職業。發行許多膾炙人口的單曲，尤其是在 1960 年至 70 年代中期之間。

Wolfe），即《電動 Kool-Aid 耐酸測試》（*The Electric Kool-Aid Acid Test*）的作者 [271]，艾西克和馬克對這部小說的崇拜程度，幾乎和傳說中的《火山之下》（*Au dessous du Volcan*）[272] 一樣。馬克是普樂波孩童畫家 [273]。他在蒙馬特的小丘廣場（Place du Tertre）出售他俗氣的畫作。但是當我們在星期天去找他時，經過「商業的」一天，（他將日子分成創作的和商業的），他穿著一身白衣，坐在扶手椅上，腳邊是攤開的作品，像是從位於柏林或維也納的漂亮家庭公寓裡費勁被趕出來，把最糟糕的畫全拆開放地上，除了夢想的荒謬邏輯之外，沒有任何原因。他把畫作放進一個大袋子裡，他鄰座的畫家向我們問好，一位專畫聖心教堂，另一位擅寫吉普賽人風情。艾西克總能找到一種新的方式來評論他們的畫作，他引用了哥雅、馬內、畢沙羅……相較於讚美的真實性，他完全是隨口說說。事實上，他們憑藉自己的生意過著不錯的生

---

271. 湯姆・沃爾夫（Tom Wolfe, 1930-2018），美國作家和記者，1950 年代後期開始，沃爾夫致力於新新聞（New Journalism）寫作，被譽為「新新聞主義之父」。文風大膽，擅長使用俗話俚語及自創詞彙。能捕捉到時尚文化和大眾的生活，並諷刺美國社會。《電動 Kool-Aid 耐酸測試》（*The Electric Kool-Aid Acid Test*）是他於 1968 年撰寫的非小說類書籍。這本書是新新聞文學風格流行的一個例子。

272. 《火山之下》（*Au dessous du Volcan, Under the Volcano*）應是英國作家馬爾科姆・勞瑞（Malcolm Lowry）於 1947 年所撰寫的半自傳體小說，講述一個嗜酒英國領事 Geoffrey Firmin 的故事。小說地點設定在墨西哥小鎮 Quauhnahuac，時間發生在 1938 年的亡靈節。書中大量使用意識流寫法，探討了死亡與愛情的主題。

273. 法國海報畫家普樂波（Francisque Poulbot, 1879-1946）在二十世紀初曾描繪了在蒙馬特爾街區玩耍的孩童形象，後來人們把這些畫裡的孩子稱為「小普樂波」（les P'tits Poulbots），和作家雨果筆下的流浪兒加弗赫熙（Gavroche）一樣出名。

活。馬克尤其如此，因為他的普樂波孩童畫有一種特別的生動感。馬克說，對於繪製孩童的帽子方面，我有一手。經濟上的成就為他在蒙馬特山丘上帶來成功的光環。過去馬克不止一次向艾西克借錢，現在他加倍奉還，這使得他倆都感到愉快，在這些咖啡館：布魯恩（Bruant）、領事（Consul）、吉祥物（Mascotte）、杜勒（Dürer）、紫羅蘭（Violette）、聖約翰（Saint-Jean）、榮耀（Gloire）、天頂（Zénith）、變速器（Dérailleur）……他們低聲談論有利可圖的計劃，提及我不認識的陌生名字，對我來說都無關緊要，我不需要知道，我不需要理解，只要任何觸及艾西克的事物，都讓我著迷。我會花幾個小時站著，手裡拿著杯子，聽馬克描述他一位富有買家的別墅，他是普樂波孩童畫的大收藏家。或者艾西克無數次講述《火山之下》手稿的災難，馬爾科姆・勞瑞（Malcolm Lowry）把手稿弄丟了，找到又再弄丟，手稿消失在一次沉船事件，被燒毀了，被偷了……馬爾科姆・勞瑞並沒有氣餒。每次災難過後，他都會重蹈覆轍。他忍受著，咬緊牙關，然後重新開始。艾西克臉上悲慘的表情，讓我們感受到巨大的失落，以及在畢生的辛勞灰飛煙滅之後，重頭開始的英雄氣概，馬克開玩笑說，這是一種狂飲威士忌的英雄主義。他取笑是為了好玩；事實上，馬克和我一樣，也被艾西克的表現所感動；和我一樣，他把這位被詛咒的作家反覆被傳揚的英勇戰績，轉移到艾西克身上。我不僅不會無聊，

而且很佩服這個藝術世界，在那裡你不斷經歷起起落落，在那裡事物和感情閃耀著不穩定的可貴。日日夜夜過去，我們除了喝酒聊天什麼也沒做，幾乎從未離開過蒙馬特，我們有固定的咖啡館路線，而我，保持專注，或多或少有醉意，但從不疲倦，我因著自己帽子的優雅而被懸置，並且總是處於一種強烈的仰慕狀態。

艾西克的另一個朋友叫米洛。高大瘦長，動作不太靈活，留著小鬍子，是流浪漢當中的一位強者。每年耶誕節，他都會出現在電視上的慈善聖誕晚會，是節目的大紅人。米洛說話溫和，口齒伶俐。他是一個完美的受訪者。他以和善的語氣說，生活在蒙馬特這個自由的社群裡是多麼令人愉快，米洛讚揚了此地區長的創舉，他是一個有著正確思想的誠實人，一個無政府主義者。記者問米洛：您是一個無政府主義者。不然我還能是什麼呢？如果您是我，您會是什麼人？一個中間派（Centriste）？記者向他表示感謝，讚揚了他的素養，通常一切都會結束於美麗聖誕夜的愉快心情。然而去年十二月，米洛的發言不再令人放心。他說自己像隻流浪狗、無殼蝸牛，住在蒙馬特山丘的時日沒有比別的地方來得多，因為他睡在戶外，耶誕節只是為了獲得免費的一口飯，至於新年祝福，他對今晚的施恩人士和善意的捐助者說了這番話（他在鏡頭前展示一雙新的皮鞋和滑雪手套，還有一盒巧克力）：社會拒絕給赤貧者的東西，他們這些窮人最終會以武

力奪取。他用脫掉滑雪手套的那隻手，在他自己脖子上作勢要沿著虛線切割，非常迅速地做出了割喉的動作。光是在螢幕上看到這割喉的姿態，已經夠了。

米洛是萬中選一的哥兒們，這也是為何當那次艾西克又開講無止境重新啟動的手稿傳奇時，他嘲弄的回應：「而我們的人生就只是在要嘴皮子……」，這突如其來的指出真相讓艾西克非常受傷，後來一個多星期都不跟他說話。整個晚上艾西克都保持緘默，他時而在筆記本寫下一兩個字。我心想他是否也在寫俳句。如果我能夠思考一下頁面上被我瞄到的那些字眼，我可能會提出更多的問題：紅辣椒、島上的鳥、語錄、性高潮、水神（Ondine）[274]、火焰之女、女詩人、望族、蟬翼紗、魅力女王……

如果和艾西克在一起的夜晚是延展的，是一種經得起任何考驗的青春，那麼白天則是無情地越縮越短。在很長一段期間裡，這並不困擾我。相反地，我總是有幾個小時可以讀書。因為我閱讀，所以當我們晚上見面時，我感覺自己每天都向思考王國及其知識嚴謹的理想致敬。通常，為了能夠更相信自己勤學的真實，我會去圖書館。那些日子裡我悠然獨處，對我的哲學志業感到平靜。因為從那時起，從我來到巴

---

274. Ondine，北歐神話裡的女神。

黎，甚至自從我與艾西克相戀以來，我一直在書本和世界這本鉅作裡閱讀。世界鉅作往往使我非常忙碌，不利於紙本作品的閱讀。然而我並不介意，因為我自覺正在快速進步，在我看來這是哲學志業的終極目標：擴大個人經驗的範圍。

艾西克總是十分整潔。在小酒館長時間的逗留，他也完全不會把自己弄皺或弄髒。無論我何時與他相會，他都像剛剛出門一樣，準備迎接新的一天。他的優雅，使我得以恣意將愛人的肖像建構成一名藝術家。我毫不懷疑，他是一位作家。他也或多或少向我承認這件事，態度當然是非常謙遜，不過他說了就算數。傍晚當我們在第一間咖啡館見面的時候，按照慣例，我會看到他俯身在筆記本上，我示意他無須中斷，我讓自己盡量不要引起注意，希望他忽略我的存在。他重新閱讀最後幾行字，思考片刻，或者是，我想他在反思一個明確的問題、建構小說、精心塑造一個人物，為一個場景收尾？向他提問似乎很唐突……最後，他合上筆記本，仔細收在內側口袋裡，全心獻身於我和即將開展的夜晚。

晚間總是從同一家咖啡館開始，然後它的路線就會被明確固定下來。隨著越來越接近黎明，則會有某些不確定存在，不過整體上的儀式以及最初幾個停留的地點已確立。我們必須先拜訪位於煎餅磨坊下方小酒館的維內爾媽媽（la mère Venelle），酒館門面的櫥窗還標示著「木炭」。我們的拜訪是對於執拗的老闆娘一種不可或缺的致敬。她是一位梳著灰

色髮髻的太后，瘦弱而專制的老太太，老愛抱怨，不過，她以不同的方法對待她心愛的少數寵兒（蒙馬特山丘上的藝術家、畫家、作家和詩人）以及她漠不關心的人們。這還沒算上她最不屑的那類，最被虐待，被拒絕的一群，也是她無法擺脫的一群：藝術家的女朋友們。維內爾媽媽的穿著，正如我小時候去過的夏宏特（Charente）村莊裡的農婦一樣，她身穿一件藍色罩衫、羊毛長襪和夏宏特褲子。如果天氣冷，一條披肩就能讓她裝束完整。她經常不見人影，在廚房裡忙著切黃瓜——香醋黃瓜是她的拿手菜——或者整理她存放錢的錫盒子。在這種情況下，艾西克和我將盡可能地等待。沒有她的祝福，夜晚是不可能開始的。

　　觀光客很少冒險進入這地板粗糙的陰沉空間，人們圍坐木桌邊緣，好似集體用餐。維內爾媽媽餐廳迷人的圈子不是櫃臺，而是這張長桌。只有女主人不喜歡成群結伴。她講話很難聽，除了知名的黃瓜沙拉和肉醬佐法國麵包之外，她沒有什麼可吃的食物。喝的倒是有。酒精從不短缺。向來細膩的艾西克對於維內爾媽媽帶有酸味的酒也不吝誇讚。您幫我們保留一瓶上次我喝過的那種隆河谷紅酒好嗎？它有布魯勒賽卡亞出品的酒（Brullesécaille）的味道[275]。維內爾媽媽低聲唸著：隆河谷？您說的是波爾多的酒吧？艾西克堅持：真的

---

275. 法國 Brullesécaille 酒莊出產的紅酒，位於靠近波爾多的 Côtes de Bourg 產區。

啦！我向您保證，您隆河谷的酒也有那種燒焦的回味，這並不妨礙它的溫醇……微甜柔和。維內爾媽媽嘟囔著，又給我們倒了一杯。「您講這個柴火的故事是在講什麼」，不過她很高興，就在她替艾西克斟酒（並且讓我的杯子空著）的時候，我聽見她的牢騷裡帶著一絲圓潤，但就一下下，因為下一秒她想到艾西克也在別處喝酒，而不止是來她這兒，嫉妒的怒火便再度熊熊燃燒。

　　一些客人，都是特別貧窮且具有創造力的藝術家，會在維內爾媽媽餐廳賒帳。他們在媽媽的掌心裡。她確定他們會再回來。當這些人離開時說「待會兒見」、「晚點見」，或是更糟的「明天見」，她相信他們沒有撒謊。尤其是當他們處於極度貧困而流離失所的時候，她偶而還會充當他們的信箱。我發現艾西克的信件有時會寄到維內爾媽媽這裡，如果沒什麼其他可疑原因的話，自然就可以想見當初他的事業也經歷過一些起起伏伏。對於這些多少有點搖搖欲墜的酒館常客來說，她是可以信賴的人。不過事實上是，他們愛她。她越讓人難以忍受，他們就越愛她。而且她有自己的編碼語言，讓這群人知道她只為了他們而存在。

　　他們喜歡送她禮物。主要是畫作。她把這些畫掛在牆上展示。在她的酸酒（我外祖母會說是馬尿）灼燒我的胃的同時，我因此還能擁有額外的樂趣，從各種可能的角度欣賞蒙馬特山丘瘦弱的樹木、聖心教堂的圓頂，以及坐在我身旁這

票原班人馬的輪廓剪影。在房間昏暗的光線下，這可怕的現實雙重性使我自覺被禁錮。我應該起身，離開；但我就像麻痺了一樣，完全依賴艾西克的欲望。我看著他，看著他的眼睛，看著他五官的精緻，看著他苦行僧一般的削瘦，我提供給他一個極其激情的世界，給他振奮人心的思想。我盯著他，熱烈瘋狂。他坐著，望向外面的街道。他點燃煙斗，沉默不語，一言不發，突然間，奇妙地，他活過來了。我聽到他說：「嘿，維內爾媽媽，今天有水煮蛋！」。

　　艾西克和他許多的朋友一樣，滿足於啄食白色小缽裡的花生，或者從巴別塔形狀的金屬展示架取出一顆水煮蛋……他拿起一個熟蛋，要求再來一杯。這群常客彷彿打算永遠坐在那裡，他們全然不是沈浸在共聚一堂的狂熱中，而是陷入了沈寂。對於遊戲以外的人，或者對老闆娘散發出的毒氣過敏的人來說，這是令人沮喪的。我並沒有感覺沮喪，至少它沒有立刻擊中我。我必須喝很多盅才會開始屈服於它。因為正如這幾日和幾個星期以來，艾西克被一股超越他的力量吸引到這張致命的桌子一樣，我也被他的存在吸引。沒說什麼，沒發生什麼，維內爾媽媽又讓我們喝了一杯；而我，一杯接著一杯，我的亢奮只是因為和他在一起。如果他用溫柔卻不太確信的手撫摸我的後頸，或者慢慢深入我的大腿之間，我會因為無比的興奮而膨脹，相較於周遭的情緒，可說完全違和。除了老闆娘，沒有人知道我的恍惚。我可以從她灰色的

小眼睛裡爆發出的怒火看出端倪。

最後，在某一刻，艾西克在毫無預警或徵兆的情況下，示意要離開了。我跟著他，滿心歡喜地只成為他的影子而已。老闆娘有一絲不悅，她把黃瓜片切得更薄了，用醋淹沒了它們。「維內爾媽媽，很快就再見面了」，她沒有從工作裡抬起頭來，艾西克對她打招呼是徒勞的。她不必懷疑他要去哪裡，因為他對於世界的認知變得困惑，使得他邁出的步伐更顯莊嚴。而事實上，接下來的一切都是在朦朧當中航行。唯一可以確定的是，在晚上第一階段，我們朝著斜坡方向前進。我們沿著勒皮克街停留了好幾站，包括必須在瑪麗詠（Marion）那裡駐足，與維內爾媽媽不同，瑪麗詠開朗而健談，是「前者」的絕佳解藥。在瑪麗詠那裡，艾西克再次打開了話匣子，我也是，但適度節制。所有這些地方都是屬於他的。我只是被允許進入。瑪麗詠總是穿無袖。她有一種玩弄雙手的方式，激發了顧客的熱情。

接著來到了一對夫婦經營的山丘幻影咖啡館（Au Mirage de la Butte），他們不怕在公眾面前起衝突。以致於有時候他們的爭吵蓋過了討論的嘈雜聲，把激動的酒客變成了專注的觀眾。如果諾爾貝（Norbert）威脅要揍人，艾西克便會飛快衝到櫃臺另一側去拯救吉賽兒（Gisèle），她躲在咖啡機底下，哀求事情到此為止。情況往往如此。她會以合宜的高度再度現身替我們服務，臉色慘白，一敗塗地，頭髮凌亂，

還發抖著。爭執發生後上來的幾杯啤酒，酒水溢出杯緣。諾爾貝再次大發雷霆，音調又提高了，吉賽兒躲進洗碗槽底下。山丘幻影之後，照理我們不是去蒙馬特墓園上方的鳳凰（Phénix），就是去納澤爾（Nazir）。這些猶豫有時候對艾西克而言，是與原計畫平行的，這一點讓我欽佩不已。他向我解釋：「妳看，當妳寫作時，妳的處境是相同的。妳一直發覺自己必須在諸多詞彙裡做選擇。文本詩意的程度，與字詞不可能性的程度成正比」。

——比方說，我低聲問，臉頰貼在他外套上的天鵝絨。

——比方說，我不知道，比方說……緊接著「維吉妮坐在」這句話，讀者等待的是「一張椅子上，一張凳子上，一張沙發上」等等。但如果妳寫的是「一個盪鞦韆上、一隻駱駝上」，妳已經準備好要引起好奇心，引起小說式的幻想了，不過如果妳選擇了一個更為意外的詞彙，就像是，就像是……

——熨斗，我說。

——沒錯，如果妳寫「維吉妮坐在熨斗上」，妳就充滿詩意。我懂了：假使我們離開蒙馬特前往莫理斯飯店（Hôtel Meurice）的吧臺喝一杯香檳，這就是詩意，假使我們沒有偏離路線，停頓、舉棋不定和習慣性地爭執，這就是散文。

我們回到勒皮克街，抵達一個具有重要戰略意義的地方。從這裡決定要再次往上走回維內爾媽媽家受虐，還是繼

續走向白色廣場上的席哈諾小酒館（Cyrano）。

我贊成前往席哈諾。艾西克則想要去維內爾媽媽那裡。通常是艾西克獲勝。因此我們再度沿著勒皮克街往上爬。

深夜時分，維內爾媽媽大廳裡上演的戲無異於自取滅亡。昏黃的燈光強化了被遺棄的荒蕪效果。桌子周圍的酒客貌似堅持一飲而盡的姿態，把酒杯斟滿，把酒喝得一滴不剩，如此接二連三，直到錢包也一毛不剩為止。維內爾媽媽將那些超支的客人應付的酒錢記在一本磨損的筆記上，註明其積欠的總額。每個人都是一筆小數目，然而總加起來，這些人的欠債形成了夜復一夜越來越誇張的賒帳。牆上掛滿她的藝術家們的作品，其中有幾幅畢卡索的複製品 —— 是他早期在蒙馬特居住時的畫作，《狡兔之家》（Lapin Agile）[276]，《煎餅磨坊》（Moulin de la Galette）[277]……。這些作品洋溢青春和力量，帶著征服的歡樂，探索的急切，新穎顏色和形式的狂熱，它們大膽地燃燒。我端詳著那些木桌，以及那位穿著白色長版圍裙的服務生；他用一個托盤將酒杯和酒瓶放在客人面前。我想像昔日的蒙馬特，家禽和成群的山羊、葡萄樹和丁香花，以及消失在紫藤花下的木屋工作坊。我和那些坐

---

276. 《狡兔之家》（Au Lapin Agile）是畢卡索在 1905 年創作的油畫，描繪了巴黎蒙馬特地區這間著名的歌舞俱樂部的內部，代表了世紀交接時期波希米亞性格的藝術家在蒙馬特一帶的生活寫照。

277. 《煎餅磨坊》（Moulin de la Galette）是畢卡索 1900 年剛到巴黎發展時的畫作。

在小畫家身旁的灰姑娘們目光交接。這些人都喝了葡萄酒或苦艾酒，歡快地喝著。

米洛來了，喧鬧，激動。脖子上圍了一條紅色羽毛圍巾，在他破舊的皮外套襯托下格外光鮮亮麗。幸虧有他，這裡才湧現一些活力。他對我說，「妳看，妳認為自己看到桌上擺的是杯子，然而事實上它們是計時的沙漏。每個人面前都有一個自己的容器，以透明的方式向他展示流逝的時間，消逝且即將結束的生命。」一陣寂靜無聲。這些突然湧現於世上的存在是危險的。我們有可能因為被真相打擊而受傷，幾乎空無，一閃而過，卻顯而易見，了然於心，讓你測量出災難的程度。而且，為時已晚，你已陷入資產負債表的恐懼裡。艾西克有這樣一種連續醉酒的作為，還有如此多的詭計花招，通常他會避開純粹擺明的事所帶來的道德災難。但是那天晚上，沙漏的意象明確地可怕，這讓他崩潰了。或者是因為他自己扯出幾句機智反駁的努力過於劇烈。接下來的他遂無法順利回到自己慣有的混亂狀態裡。

當我覺得他沉默的時間太長的時候，我渴望說些什麼，評論一個人、品頭論足，或是說說服務生的習慣動作（例如，有個服務生每當有人掏出錢包時總是故作瀟灑說：「死亡或付錢，我們有的是時間」[278]，但事實上他結帳一分錢也不會

---

278. 這是一句諺語：Pour payer et mourir, on a toujours le temps.

少收。或是另一位服務生，當人們問他是否還有位子，他一律說「坐我腿上永遠有個位子……」這些重彈的老調對於我們重訪咖啡館的樂趣是很重要的），不過我隱忍下來了。我尊重他的沉默。我也保持緘默。就像畢卡索筆下眼神憂鬱，嘴唇充滿愛的灰樸女子。

有時候我沒能忍住。按捺不住想說話的慾望。而且我必須承認，根據艾西克對我說的含糊言論，思考之室的結晶在他身上的發光程度不是最亮的——這思考的結晶是我在哲學課獲得的啟發，使我相信我們的存在是分為兩部分的，而外部的存在最無趣。總之這個當下並非他最亮的的時刻，我對自己這麼說以遠離對清晰的渴望。然而，看著自己如此陷入對一個男人的愛慕當中，並且發狂地服從他，我感到悲傷，而且在我們的蒙馬特路程裡，我越來越覺得他茫然不安，缺乏條理，經常不把話說得精確。此外，因為不間斷造訪咖啡廳，他的理解力下降了，當然他年輕時曾經敏銳。我一度甚至將咖啡館等同於精神生活的場所，從小說服自己，哲學的萬靈丹是在秘密小酒館深處提煉的。現在我開始幻滅了。我喝的靈藥是維內爾媽媽的殘酷，是她的劣酒。我腦海中唯一閃過的問題是，我想知道艾西克什麼時候會下定決心抽離這悲傷的光芒，讓我欣賞嶄新的布景。因為在晚上或早晨的某個時間點，移動是很重要的，向自己證明你還能移動是重要的。在外面，你驚歎於世界的清新，它使你復甦，在你看來

是一種非比尋常的現象；此外，一切事物絕對都不尋常，人們無法停止醉心狂喜。人們倚靠在第一面牆，趁機互相擁吻，閉上眼睛，再次睜開眼睛時，是什麼會閃閃發光出現在眼前？希望之山；它親自出現。然後，人們堅信活著的瘋狂幸福，再次踏上旅途……想要跳舞，想要歌唱。剛才發生了一件奇妙的事情……此時，我們不再需要互相商議。我們晃晃悠悠，緊緊纏繞（我覺得自己好像溜進了他的大衣裡，在他的外套底下，緊貼著他的皮膚），我們往下坡無論哪一間咖啡館前進。絕不可能往上走。下回再去布羅亞爾（Brouillard）咖啡館的小巷子吧。

我說：不然，我們去席哈諾咖啡館吧！去達米安（Damien）那裡喝一杯，他是個應對敏捷的服務生。我想要讓言詞在太空裡飛翔，出乎意料地將我們帶走。達米安有這種偏航和言語自由的天賦。

我們經過勒皮克街上艾西克居住的工作室門口，彷彿這個門牌號碼沒有任何特別之處；不久，出現一棟縮在後面的房子，高處外牆雕刻著水神仙女，這棟房子由一個胖子管理，在我看來，是個後宮的看門者住在那裡，艾西克轉向杜宏堂街（rue Durantin）。我們不會去席哈諾。我不能夠爭辯。而是接受了他所選擇的方向。這一夜將在蕾雅（Léa）那裡結束，好吧，為什麼不呢？

蕾雅又圓又胖，一頭紅髮，領口敞開。她的腰部，在肉褶之間，裝飾著寬大的皮帶。她穿著長褲和高跟鞋。在小酒館的牆上，掛著她年輕時的照片，身穿男人的衣服，總是和漂亮的女孩在一起，透露著她的性愛品味。我在蕾雅那裡可能比在黃瓜食堂更自在，但事情沒那麼簡單。她連結的人是艾西克。他們從多年前就經常會晤了。在她溫柔的接待裡，在他倆於櫃檯上互相擁抱的方式中，閃過無數朦朧的黎明記憶，同時能清楚意識到歲月所造成的損傷。「蕾雅是蒙馬特最美麗的女人，」艾西克對我低聲說道。他繼續說，「是巴黎最美麗的女人」。如今，她蒼白腫脹的皮膚不再召喚親吻。我自忖她是「慘白的蘑菇」。他們彼此恭維。「親愛的，妳的氣色非常、非常好」。艾西克微笑。蕾雅也微笑，給了我們第一杯酒，老闆娘請客。在蕾雅這裡，我們只坐酒吧的高腳椅。空間裡只有一張桌子，總是被同一個人佔據，對他來說，爬上高腳椅的嘗試，就像夢想登上阿納普爾納峰（Anapurna）[279] 一樣。這十幾個弱智的尋歡作樂者緊靠在櫃檯上，是蕾雅身體淫蕩的延伸。這裡就像維內爾媽媽餐廳一樣，然而模式不同，艾西克享有無可爭議的威望。在維內爾媽媽那裡，他是有著徒勞命運的兒子，一位無名的天才作家，

---

279. 阿納普爾納峰（Anapurna）位於尼泊爾中北部甘達基省（Gandaki Province），是世界上第十座高山，海拔 8,091 公尺。莫里斯 · 赫爾佐格（Maurice Herzog）於1950年率領法國探險隊通過北壁登頂，成為第一個成功攀登的八千公尺高山峰。

（只要他存在，就是在文學史上邁出一大步，他甚至不需要創作出一件作品。當然不是這樣。書寫的作家是個悲慘而需要幫助的人——我還不明白這一點嗎？此外，某一天這位書寫的作家最終會把他的書給你。而維內爾媽媽討厭書，她直接把書本和蔬菜皮一起丟進垃圾桶……。蕾雅在艾西克身上看到的是一個情人眾多的男人，笑容狡黠的唐璜，可愛的作弊鬼。當他親吻蕾雅時，讓她年輕了二十歲。

——我親愛的蕾雅，給我一杯不加冰塊的威士忌。

——她呢？（指的是我）。

——一杯白酒，艾西克說。麗莎只相信白酒。我試著教育她，但並不容易。

——不會吧，有你這樣的高手教導。

——妳想想看，這位小姐曾經住在波爾多，她卻分不清聖朱利安（Saint-Julien）和聖愛斯泰福（Saint-Estèphe）[280]。艾西克補充說道。

——在波爾多，我喝西班牙葡萄酒。我說。

所有人都笑了。

我說的是事實。我不太懂笑點在哪裡。這是多年前的事了，現在的我比較喜歡白酒。我曾經天真地相信，這是我保

---

280. 聖朱利安（Saint-Julien）和聖愛斯泰福（Saint-Estèphe）都是波爾多地區的紅葡萄酒原產地名稱（AOC），位於梅多克次區域（Médoc subregion），是梅多克六個市鎮產區之一。該產區內有許多被列為特級的波爾多酒莊。

持清醒的方法，蘇維農（sauvignon），麝香白葡萄酒，亞爾薩斯葡萄酒……我讓自己不要陷入酒醉後的迷狂。艾西克有時從紅酒開始喝，然後和我一起喝白酒，一種他喜愛的維歐尼耶酒（viognier）；每次從紅酒喝到白酒，他總要唸這句俗話來說笑：「先白後紅，四平八穩；先紅後白，天下大亂」[281]，他以為自己還處在品酒師分析的時刻，事實上他已經深入醉鄉的探險。他瞇著眼睛，那微微的斜視出賣了他模糊的程度，他大聲說出一堆形容詞：像是忠誠、尖銳、新鮮、華麗。我聆聽他彷彿傳達著酒的神諭，在我聽來，他訴說的這些言辭宛如偉大的文學作品。

稍後，他不再費心評論了。此外，他喝的是威士忌。

「在波爾多，我喝西班牙葡萄酒」……我剛才說的話繼續成為大家的笑柄。

我的生活是由不同片段展開的。而叫出波爾多的名字讓我感到激動。我覺得自己被籠罩在碼頭的薄霧裡，被學院周圍的輪廓和車站小酒館的年輕水手包圍著。我在無名咖啡館的幽暗裡再次看到了西蒙的臉，我感受到他的痛苦。我倚靠在蕾雅的櫃檯，想起河邊夜晚的刺鼻味道。在波爾多，我喝

---

281. Blanc sur rouge: rien ne bouge. Rouge sur blanc: tout fout le camp，這句諺語常被視為喝酒的順序應該先喝白酒再喝紅酒，也有一明確說法解釋該諺語最初來自海洋領域：船上的水手會根據旗幟或訊號的位置調整他們的行為。如果白旗在紅旗之上，那麼沒有人可移動，任何水手都不允許下船。反之，如果紅旗高於白旗，則水手們將有一個授權的自由區域，可不受限制活動。

著西班牙葡萄酒，呼吸淤泥的味道；在阿卡雄，我喝橘子酒，在水窪裡涉水而行，這些都是我的奢侈，我熱愛它們，這就是我應該對這群混帳說的話。我放棄了白葡萄酒，點了一杯紅葡萄酒。它立刻讓我感到反胃。艾西克開始唸了：「先白後紅……」。啪！我把酒潑向他的頭。但艾西克非常有紳士風度，彷彿這是世界上最自然的事情，他以快速的手勢擦拭一下，趁機用手帕做出一個馬戲團的表演。觀眾們假裝看到一隻鴿子飛走了。

凌晨一點，法定關門時間，蕾雅踩著高跟鞋，重重地拉下鐵門。一首歌，蕾雅，請唱一首歌，《我的愛》（amore mio），蕾雅播放了她十年前錄製的唱片。她閉著眼睛，聽自己唱歌。那是所有懷舊的時刻，可以持續到永遠。

艾西克已經喝下他那瓶威士忌。他正在表演爛醉如泥的人想要保持站姿。

垂直的爛醉如泥。

一個絕妙的拿手好戲。

「女士們、先生們，仔細看我，我有各種理由跌倒，而且……我正在跌倒。」審慎的掌聲響起。

凌晨四點左右，我們昏昏沉沉、步履蹣跚從鐵門下方離開。蕾雅只把鐵門抬高一點，我們幾乎得用爬的出去。我瞥了一眼燈座，粉紅色的燈罩與蕾雅的紅色捲髮很配。在她的繭裡很舒服。一杯接著一杯，我已經不再蔑視艾西克和敵視

蕾雅。當我離開時，我發現她這個人很慷慨，很有吸引力；我想把我的頭埋在她的胸懷。她緊緊抱著我，並在我的嘴唇上輕輕一吻，將舌頭滑入我的嘴裡。我很想留下來，繼續蜷縮在她疲憊的身上。但艾西克不這麼想。突然間，他們之間放蕩不羈的共謀關係就此結束，它只對昔日的愛情有效。如今，不再共享。艾西克挽著我的胳膊。

在外面，如果未來存在，那也不會是個美好的未來。我吸了一口濕冷的空氣，這讓我清醒了些。我們原本是會吵架的，因為我們開始想要爭吵，但是我和艾西克卻採取了相反的做法，這讓我們感到驚訝。我和他甚至還有精力爬上蒙馬特山丘。我倆一直在慶祝相愛的幸福。

這是機緣，遇到唯一一位只為了愛我們而來到世上的人。

——令人難以置信，不是嗎？

——難以置信。

——個不可思議的機緣。

我們相擁著站在聖心教堂底下。

在我們眼前，巴黎於灰暗的光芒裡微微閃爍。

——想到所有這些成千上萬的生命而我們兩個人在一起，真是非比尋常。

情感讓我們激動得說不出話來。艾西克摘了一朵鳶尾花，把它放進外套的鈕釦孔，替換沾有酒漬的手帕。

他朗誦了《孤獨者的酒》[282]。

「……這一切都不如，深底的酒瓶啊。

為虔誠詩人飢渴的心所儲藏的

你飽滿腹中，那沁人心脾的芬芳。

你為詩人傾注希望、青春和生命，

——還有驕矜，那是所有乞討者的寶藏。

這使我們獲得了勝利，彷彿眾神一樣！」

在凡爾賽，愛洛蒂舅媽的精神狀態正以飛快速度惡化當中。我是難以捉摸的，沒有電話，迅速搬家，我的家人只從很遠很遠的地方寄信給我。我很快就忘了他們。然而，最近這封我舅舅的親筆信，寄到我已經搬走的住址，但一個朋友還住在那裡，信已經轉到我手裡，我從馮西斯克舅舅用紫色墨水寫的中性詞彙裡得知，愛洛蒂已經被送進了精神病院。高而歪斜的筆跡與我外祖父一模一樣。當我打開信封時，一個瘋狂的念頭閃過腦海：這是一封外祖父寄來的信。我深知不可能，卻想如此相信；就好似我們在絕望時會有幼稚的期盼，那樣去面對「不可能」。我看到外祖父略顯瘸態地向前走來。我的喜悅反映在他的眼裡。他向我伸出雙臂，我從矮牆上跳下來，小學的矮牆。

---

282. 〈孤獨者的酒〉（Le vin du solitaire）是波特萊爾的詩作，收錄於《惡之華》。

當我們經過醫院的柵欄時，馮西斯克強調：「我不得不說，可憐的愛洛蒂已經完全失去理智了。她在走廊裡監視我，跳到我身上尖叫著。她暴怒地發作，朝著我亂丟東西，鞋子、剪刀、鑷子、盤子還有她的彌撒經本。妳想想看，她的彌撒經本！」舅舅對我說：「愛洛蒂摔破越來越多東西。妳還記得那一套中國瓷器嗎？她把它們摔得粉碎。」說這些話的時候，他大腦的計算機開始運作，讓他更加難以忍受這情況。尤其是郵票的價格剛剛漲到法郎三十分錢（centimes）。他說：「幸好我幾乎不寫信了」。接著他再度想到自己的不幸：「還有，她開始化妝。腮紅和口紅。我不敢再和她一起上街了。妳舅媽是如此謹慎的女人。當救護車來接她的時候，她像一頭母獅子一樣抵抗。誰能相信她會這樣呢？妳記得她是多麼溫和的人，總是心滿意足，從來不會發火。」

到了醫院，他說要找愛洛蒂‧查理女士。一位醫護人員帶我們去病房。愛洛蒂坐在她的床沿。我發現她憔悴而駝背，奇怪地面無表情。她面對著我們，卻彷彿素不相識。她的臉頰上有強烈的血紅色痕跡，呈現曲折形狀。一種小丑般陰森恐怖的胡亂塗抹。

「妳看到我跟妳說的情況了，她對口紅非常著迷，好吧，如果只有這樣的話……」他壓低了嗓音，不過愛洛蒂對於他的存在異常敏感，她站了起來，撲向她的丈夫，搖晃他，大

聲尖叫。在此之前她所擁有的輕聲細語、單純表示贊同的機制，今日已蕩然無存。她女低音式的高亢尖叫，以一種令人驚奇的靈巧度上揚，既發出聲音也具備手勢，遼闊豐富且情感激昂。

——人渣，你充滿惡臭味，是你剛離開的地方的臭味。我聞到那婊子的氣味。你這個下流胚子，你從她的床上過來的。不用道歉，你這個色胚！哈！哈！哈！哈！好笑！

她前翻後仰地狂笑，非常不協調。像是使出看家本領的卡斯塔菲歐荷（Castafiore）[283]。

舅舅拿出手帕擦拭額頭。愛洛蒂產生他拿了一條小內褲的幻覺，是婊子瑪麗的內褲，她一生中只做一件事情：打開自己的大腿。舅舅心生恐懼，一動也不動。護理人員安撫愛洛蒂。抑制她，讓她躺下來，服用一劑藥片。不久愛洛蒂便昏昏欲睡了。她薄薄的嘴唇被口紅塗亂，畫出一抹微笑。我第一次注意到，由於她消瘦的臉龐和拉直的頭髮，她的耳朵顯得尖銳。突然間她看起來很像伏爾泰（Voltaire）。然而我知道一旦她醒來之後——如果她有可能醒過來的話——腦海

---

283. 卡斯塔菲歐荷（Castafiore）是漫畫《丁丁歷險記》的虛構角色，在《奧托卡王的權杖》首次現身。她在《丁丁歷險記》整部系列幾乎都有出場，人稱米蘭的夜鶯，漫畫裡是米蘭歌劇院著名的歌劇聲樂家，以演唱歌劇《浮士德》中的詠嘆調《珠寶之歌》而聞名。

裡浮現的不會是諷刺的念頭 [284]。

我的舅舅靠在走廊上的隔牆。他無法置信。輪到他眼眶不斷濕濡了。

——講粗話的愛洛蒂，我不認識她了。

——這不是她。所有她對你吼叫的粗話，不要當成是衝著你來。不要這麼想。

——說起來容易。

他不斷地搖頭。愛洛蒂把他擊倒了。

她有朝一日能重返編織？我想絕無可能。要也只是為了尖銳的針頭，拿來刺向他的喉嚨或扎進他的眼睛。

哈！哈！哈！好笑！

我曾經聽過這笑聲，那是在我十二歲時，外祖父過世不久。我的母親精神嚴重沮喪。父親和我一起去診所探望她。我們發現她笑得像個孩子。

——我被訓斥了。

——親愛的，為什麼呢？

——這裡的人聽不懂笑話。

——妳究竟做了什麼？

——沒有，我幾乎什麼都沒做。中餐的時候，我把煎蛋

---

284. 伏爾泰（Voltaire, 1694-1778），法國啟蒙時代思想家、哲學家、文學家，其作品以尖刻的語言和諷刺的筆調聞名。

捲當飛盤玩。

母親再度狂笑起來。在我們整個探訪過程中，她沒有停止過。

父親說，好好睡吧。他油然興起的悲傷已經達到災難的程度。

母親回答說，為什麼要睡覺？我整天唯一做的事情就是睡覺。

我站在父親身旁，僵硬，冰冷，全然支持他的嚴肅。我甚至無法對母親擠出一抹微笑。當她揮手向我們道別，我感覺在她歡快的高峰，她棲息於瘋狂的高處，她其實是對我們吼著下地獄吧。她將我們攆走。

我母親回到了家裡。她已經忘卻自己瘋狂的笑聲。她唯一記得的是電擊。然而我的舅媽卻再也沒有回家。和我們被告知的情況相反。當我和舅舅一起走在籬笆圍繞的花園時，我們知道彼此的信念是相同的。

我們走在沙特利街上（rue Satory），一輩子本就多災多難的薩德，人生中最糟的一段時刻曾居住在此。他喪失了一切，《索多瑪一百二十天》[285] 的手稿、他的妻子，以及他的城堡。他甚至無法養活自己。為了生存，他在劇院裡擔任提

---

285. 《索多瑪一百二十天》（Les 120 journées de Sodome）是薩德侯爵於 1785 年在巴士底監獄裡書寫的創作。

示員。「你想像一下，在距離城堡只有一箭之遙的地方。路易十六和瑪麗・安托瓦內特在這裡簽署了他的婚約。那是十八世紀末，他的閣樓非常冷，連墨水都凍結了。這位前侯爵向一個餐飲業者乞討，對方十分同情他。當時他自稱是公民查理斯。很有趣，不是嗎？」我舅舅在這段軼事裡感受不到任何趣味，此外，他什麼都不懂。我應該告訴他，這當中沒有什麼好理解的。這只是一個腐爛與巧合的故事。但我太累了，無法試著解釋。在車站售票處，我們道別了。

馮西斯克舅舅很害怕回到家裡，五十年以來他不曾放在眼裡的這位伴侶，如今已不在身旁，他覺得自己殘酷地孤苦。他領會到家裡的寂靜，難以承受，這屋子從來沒有揚起愛洛蒂絲毫的笑聲。

在火車上，我在煩擾的節奏裡隱約睡去。男人就是這樣生活嗎？女人就是這樣和他們一起投入一場慢性自殺嗎？

男人就是這樣生活嗎？在半夢半醒之間，我將人類區分為三類：第一類，被歸為病人的瘋子，魯蛇；第二類，逃過一劫的瘋子，特大號贏家，超級康復者；第三類，其餘的所有人。男人就是這樣生活嗎？女人就是這樣和他們一起投入一場慢性自殺嗎？我在聖拉札火車站突然醒了過來。我試著筆直行走，眼簾低垂。我的步履像是緩慢走在懸崖邊緣的人。

我的哲學狀況不佳，而我的未婚夫也不是處於最佳狀

態。這導致我嘗試找些樂子。有一天離開維內爾媽媽餐廳的時候，我留下正在筆記本塗鴉的艾西克（他正在炫耀一件灰藍色調的「老英格蘭」新外套，搭配淡粉紅色的襯衫。同時很自豪於自己的萬寶龍新筆），我發現一則廣告：畫家尋找模特兒，年輕豐滿的棕髮女子，頭髮濃密。廣告上備註電話號碼和地址。就在隔壁而已。泰爾特廣場（Place Tertre）的方向再往上一點。

隔天早晨，帶著工作的展望，我開心地起床。艾西克還在睡，我把一張紙條夾在花瓶底下，輕輕關上門。藝術家看到我第一眼的時候拉長了臉。

——您看到廣告了。

我以燦爛的微笑肯定地回應。我從來沒有當過模特兒，但我非常想試試看。

他再次把我從頭到腳打量一遍，嘆了一口氣；我在屏風後面把衣服脫掉。再次現身時，我比他擔心的還要更瘦。他的情緒又降低了一級。

他向我解釋如何躺下，像個後宮宮女一樣[286]，我的手支撐著額頭。這姿勢十分舒適，我邊躺下，邊想著這職業好像不錯。我也想到整天躺在沙發上的狗兒的清靜。藝術家努力

---

286. Odalisque，指古代土耳其皇帝後宮裡的宮女，十九世紀不少畫家喜描繪裸身斜躺的 Odalisque，尤其以新古典主義的安格爾（Ingres）的《大宮女》（La grande odalisque, 1814）最為著名。

在紙張上作畫，他不和我說話，可是我能察覺他的緊張。只有在我自己換一下膝蓋的位置時，聽到他說：「我的老天，不要再動了！」一小時之後，一場結束了，我把衣服穿上，等待我的薪水。藝術家心不甘情不願遞給我一張皺巴巴的鈔票。他幫我打開門，神情不帶有下回見的承諾。

離開以前，我瞄到自己身體構造的速寫，炭筆的痕跡，水平地鋪陳在沒有扶手的沙發線條上，我的四肢被化約為幾枝細小的樹枝，剛好可以扔進火堆裡。

我在勒皮克街上遇見艾西克。他正在前往維內爾媽媽餐廳的路上，已經有些橫眉冷對。我展示那張皺巴巴的鈔票並且對他說：「看，我工作完了」。他回報我一記巨大的耳光，讓我的頭撞上了牆。艾西克處在絕望的狀態。他把我擁在懷裡，搖晃我，把我喚作他的孩子、他的寶貝，他為了我，為了我們而悲歡。到了維內爾媽媽餐廳，只有我瘀青的額頭還記得這件事，我自己已經忘了。

有個人衝動站起來要朗誦一首詩。詩的標題對他而言如此珍貴，以致於他在朗讀之前覆誦了好幾次題目。然而從第一句開始，維內爾媽媽突然從廚房的洗滌槽角落走了出來：「嘉斯東（Gaston），冷靜點，這裡不是只有你一個人」。「正因為我不是一個人，正因為這裡有傑出的聽眾，我才有即席朗誦的自由。我在房間裡自己一個人唸的話，情況就不如公開朗誦來得好了。不過如果我造成干擾，我不堅持，我會撤

退，閉口不言。」

他心虛地沉默了下來，維內爾媽媽回到她的工作裡。

——告訴我們你的繆斯說了什麼。讓我們參與。剝奪美麗對我們是不公平的。艾西克提出請求。

然而維內爾媽媽在廚房裡打開了收音機，打斷嘉斯東的談話，蔓延在室內的不是詩人的聲音，而是戴高樂將軍的嗓音：「……在這場可怕的混亂裡，對許多人而言，混亂已經到達令人絕望的地步，然後我們看到它主要的始作俑者，在護衛他們的那些空想者、野心人士和記仇者的暫時結夥之下，起身反對共和國，他們首先利用權力，接著使用武力將國家置於極權主義的壓迫……在這個機械化的社會裡，我們如何能夠忽視靈魂的不安？它太適合引起動盪，太容易成為煽動者的跳板……火車頭，電話，電力，這些本來已經很好！汽車，飛機，收音機，更好！火箭，電視，原子引擎，雷射，心臟移植，太棒了！」

「全民公決將為國家做出進步和動亂之間的選擇。」

兩者都不要。維內爾媽媽一邊埋怨一邊快速揮舞她的削果皮刀。她關上收音機。詩人對於老闆娘的判斷無動於衷，他直接對著戴高樂將軍說話。

「不要走」，他懇求。「請不要丟下我們」。

「我的將軍，請不要走。不要離開我們。與您一起，是一整代青春消逝。一整代青春，退無可退，臨死吶喊著：法

國萬歲，戴高樂萬歲。

與您一起，我的青春即將離去。」

維內爾媽媽阻止詩人的發言，她低頭問抵抗運動的愛國者（le résistant）。

「嘉斯東，你還得再點些東西。」

給了我一巴掌，讓艾西克的愛極端激盪。這對他不是第一次。他以前就有過這種激情經驗。他不會去刻意追求，但是當他發現我沒有怨恨，就隨心所欲地、立即而病態地，想要更進一步，於是他沒隔多久便重蹈覆轍。艾西克迫不及待想要再賞我一巴掌，然後更加珍惜我。在我們於公開場合冒險之前，我們首先在房間裡進行這遊戲，因為一場帶有美感的演出，不會因為目擊者的在場而有任何損失，如同詩人嘉斯東試圖向維內爾媽媽解釋的一樣。艾西克是在山丘幻影咖啡館下定決心這麼做。突然間，他因著一個微不足道的藉口甩了我一巴掌。他利用老闆夫婦風平浪靜的片刻[287]。加入他們的爭吵可能會使得艾西克的手勢風格變得模糊不清。

爬上我位在克里農庫爾廣場（Square Clignancourt）的六樓房間令人精疲力竭：好久以來我不曾睡在自己家裡，以致

---

287. 前文曾述及山丘幻影咖啡館的老闆夫婦常常在顧客面前吵架。

於我覺得自己溜進了一張陌生的床。

　　就像必須花時間才能意識到，厭食者大部分的精力和智力都花費在避免進食，好迴避無法消化食物的痛苦一樣，我們也不是立即能夠瞭解，一個酗酒者存在的一切，都是為了增加喝酒的機會，並將之納入一日的正常軌道。在我的情況裡，這個現象從顯現以來，相隔很長一段時間才被明確標示，那是因為我戀愛了。對戀愛的人來說，其所愛的人不屬於任一項範疇。他是獨特的，他的衝動無法預知。我們被邀請參與一場冒險。人們渴望這場冒險廣袤而美麗，朝向理想延伸，而不是被最鄰近的咖啡館的營業時間所束縛。我繼續盲目。每時每刻，試圖不去理解。或者說，我不解地理解。

　　我張開雙眼。艾西克仍在睡覺。他睡得很沉。他的第一個動作是探尋摸索香菸，然後過來和我一起喝第一杯咖啡，我們坐在屋內夾層底下，介於我盡力設法繁殖的花束之間。此外，艾西克的工作室裡只能找到這些：花朵、咖啡和酒精。我們會外出喝第二杯咖啡。很自然地，加了酒精的咖啡出現了，多虧它，艾西克才開始感覺好一些。空乏的幽靈遠去了。艾西克再度感到自在，笑容滿面，充滿自信。他啜飲著咖啡加白蘭地，翻閱報紙。第二杯摻酒的咖啡將他再次帶向確信的帝國。他針對一則新聞評論。我跟著他一起笑。我假裝沒

有看見他顫抖的手。它們抖得如此厲害，以致於他必須彎下腰來就著杯子喝。他直起身子，看了身旁的我一眼。他一方面滿足於自己能應付困難，另一方面卻又懷疑我已經察覺到他的顫抖。一切都很好。我沒有表現出任何的擔心。艾西克放心了，開始計畫午餐，我們前往午餐地點，一邊聊天一邊談笑，對他而言，這種放鬆是更加令人愉快的，因為終於來到了喝開胃酒的時間；從這時候開始，你只能陷入沉醉了……而我，除了漫長的午餐之外，別無計畫，無法抗拒地連續一杯接著一杯，一杯接著一杯？……也許……不過，對此嚴肅思考的話太費勁了，此外，我告訴自己，光是思考還不夠，我應該也要下定決心採取行動。如果光用想的就足夠了，那麼我不會猶豫。在蒙馬特，我做白日夢的天分得到了長足的進步。在某些下午，酒吧裡有幾位附近的常客，手裡拿著酒杯，一動也不動地坐著，現在我知道，這份寂靜的獨特性質，與這些人夢想的質地有關。每個人從各自固定的目光所看到的景象，只有他自己才看得到。隨著日間分秒的推移，這些景象他看得越來越清楚。以至於這些渾身簡樸的剪影當中，有許多只不過是宏偉傳奇故事的投影、極為神妙故事的投射，無所不能和瘋狂愛情的投影。有時人們因為認為把這些天堂的願景保留給自己是有風險的，所以會有一個聲音說了出來，開始大聲編造。

游泳池、遊艇、女孩、佛羅里達、科帕卡巴納

（Copacabana）、摩納哥、賽車、白色沙灘、里約嘉年華會、騷莎舞（salsa）[288]、倫巴、巴薩諾瓦（bossa nova）[289]。

──幫我們放點音樂吧，吉爾伯特（Gilbert）。

──杜切斯納先生（Duchesne），我正在工作。

做夢的人硬生生被喚醒了。巴西毀了，這天剩下的時間也毀了。真正無所不能的人在櫃檯這一側。

──小吉爾伯特，請給我來一杯同樣的酒。

他是一位墮落的夢想家，如此而已。這個小插曲並不會損害咖啡館的非現實係數。這群龐大的酒客，偶爾的賭徒或瘋癲者，他們並不相互依賴。睜眼作夢的人不會因為鄰居的變節而感到不知所措。不過有一件事情必須避免，那就是偏離魔法的道路，讓自己屈服於立即裁決的問題。這就是為何我明天才會提問，到底有沒有不同於艾西克計畫的選項……。

艾西克是無所事事的大師，而且擅於將惰性展現為對活動誘惑的戰勝。因此開胃酒的時刻是幸福的。我們在蒙巴納斯的精選咖啡館（Sélect），艾西克遇到了舊識，和他一樣優雅的男士們，一群非常無拘無束、高高在上的專家。他們一起

---

288. 騷莎舞（salsa）是一種帶有拉丁風情的舞蹈，自由氣息濃厚。

289. 巴薩諾瓦（（bossa nova））是一種融合巴西森巴舞曲和美國酷派爵士的一種「新派爵士樂」，節奏輕快簡潔。

閒聊。我看著人們走過。艾西克謹慎地在筆記本寫下一些字。我親愛的女士、走向克隆諾斯，或是梅洛蒂 · 帕夏（Mélodie Pacha）。我隱然想要打開書本，想要回到我房間或者去圖書館……我甚至已經不再能理解自己過去追求進步的努力，以及曾經多麼苦惱地想要參透一個哲學的定義，當我想到這些時，艾西克常對我說：「忘了圖書館，不要成為思考的公務員。妳太有才華了，不可能成為公務員的。哲學是我們呼吸的氛圍，多虧我，妳才能呼吸到這氛圍。甚至在妳不知不覺當中，你會聽見周遭的人們都在處理各種存在課題……」

　　——您從事什麼行業？某人問我。

　　——我是學生。

　　——是哪個學科？

　　——什麼都不是。

　　——啊！那麼您是幾年級？

　　我們從精選咖啡館走到圓頂餐廳（La Coupole）[290]。此刻是十二點半。經理過來和艾西克握手。這已經很不錯了。為了與這愜意的開場保持一致，艾西克點了一瓶香檳。情況接著變得更為順利，甚至更為特別，當艾西克從菜單裡抬起

---

290. 圓頂餐廳（La Coupole）位於巴黎十四區的蒙帕納斯大道上（Boulevard Montparnasse），為藝術家與知識份子的聚集地，包括畢卡索、夏卡爾、沙特、西蒙 · 波娃、海明威等人。

頭的時候，他發現了西蒙 · 波娃。

正是她，端莊而整潔，頭髮用髮帶束起來，五官端正，像一尊雕像。她坐在一張長椅上，雙手平放桌上。座位在餐廳的盡頭，她的注意力移向室外，亦即移向尚 - 保羅 · 沙特的到來。他來了。一個穿著風衣的老男人。

艾西克和我同時觀察著微笑的西蒙 · 波娃。

沙特站著，微微彎向她，一個服務生匆匆取走他的大衣。這一幕肯定已經一成不變地上演了千百次，這在他倆之間是不會改變的，就像以敬語「您」稱呼彼此，就像不同居的決定，就像工作的紀律和愛情的連續。我的眼睛因情緒激動而模糊了。透過這種模糊，我對尚 - 保羅 · 沙特有了更準確的認識，他的特徵確實非常錯綜複雜。如果說西蒙 · 波娃的一切都乾淨端莊，平衡姣好，那麼他在外貌上則是馬虎邋遢。沙特身材矮小，皺巴巴的，臉部不對稱，由於他的斜視，他的眼神在厚厚的鏡片後方難以捉摸。我想到了《詞語》（*Les Mots*）[291] 裡一個驚人的段落：剛剪完一頭捲髮的孩子發現自己外貌的真相：「我很醜」。

我說，要勇氣十足才能對自己說那樣的話並且寫出來。

---

291. 《詞語》（*Les Mots*）是沙特於 1963 年的著作，是他讀書與寫作的回憶錄。書中分兩個部分，將他童年以來的思想二分：第一部分是「讀」，第二部分是「寫」，作為其對「詞語」征服的過程。他試圖結合精神分析學的方法分析自己的童年，指出童年在如何影響了他的成年，《詞語》因此被視為精神分析的一個重要範例。

艾西克不想聽到關於勇氣的談論。他寧願大膽去分析沙特的作品，這分析將完全來自於沙特的醜陋。

品嚐著香檳的艾西克說，如果一切出自這一點，出自他先天的斜視，沙特式的真實（l'authentique）概念，對立於迂迴的，自欺的，斜視的（louche）[292]……我不想費勁去數算他的作品裡 louche 這個形容詞出現的次數，不過這是一個可以從事的研究。是論文的絕佳主題。至少對於那些將文學和可計量現象混為一談的人而言。

艾西克語帶學究的口氣。他並不屬於埋頭苦幹的人，而且憎恨會計師。

——妳知道格雷馬斯（Greimas）[293]，我無須向妳解釋。一個羅馬尼亞人來對我們說教。他聲稱文學可以被測量和矩陣化。文學以情感書寫。作家是伏案掏心掏肺的人。像是新小說（Nouveau Roman），它是推理的，冷血的[294]。侯博·

---

292. louche 除了有斜眼、患斜視症的意思之外，也有混濁不清、可疑和難以捉摸之意。

293. 格雷馬斯（Algirdas Julien Greimas, 1917-1992），立陶宛語言科學家。格雷馬斯長期旅居法國。格雷馬斯最著名的學術成就是提出「符號矩陣」（Carré sémiotique, Semiotic square）的理論，是一種將符號（signs）之間的關係予以形式化（formaliser）、建立明確規則的概念工具，並能再現出結構內部的意義生成。格雷馬斯與羅蘭‧巴特同被視為當代法國最傑出的符號學家。

294. 新小說（Nouveau Roman）也被稱為「反傳統小說」，反對傳統小說的陳腐與墨守成規，是二十世紀五〇至六〇年代盛行於法國文學界的一種具實驗精神的小說創作思潮。他們追求絕對的客觀，質疑敘事者的權威，重視人對物象的分析，以此帶出情節，強調觀察的準確性和描繪的客觀性。

格里耶（Robbe Grillet）[295] 本來是一個農業工程師，這說明了一切！激情何在？就這麼一次，因為我的意見經常分歧，我完全同意《世界報》的文章所言：「今日最佳的公眾會自動走向永恆的可靠作者。」

他的「分歧」意見。我啜飲第三杯香檳。「分歧」讓我發笑。我克制自己不要使用紀堯姆 · 阿波利奈爾（Guillaume Apollinaire）在《一萬一千鞭》（*Onze mille verges*）裡玩弄的愚蠢雙關語[296]。需要多少個格雷馬斯的矩陣才能包含它們？

艾西克對於這些結構主義的測量員表示不滿。他自言自語，過度激動。他向他們提出挑戰。在艾西克的長篇大論裡，我感受到怨恨的成分。「我也不喜歡數字，然而有時候數字會說出真相，白紙黑字地顯示出來」，而我意識到艾西克從來沒有告訴我他的年齡……他確實對我的提問感到不滿。生蠔的上桌讓他再次心情大好。

「敬我們的愛情！」他看著西蒙 · 波娃和沙特的方向敬酒，彷彿他們這對知名的伴侶忽然間成為我們生活日復一

---

295. 侯博 · 格里耶（Robbe Grillet, 1922-2008）是法國新小說的代表人物之一。1953 年，他在午夜出版社（Editions de Minuit）出版了首部小說《橡皮》（Les Gommes），此後成為全職作家。1961 年，他編寫的電影劇本《去年在馬倫巴》（L'année dernière à Marienbad）1961 由法國新浪潮導演亞倫 · 何奈（Alain Resnais）的攝製成電影，並於 1963 年獲得威尼斯電影節金獅獎。

296. 《一萬一千鞭》（*Onze mille verges*，或稱 *les Amours d'un hospodar*，《君主的戀情》），是法國詩人和劇作家紀堯姆 · 阿波利奈爾（Guillaume Apollinaire）以 G.A. 名義撰寫的一部色情小說，1907 年出版。verge（笞鞭，笞杖）與 vierge（處女）發音相似。在法文俚語中，verge 亦有男性生殖器的意思。

日漂移（dérive）的一部分。

「麗莎，妳看，妳只要陪伴我，其餘什麼事情都不用做，妳的生活就會引人入勝，具有哲理且引人入勝，哲學意義上的引人入勝。」我們又喝了另一瓶香檳。生蠔十分美味。

——你知道生蠔（huître）這個字從哪裡來的嗎？

——沒概念。艾西克如此回答，變得和沙特一樣斜視。

——它原本是一個感嘆詞，是生蠔的美味讓我們合意稱是（oui）的快樂。是的（Hhuiii）[297]……

午後，當西蒙‧波娃和沙特離去，各自繼續工作之時，艾西克和我，身為靈感的追隨者，來到了圓頂餐廳的地下室。就這樣，我在黑暗的前廳裡，參與了一場次等王國（Royaume Inférieur）的飲茶舞會。我們的腳步有些虛弱，但隨著雙步舞（paso doble）[298] 的節奏，元氣自然恢復。但等到我們在一張桌子前坐下，我才意識到這裡很少男人，而且都是些俊秀的年輕男孩。女性的年紀則很大。她們光亮的嘴唇，佈滿皺紋的皮膚，來自另一個時代的髮型，正好說明她們的年齡；不過還有她們被絲襪緊緊包裹住的雙腿，從來沒有移動太多。

---

297. 法語「是的」（oui）發音上跟生蠔（huître）前半部音節的發音很類似。
298. 雙步舞（paso doble，西班牙文）又稱為鬥牛舞，是從鬥牛演變而來。男士象徵鬥牛士，女士則象徵鬥牛士用來激怒公牛的紅色斗篷，所以雙步舞的女士常穿著紅色裙子，舞步包含大跳躍、大旋轉的動作。男女雙方的動作都十分開展而激烈，與剛勁強烈的音樂配合一致。

這群老太太臉頰相貼跳舞，眼皮閉著，緊貼著這些已經無聊個半死的偽年輕男孩；她們是那麼興高采烈，輕移蓮步，神奇地飛舞，神情喜悅。她們當中有些人認出了艾西克。她們以輕微的手勢對他示意，艾西克的微弱回應，已足以讓她們感到受寵若驚，這也讓我瞭解到，我的愛人多面向的天賦裡，也包含這一項：在圓頂餐廳的茶舞會裡，回到維內爾媽媽餐廳喝酒之前，扮演討好的小白臉，維內爾媽媽餐廳那裡展開的是嚴肅之事，是男人之間的友誼，生死與共。

那一夜我繼續與他度過夜晚。我很執著。堅持想要談戀愛。我隨著愛人的情緒顫動。他是我靈魂狀態的指南針。我以他墮落的軌跡為榜樣。圓頂餐廳之後，我們繼續前往玫瑰花蕾（Rosebud），啟航（Départ），第六區政廳咖啡館（Café de la Mairie du VI）以及左巴（Zorba）。

按照我們所在之地的標準，為何不也去這些地方呢？水神（Naïades），馬里沃（Marivaux），海洋（Océanic），抽煙的狗（Chien qui Fume），吸鼻煙的鵝（Oie qui Prise），釣魚的貓（Chat qui Pèche），鸛咖啡（Cigogne），藍色列車（Train Bleu）？為何不乾脆每一家都去？伏爾泰（Voltaire），馬爺（Mahieu），卡普拉德（Capoulade），小瑞士（Petit Suisse），躉售商咖啡（Négociant），似水年華（Le Temps Perdu），布奇（Buci），克呂尼（Cluny），維納斯的漫步

（Promenade de Vénus），天涯海角（Bout du Monde），好轉（Ça va mieux），弗羅希昂（Florian），烈士（Martyrs），手搖風琴家（La Vielleuse），香波（Champo），老牌海軍（Old Navy）……？這對其他咖啡館不公平，不公平是不對的，真的不好。那好吧，為了公平起見，我們去內慕爾（Nemour），鐵路工（Cheminot），萊姆酒店（Rhumerie），……

後來我們去了蕾雅的餐廳。此時她正注意聽自己唱歌。有一個人在櫃臺的尾端，雙手抱頭唸誦著：「是誰的狗在哭，是誰的狗在哭……」

蕾雅最終打烊的時候。勉強拉起她的鐵門。我們爬了出來。去別的地方繼續喝，要公平，還有潘潘（Pam Pam），酒神（Bacchus），小酒館（Bouchon），大草原（Grand Pré），碼頭（Embarcadère），歐布哈克（Aubrac），聖爵（Calice），菲比斯（Phébus），榮奇酒吧（Zanzi Bar）……我攔了一部計程車。艾西克沒有打開門，而是走到車前。他站在引擎蓋上方，設法爬上車頂，此時，他一念閃過，轉過來對我說：「對了，有沒有人用心替我們選擇夏天房間的裝飾壁毯呢？」

司機透過擋風玻璃盯著他，驚呆了。他把腳踩在油門上。很明顯他不會因為「意外事故」而感到不悅。我懇求他再等一下。司機冷笑著說：「您的朋友，他有自己進計程車的方法。」艾西克失去平衡跌下來。但他沒有傷到自己。他躺臥

在人行道上，神情肅穆，保有尊嚴。「那麼，計程車呢？我要一直等待嗎？妳叫車了嗎？」他再次以一種夢幻般的溫柔語調說道：「夏天房間的裝飾壁毯……」後來當一個路人提議要幫我把他扶起來時，艾西克以迴異於原來的語調對自己說：「我的好傢伙，你跌得不輕。」

　　長夜將盡，到了這一輪的最後一杯，當我們已經完全不知道如何再次上路，不知道要去哪裡的時候，所有的咖啡館名字都一樣：死亡咖啡館。

　　艾西克住的大樓庭院很窄。這樣就可以俯視對面的公寓。這並沒有什麼意思，除了對面的一間套房之外。裡面住著一對同性戀，他們有這樣的怪癖：當他倆做愛時，其中一個會打扮成印地安人。有一天我站在窗前，看見裝飾著羽毛的印地安酋長正插入那位白種人，我聽到他對著我大喊；「妳也很想這麼做，是嗎？」我感覺被冒犯，從此不再望向他們那一側。除了偷窺會讓艾西克和我感到開心時，我們便悄悄觀看他們，為了好玩之故。不過，有一陣子以來，若想要讓我的情人充滿愛的情緒，需要比這個更多。就像往常一樣，不醉不休摧毀了男歡女愛而獲得最後勝利。

　　於是我獨自待在房間裡，在一個美麗的春日，躺在地毯上。我聆聽雷奧・費赫（Léo Ferré）演唱《魏爾倫與韓波》

（Verlaine et Rimbaud）[299]。我如果費勁走到窗前，一定會看到對面的鄰居正被他的酋長雞姦，但因為我不想聽到有人對我說，這種體驗對我而言是不可能的，所以我並沒有起身離開地毯。我唱歌給自己聽：「他美妙地滑行，迅速地向前衝刺⋯⋯」

浴室裡傳來一聲尖叫，艾西克已經窩在裡面很久了（無止境地洗澡是他的習慣）。那叫聲像是犀牛或大象的嚎叫。我試著打開門。另一側的野獸不斷提高他的叫喊。接著是怒罵，敲打，玻璃碎裂的聲響。然後一陣沉默。我在街角咖啡店老闆的協助下，我們強硬打開了門。艾西克被割傷，沾滿鮮血躺在地上。他喝完一瓶伏特加，使用我的「柑橘和柚皮」香水瓶給自己致命的一擊。

我們讓他恢復過來，將他安頓在床上，無微不至地照顧他。艾西克似乎真的生病了。臉色蠟黃，看起來像是得了重病的症狀，或是憤怒無比。

艾西克工作室的庇護以及四月的光亮已經結束。愛撫和打擊交錯的遊戲也已告終。我愚蠢地努力不要知道這件事。我前往拉丁區避難。躲進一間電影院的幽暗裡。一間幾

---

299. 《魏爾倫與韓波》（Verlaine et Rimbaud）是 Léo Ferré 的音樂專輯名稱，由巴克萊唱片公司（Barclay Records）於 1964 年發行。

乎空無一人的電影廳裡播放著《法斯塔夫》（Falstaff）[300]。

「當你成為國王的時候，你會讓我們繼續過影子騎士的生活吧」，誘騙人的老法斯塔夫對亨利王子說。王子並沒有否認。他總是四處奔波、飲酒作樂，從一個姑娘到另一個姑娘，從一間酒館到另一間酒館，騎馬穿梭於倫敦的巷弄裡。法斯塔夫使他處於娛樂與不斷酗酒的魔力魅惑之中，他受制於魔咒般的奇怪笑聲，介於嘲弄天分和自我厭惡之間，也介於遠在人性之上的傲慢和墜入深淵的肉慾之間。當你成為國王的時候⋯⋯年輕的王子並不在乎。他的父王令他恐懼。他盡可能遠離國王冰冷的皇宮。他寧可選擇法斯塔夫和妓院的女伴。然而有一天他的父王駕崩了，他繼承了王位，加冕為亨利五世。他在大教堂高聳的穹頂底下前進。法斯塔夫失心瘋似地，欣喜若狂呼喚他的朋友，他的小夥伴，他的孩子，他的心肝，福斯塔夫激動地氣喘吁吁打斷了隨行的扈從。王子對他說：「老頭，我不認識你」。我從這裡開始哭泣，當王子轉身離開法斯塔夫的那一刻，當法斯塔夫公開被羞辱了，他這個不知悔改的小丑，滑稽的怪物，說空話的愚蠢自大狂，腦滿腸肥的肉球，裝滿了蛆的臭皮囊，滾動的酒桶，臃腫的體態，無底洞的酒鬼，對墮落的女孩性愛成癮，昂貴財富的揮霍者，

---

300. 《法斯塔夫》（Falstaff）是義大利作曲家朱塞佩・威爾第（Giuseppe Verdi）創作的三部曲中的一個歌劇。劇本由阿里格・博伊托（Arrigo Boito）改編自莎士比亞的《溫莎的風流婦人》（*The Merry Wives of Windsor*），場景則來自《亨利四世》（*Henry IV*）。

連未曾被念及的寶藏──青春，也被他浪費了。就在王子轉身背離他各種歡愉的共謀，背離他荒淫放蕩的夥伴，將他從自己的視線裡永遠抹去的那一刻，我開始哭得難以自己。我的感覺就像當年在庇里牛斯山的滑雪道，我將自己的臉埋在雪堆裡，完全無法承受失去父親的痛苦一樣，我想，我可能永遠無法停止哭泣。

　　我搬到了競技場街（Rue des Arènes）的一間套房，知道自己並沒有足夠的錢熬過一年。這並不重要。對我來說，重要的是學會耐心和沉默，懸置時光專注聆聽語言，等待句子。

　　四月二十七日晚上公投結果公佈之後，我來到拉丁區，我再一次居住於附近。就在先賢祠廣場（Panthéon）前面，我察覺到有示威的喧囂，衝撞，叫喊和口號。衝突很激烈，彷彿不顧一切。警察激動而粗暴。他們毆打和踐踏已經半昏厥的人。慘敗者的盛怒讓警察著了魔。但是，在索邦大學門前的那一票示威者當中，可聽到同樣無奈的憤怒，他們正隨著《卡馬尼奧拉》（Carmagnole）[301] 歌曲轉動。

　　「格西莫（Grimaud），結束了」

　　「打倒警察國家」

　　「再見了，戴高樂」

---

301. 《卡馬尼奧拉》（Carmagnole）是法國大革命時期流行的歌曲，伴隨著舞蹈。

「再見了，夏洛（Charlot）」

汽車喇叭聲帶著節奏地響著：「這只是一個開始，讓我們繼續戰鬥」。國際歌四處蔓延，決心繼續戰鬥的示威者喊著，為了權力？不，不，不。反對權力，永遠反對。我們並不想要權力。其他人要替我們奪取政權。黨棍、搞陰謀詭計的人，正是戴高樂所鄙視的。我用盡全力奔跑，承受我的鞋底踏在路面的反彈衝擊。「奔跑吧，同志，舊的世界拋在腦後」。我狂奔，全然不顧身邊的人向我預示危險，要我放慢速度。一個男人拉著我的手，讓我跟他一起逃跑。他把我推進一個車輛能通過的大門。我們喘了口氣。外面的嘈雜聲正在減少。那男人再度走出來。他迫不及待想要再次戰鬥。我則是等了更長的時間。當我離開藏身之處，我走向聖母院。究竟我是投靠了教堂的古老庇護，還是想看看莎士比亞書店是否還在營業？我又開始奔跑，但我的太陽穴不再因恐懼而疼痛，我是為了跑步而跑步。汽車在街上馳騁，「這只是一個開始……」，騎著輕型摩托車的男孩們在發傳單。我被一輛雪鐵龍 2CV 超越了，車內有四、五個女孩，她們的手臂上掛滿了黃水仙花束。女孩大喊著：「不，不，不就是不」。由於她們從花朵裡湧現而出，因著水仙花的鮮黃，她們一直可以被看見，然而她們的勝利呼喊，不，不，不就是不，卻變成微弱的回聲。

在巴黎改變居住區域，就像在外省搬到不同城市去一樣。我們為自己創造新的習慣，新的路線。我們發現最熟悉的快樂裡未曾體驗的趣味。我們重新描繪內在私人的地理，慾望的地極……。我們遺忘的記憶……我遺忘了蒙馬特，專注於穆伏塔區（quartier Mouffetard）。我變成一間寧靜咖啡館的忠實顧客——無花果樹咖啡館（le Figuier），裡面的吧臺侍者是一位非凡的讀者。他在顧客和書本的重要性排序上，建立了明確的規則。進入這間咖啡館時，我們常常會以為吧臺後方沒人。事實上，盧卡（Lucas）就在那裡，一本書打開著。他埋首於書頁，罔顧其餘的世界。常客們體恤地尊重他的熱情。如果見他過於深沉被書本吸引，他們會主動代替他服務客人，並帶著儀式感來做這件事，非常用心。當酒客想要買單時，這些業餘的服務生便會重返自己真實的身份。盧卡結帳的時候一臉茫然。我在無花果樹咖啡館開始閱讀《寫作的零度》（*Le Degré zéro de l'écriture*）[302]，翻閱了幾頁。接著在自己的房間裡繼續閱讀。

羅蘭・巴特有些會晤學生的時段。我不知道是哪些。無論如何，我在一個午後現身於他工作的地方，這是個適當

---

302. 《寫作的零度》（*Le Degré zéro de l'écriture*）是羅蘭・巴特 1953 年出版的文學批評，也是巴特第一本長篇著作，對於法國存在主義者如沙特的〈什麼是文學？〉和左翼文學理論提出深刻批判。

的時機。我向一位身穿藍色毛衣的先生求見羅蘭・巴特，他微笑了。我完全不知道自己想從他那裡得到什麼。就他而言，他並沒有假裝有興趣或願意幫助我。我們在一種親切的凝滯當中漂浮。當時正在下雨。這個光線微弱的閣樓房間令我感到安心。羅蘭・巴特的嗓音與這份幽暗微光相容一致。他的聲音溫柔得不可思議。這是一個在傭人房教書的人，他如此的音質無法宣稱是以宇宙之名發聲。這樣的嗓音不是為了通過考試，也不是為了聲明，而是在嚴峻或退隱的背景下，一份親暱的承諾。他說話時，就像作者的嗓音在文本裡對著你講話。

　　桌子的角落放著一疊書。當我起身準備離開的一刻，我撞倒了它。羅蘭・巴特連忙幫我撿起這些書，我們重新整理書堆的時候，它們又再次倒塌了。沿著狹窄的樓梯走向圖農街（rue de Tournon），我感到欣喜。他浪漫的聲音加上書籍的坍倒，在我看來是極好的預兆。外面的雨已經停歇。穿透雲層的陽光，將天空暈染成玫瑰胭脂紅。在聖日爾曼，我經過似水年華咖啡館，沒有停留。

奪朱018
社會政治
批判叢書

回憶咖啡館
Cafés de la mémoire

作者｜香塔勒・托瑪(Chantal Thomas)
譯者｜洪儀真
美術設計｜楊啟巽工作室
電腦排版｜辰皓國際出版製作有限公司

出版｜無境文化事業股份有限公司
【精神分析系列】　　　總策劃／楊明敏
【人文批判系列】　　　總策劃／吳坤墉
地址｜802高雄市苓雅區中正一路120號7樓之1
信箱｜edition.utopie@gmail.com
總經銷｜大和圖書書報股份有限公司
地址｜248新北市新莊區五工五路2號
電話｜(02)8990-2588

一版｜2022年06月
定價｜380元
ISBN 9786269609123

Cafés de la mémoire by Chantal Thomas
© Editions du Seuil , 2008

Chinese translation Copyright © 2022 Utopie Publishing/ © 2022 洪儀真

國家圖書館出版品預行編目(CIP)資料

回憶咖啡館 / 香塔勒.托瑪(Chantal Thomas)著；
洪儀真譯. -- 一版. -- 高雄市：無境文化事業股份
有限公司, 2022.06
　　面；　公分. -- (無境文化. 人文批判系列)((奪
朱)社會政治批判叢書；18)
譯自：Cafés de la mémoire.
ISBN 978-626-96091-2-3（平裝）

1.CST: 托瑪(Thomas, Chantal) 2.CST: 作家 3.CST:
傳記 4.CST: 法國

784.28　　　　　　　　　　　　　111006853

UTOPIE

U0066743